斗南藩

泣血の記

東奥日報社

●題字「斗南藩」の揮ごうは
円通寺（むつ市）の熊谷紘全住職です。

③長州（山口県） 出身の首相
【本文５ページ参照】

伊藤 博文

山県 有朋

桂 太郎

寺内 正毅

田中 義一

岸 信介

佐藤 栄作

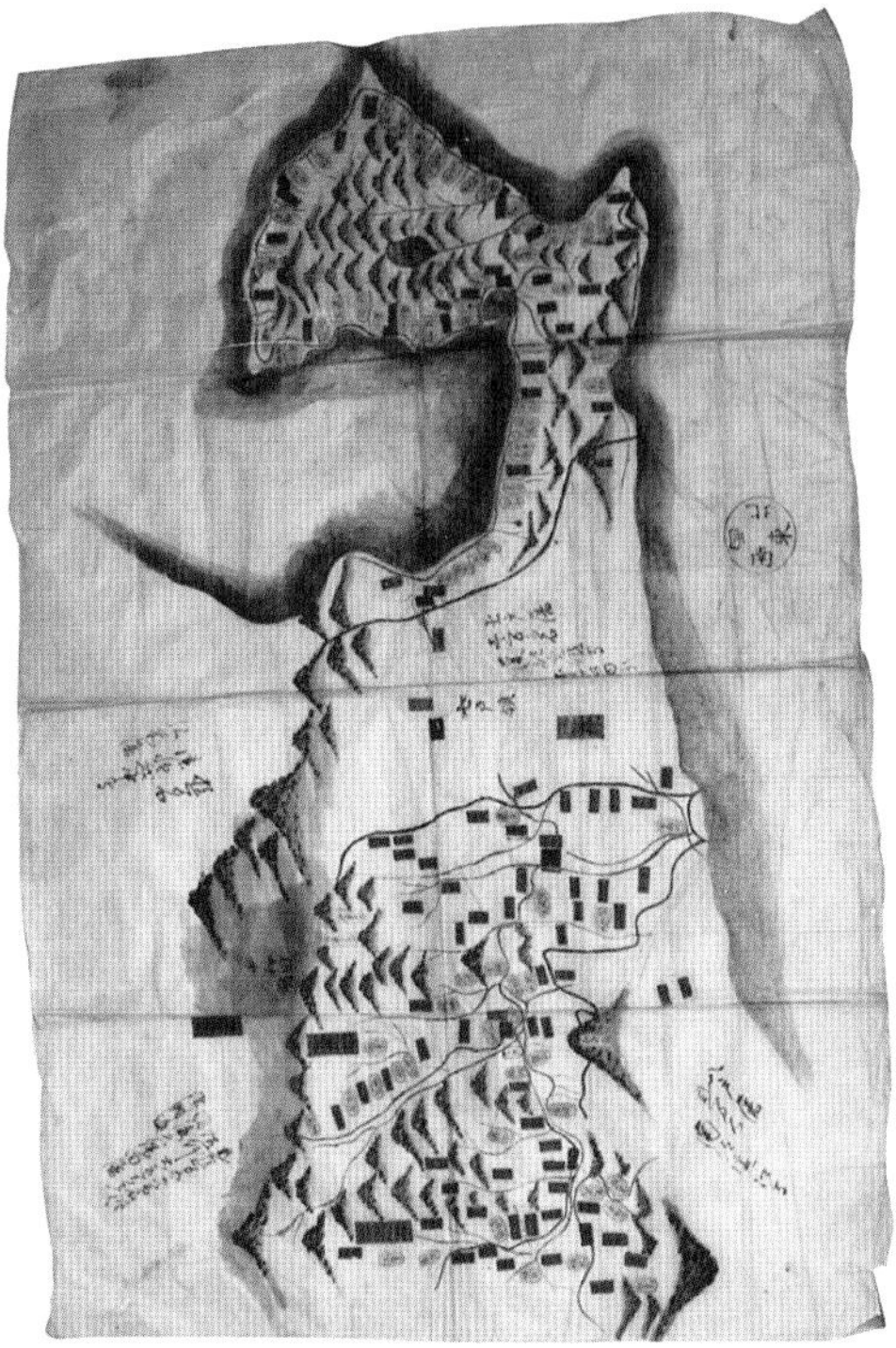
①「斗南藩領内絵図」＝小林家（弘前市）所蔵
【本文２ページ参照】

②二本松少年隊の供養塔に献花する安倍首相
＝2016年７月７日（福島民報社提供）
【本文５ページ参照】

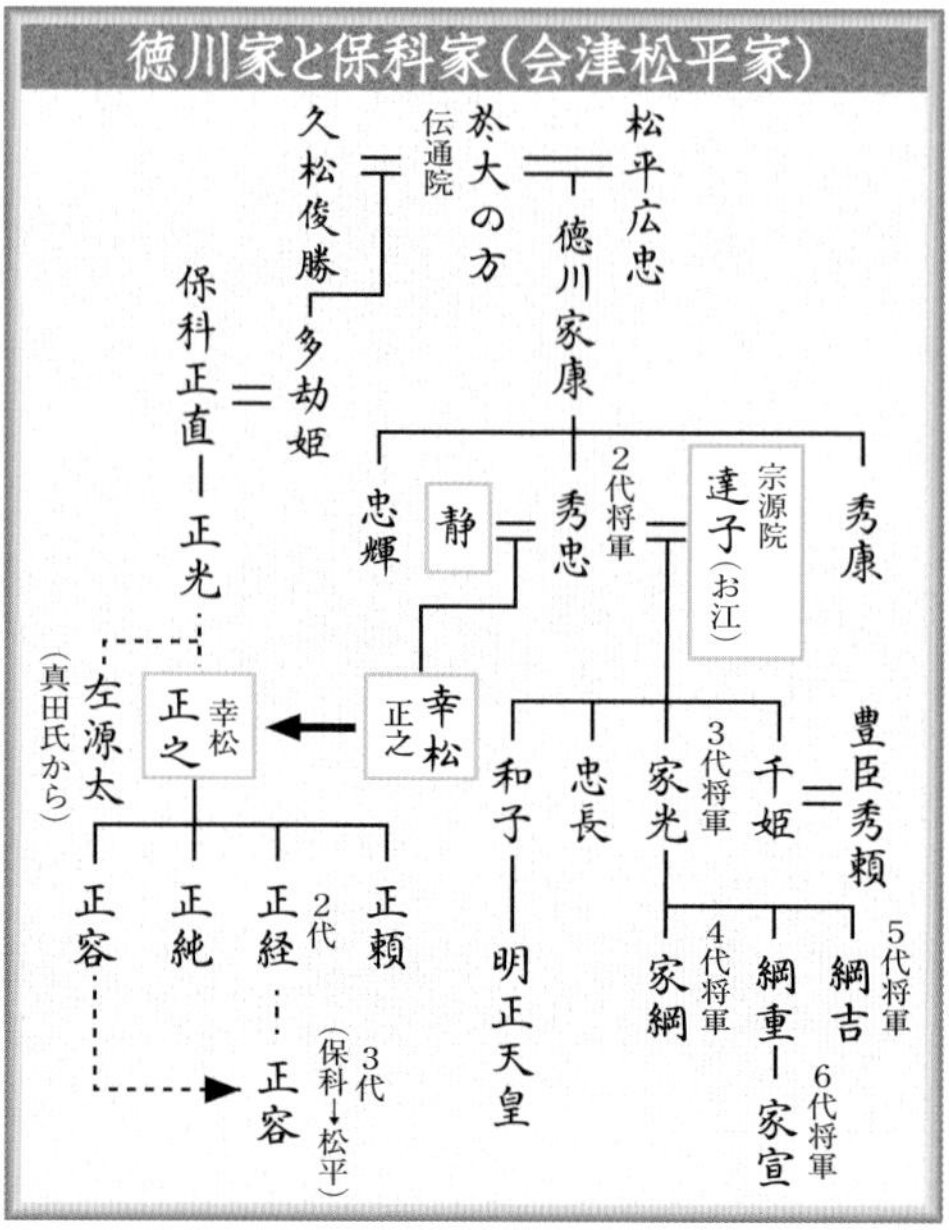

④会津松平家家系図
【本文8ページ参照】

⑤保科正之像（狩野探幽筆）＝猪苗代町の土津神社所蔵、福島県立博物館寄託
【本文12ページ参照】

⑥山崎闇斎が正之の事績を記した高さ15メートルに及ぶ「土津霊神之碑」＝土津神社境内
【本文15ページ参照】

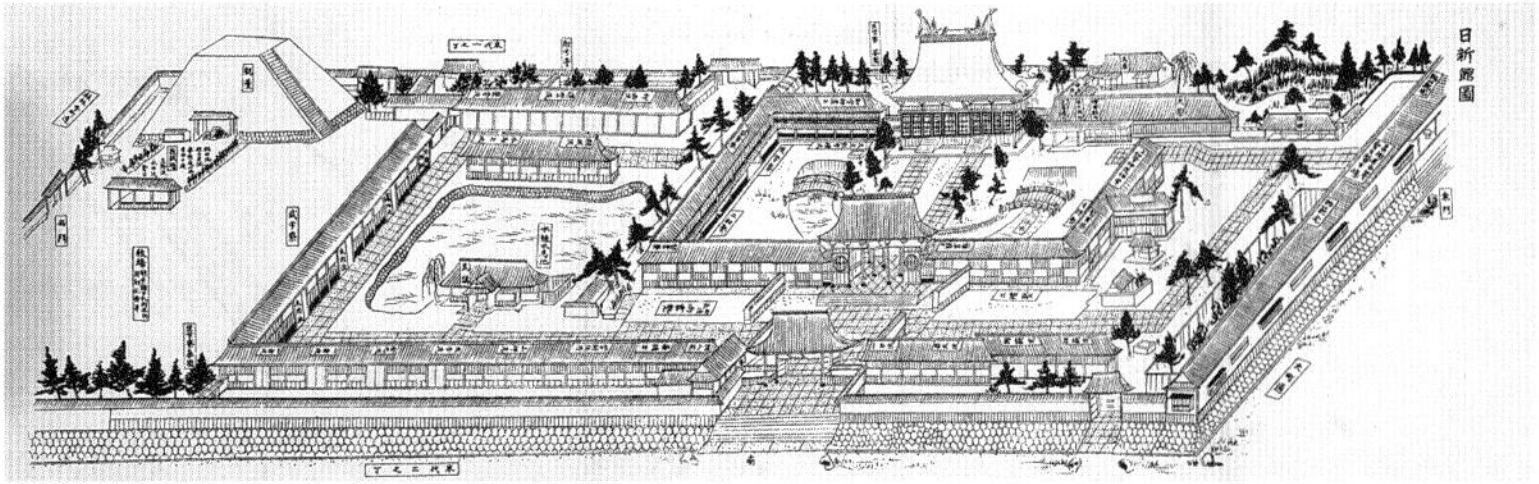

⑦偉容を誇った「日新館」の図。中央やや右寄り奥に孔子廟の大屋根、左奥に天文台が見える＝小川渉の大著「会津藩教育考」から
【本文19ページ参照】

⑨利尻富士とも呼ばれる利尻山を背にした会津藩士の墓と顕彰碑（右端）＝利尻町提供
【本文22ページ参照】

⑧会津戦争後、「日新館」で唯一残った天文台跡
【本文19ページ参照】

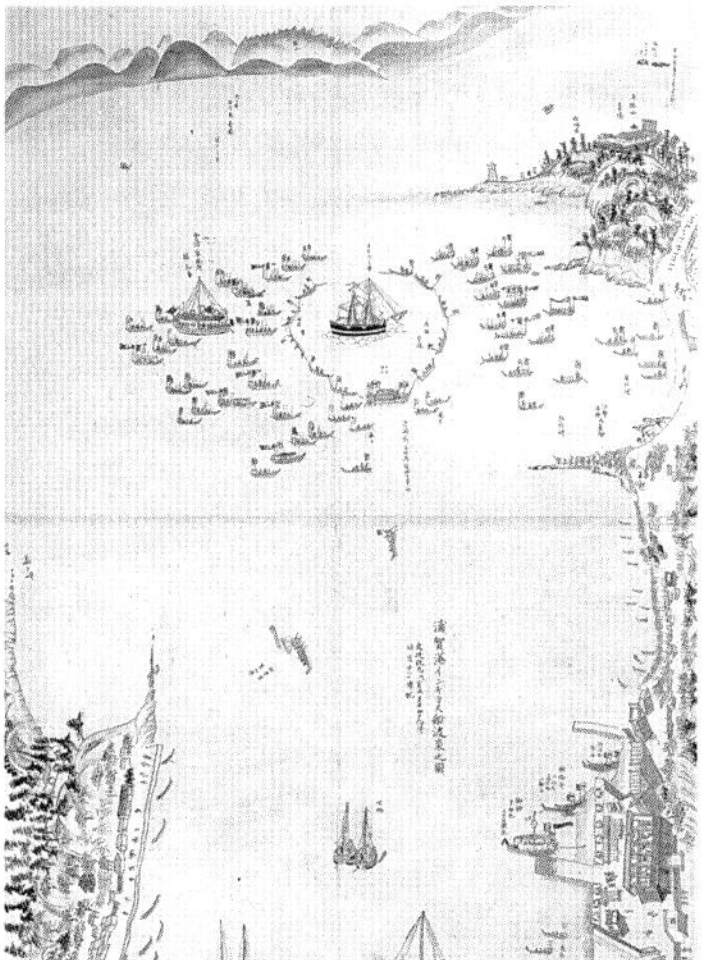

⑪「会津藩浦賀警備状況絵巻」の浦賀港イギリス船渡来之図。会津藩などの船がブラザーズ号に垣船を行っている＝「会津若松市史６」から転載
【本文29ページ参照】

⑩会津藩の江戸湾警備
【本文26ページ参照】

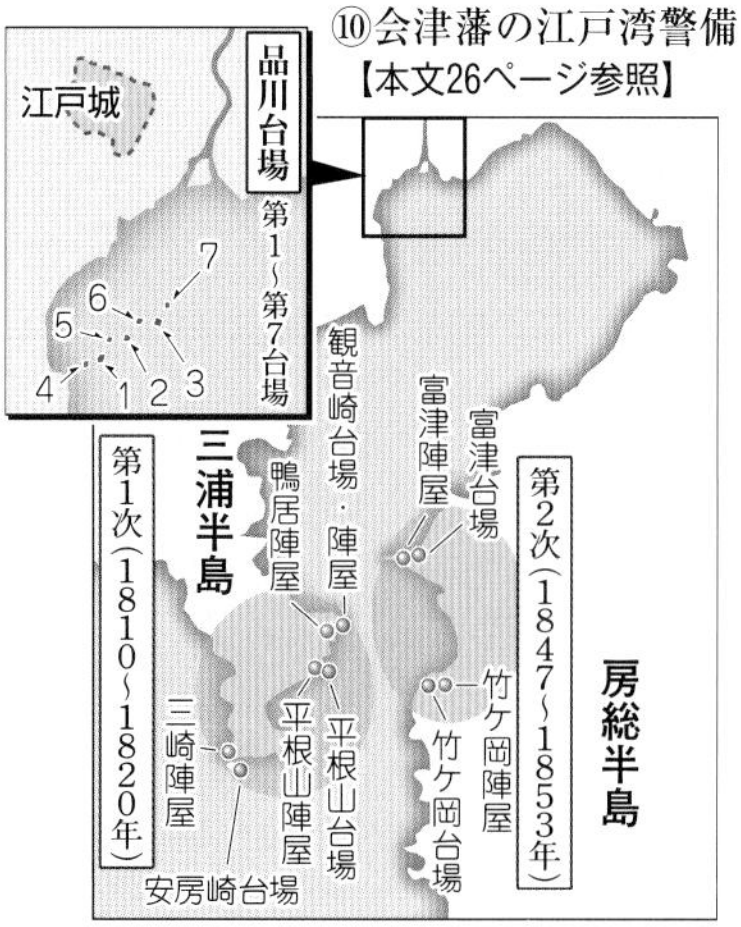

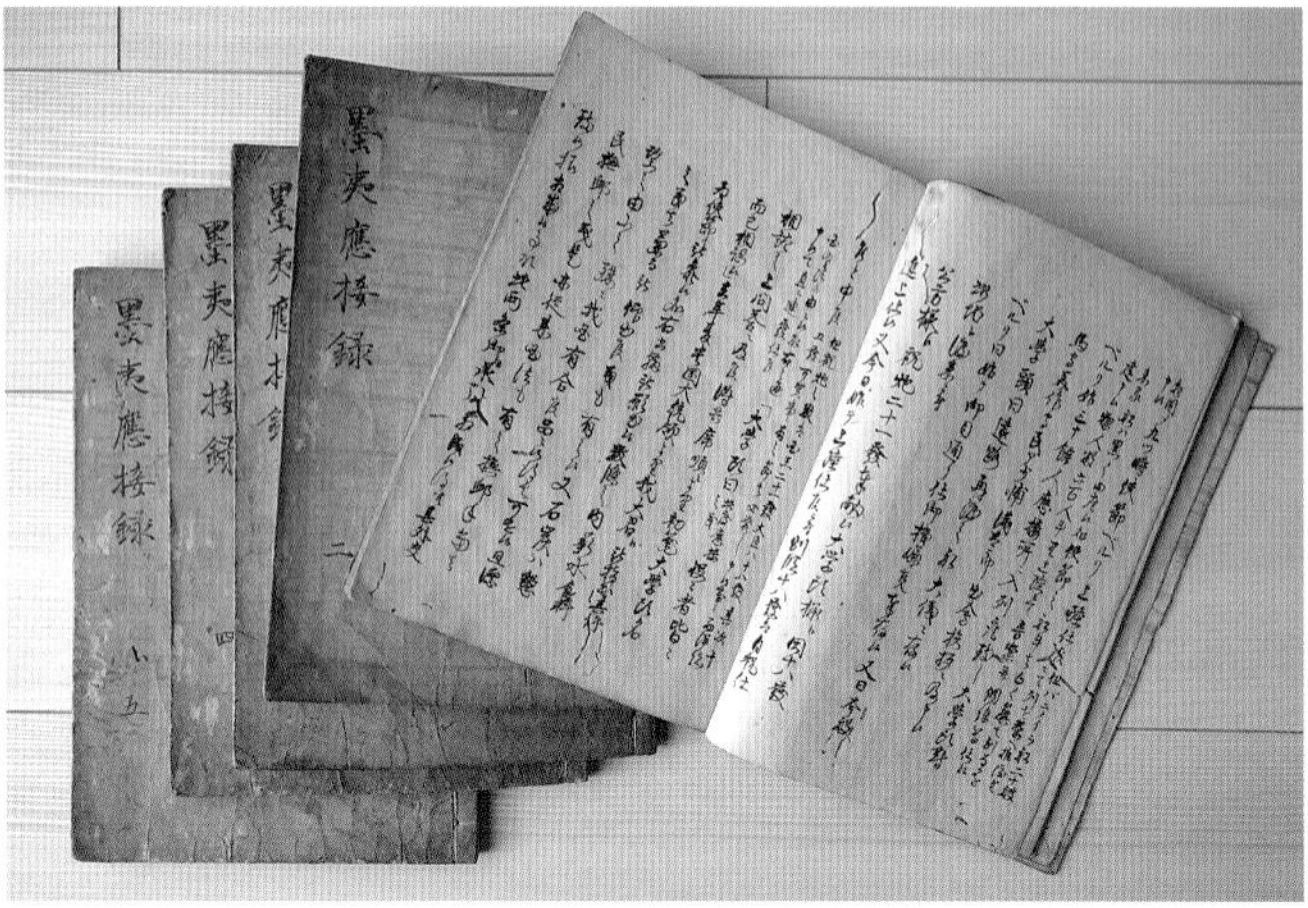

⑫林復斎の記したペリー側との交渉議事録「墨夷応接録」写本＝森田健司・大阪学院大教授所蔵
【本文33ページ参照】

⑬斉昭が異国人上陸に備え、自ら設計した「安神車」。よろいを着せた牛に引かせる、日本最古の戦車とされる＝水戸東照宮
【本文40ページ参照】

⑮水戸学の精髄といわれる「弘道館記」碑の石刷り。斉昭が自ら筆を執った＝弘道館（茨城県水戸市）の正席の間
【本文50ページ参照】

⑭「文政七甲申夏異国伝馬船大津浜へ上陸并諸器図等」にある、大津浜に上陸したイギリス人などの絵＝茨城県立図書館所蔵
【本文47ページ参照】

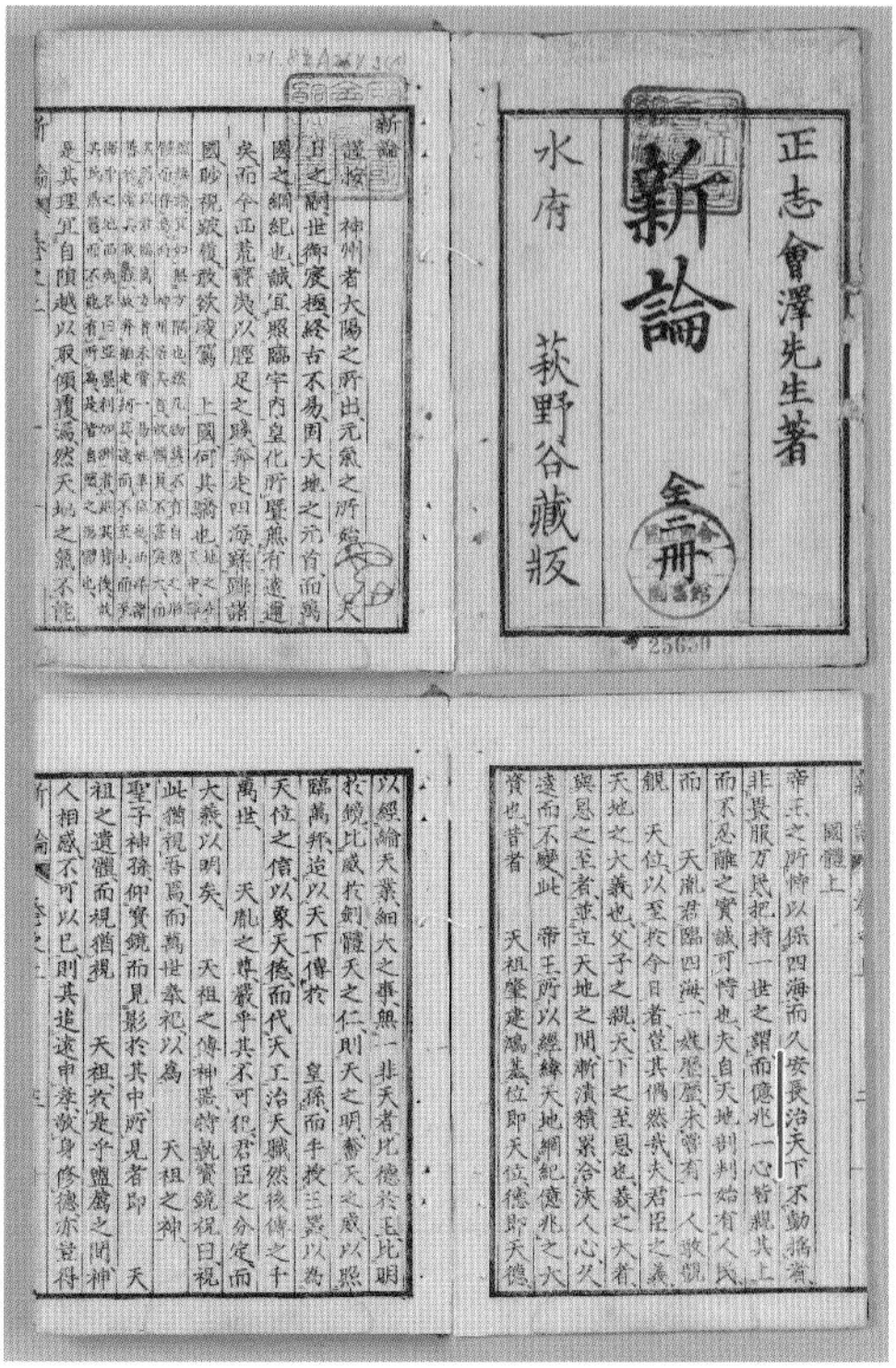

⑯「新論」の冒頭。右下の赤い傍線部（東奥日報社加筆）が「億兆心ヲ一ニシテ」のくだり＝国会図書館所蔵
【本文50ページ参照】

⑰攘夷論により、斉昭が大砲鋳造のために安政２（1855）年、４（57）年に建造させた那珂湊反射炉。元治元（64）年の天狗党の乱で破壊されたが、昭和12（1937）年に復元された＝茨城県ひたちなか市
【本文53ページ参照】

⑱日本海と川に囲まれた萩市の市街地。写真右下が、松陰の生まれた松本村だった辺り＝萩市観光協会提供
【本文57ページ参照】

⑲松陰が訪れた弘前藩の儒学者・伊東梅軒の部屋は、陸羯南の親友・伊東重が買い取って保存した。現在は（財）養生会が所有・管理＝弘前市元町
【本文57ページ参照】

⑳松陰が謹慎生活を送った建物とその内部（右の写真）。ここで孟子などを教え始め、のちに数十メートル先の松下村塾を主宰した＝萩市

【本文67ページ参照】

㉑萩市の松陰神社境内に現存する松下村塾。「明治日本の産業革命遺産」の構成要素として世界遺産に登録され、観光客が次々と訪れる

【本文70ページ参照】

㉒若き日の松平容保＝写真提供：会津武家屋敷

【本文74ページ参照】

㉓【本文80ページ参照】

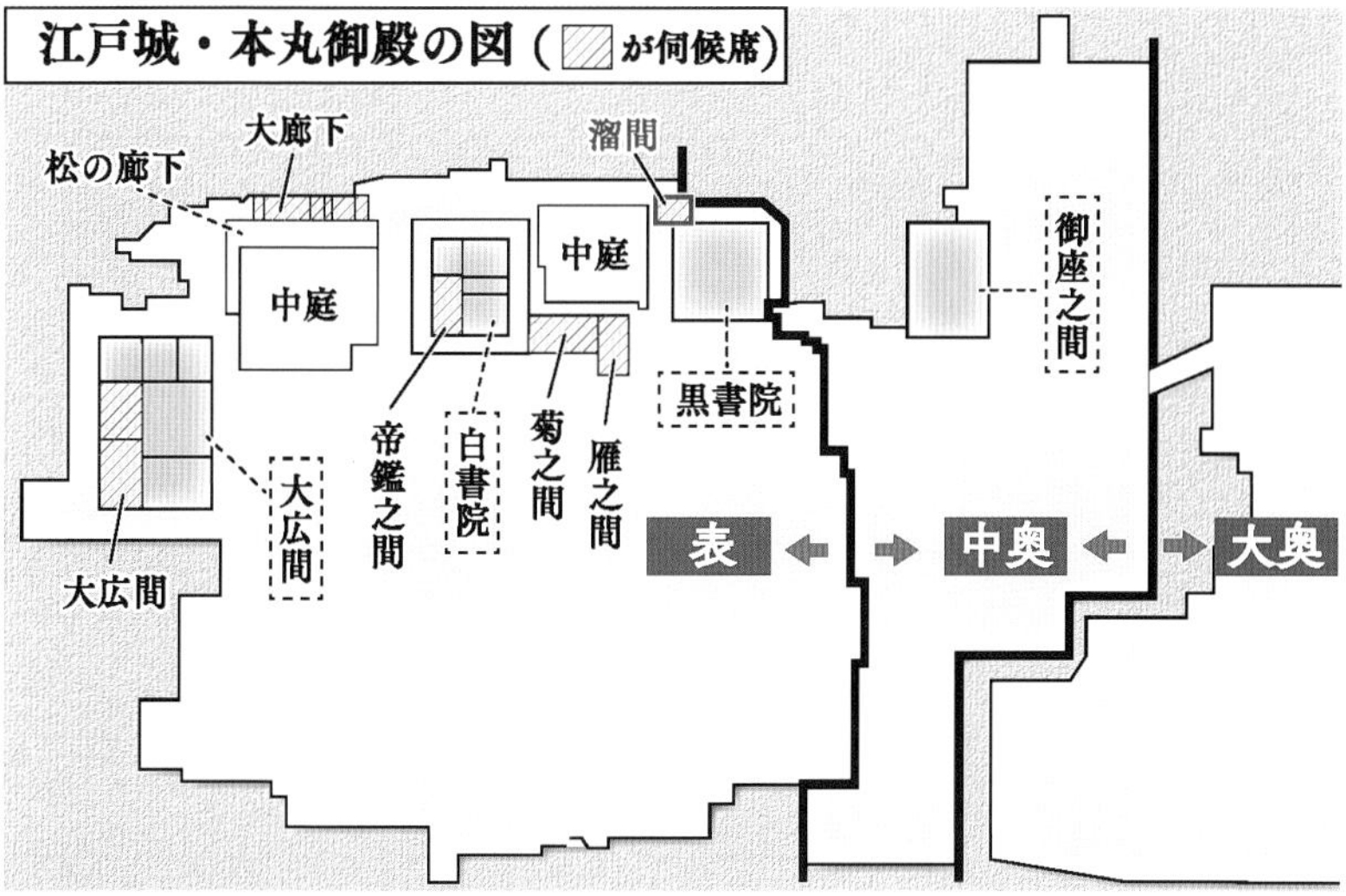

㉔島津斉彬は薩摩藩の殖産興業を目指し、錦江湾（鹿児島湾）に面し、桜島を望む磯別邸の隣接地に工場群「集成館」を造った。その一つ、溶鉱炉の跡
【本文84ページ参照】

㉕歌川広重「江都勝景　桜田外の図」。彦根井伊家の広大な藩邸が描かれている＝国会図書館所蔵「広重画帖」から
【本文87ページ参照】

㉖蓮田市五郎が明治７（1874）年に描いた「桜田門外之変図」（部分）＝茨城県立図書館所蔵
【本文91ページ参照】

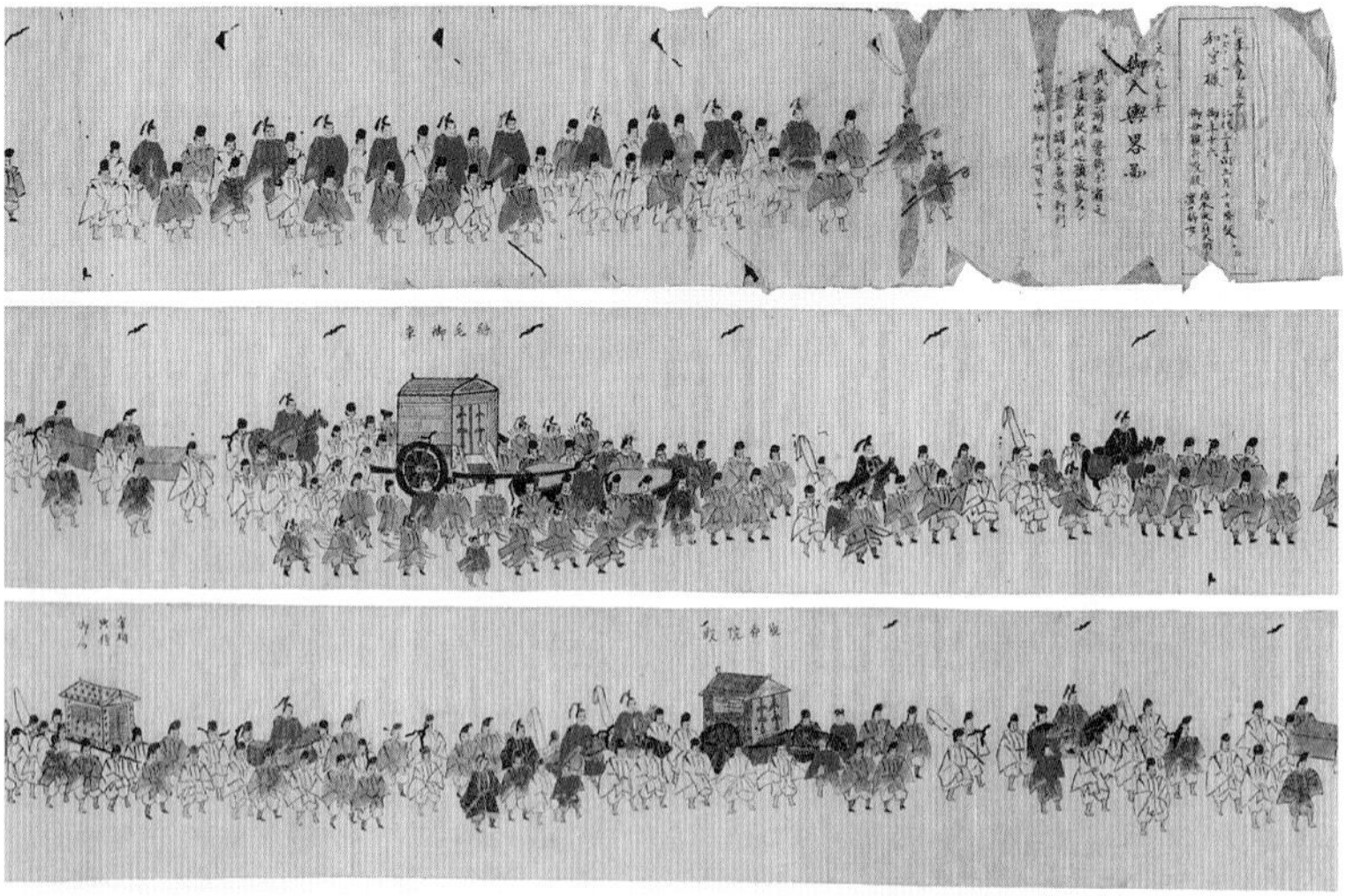

㉗和宮の降嫁行列を描いた絵巻「文久元年（和宮）御入輿略図」（部分）＝埼玉県立文書館収蔵・足立家文書247
【本文94ページ参照】

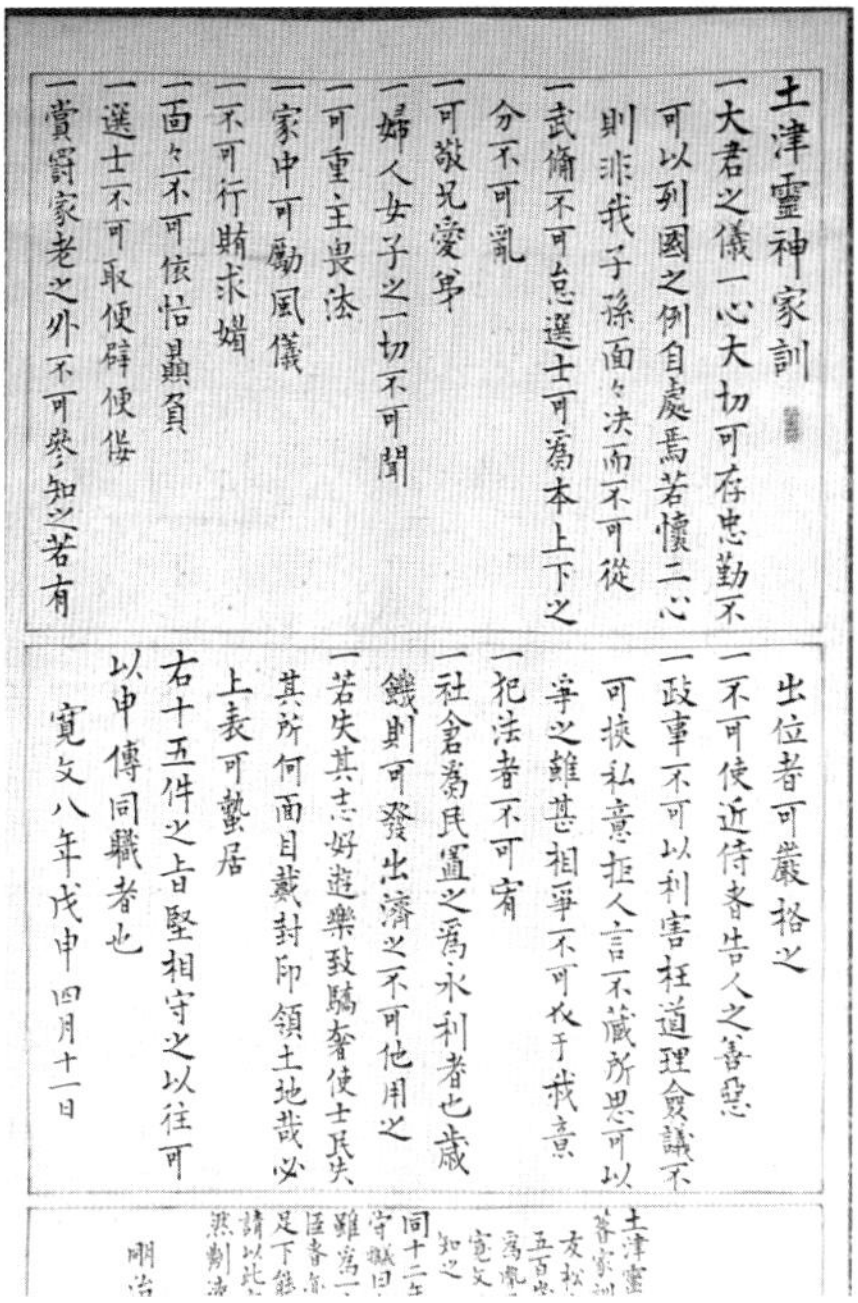

土津霊神家訓
一大君之儀一心大切可存忠勤不可以列國之例自處焉若懐二心則非我子孫面々決而不可從
一武備不可怠選士可爲本上下之分不可亂
一可敬兄愛弟
一婦人女子之言一切不可聞
一可重主畏法
一家中可勵風儀
一不可行賄求媚
一面々不可依怙贔負
一選士不可取便辟便佞
一賞罰家老之外不可參知之若有出位者可嚴格之
一不可使近侍者告人之善惡
一政事不可以利害枉道理僉議不可挾私意拒人言不藏所思可以爭之雖甚相爭不可介于我意
一犯法者不可宥
一社倉爲民置之爲永利者也歳饑則可發出濟之不可他用之
一若失其志好遊樂致驕奢使士民失其所何面目戴封印領土地哉必上表可蟄居
右十五件之旨堅相守之以往可以申傳同職者也
寛文八年戊申四月十一日

㉘第一条に忠君が掲げられた会津霊神家訓（会津家訓）。書は旧藩士・小川渉＝三戸町の大庭家所蔵
【本文98ページ参照】

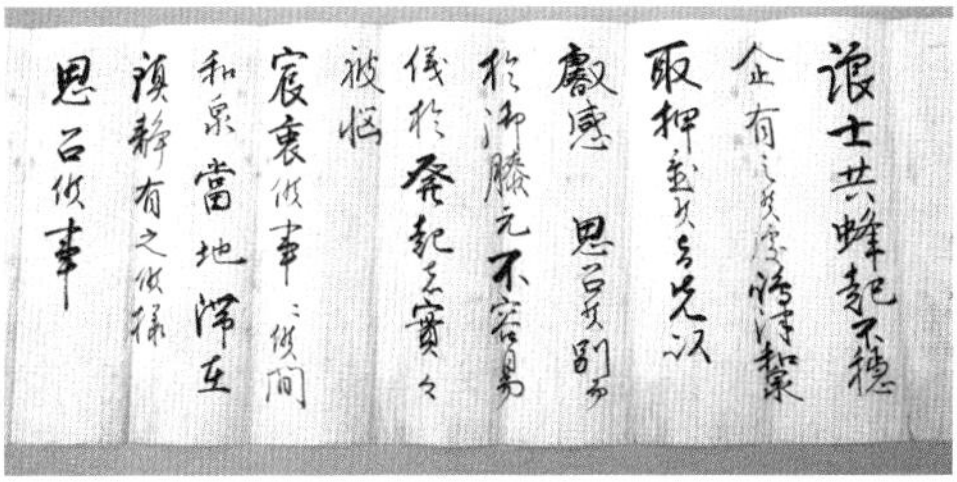

㉙関白近衛忠熙を通じ、薩摩藩の島津久光に上洛を求めた文久２年４月16日付の宸翰＝鹿児島県歴史資料センター黎明館所蔵　玉里島津家資料
【本文101ページ参照】

㉚会津藩が本陣を置いた金戒光明寺の巨大な山門。後小松天皇の勅額「浄土真宗最初門」が見える＝京都市左京区黒谷
【本文105ページ参照】

㉛京都幕末暗殺地図【本文108ページ参照】

㉜賀茂神社への攘夷祈願参拝を描いた楊州周延「文久三年加茂神社行幸将軍供奉之図」（竪絵３枚続き。明治21年）＝東京大学史料編纂所所蔵

【本文111ページ参照】

㉞下賜された「緋の御衣」で仕立てた陣羽織をまとった容保。文久３年７月30日の天覧馬揃えの際の撮影とされる＝写真提供：会津武家屋敷
【本文115ページ参照】

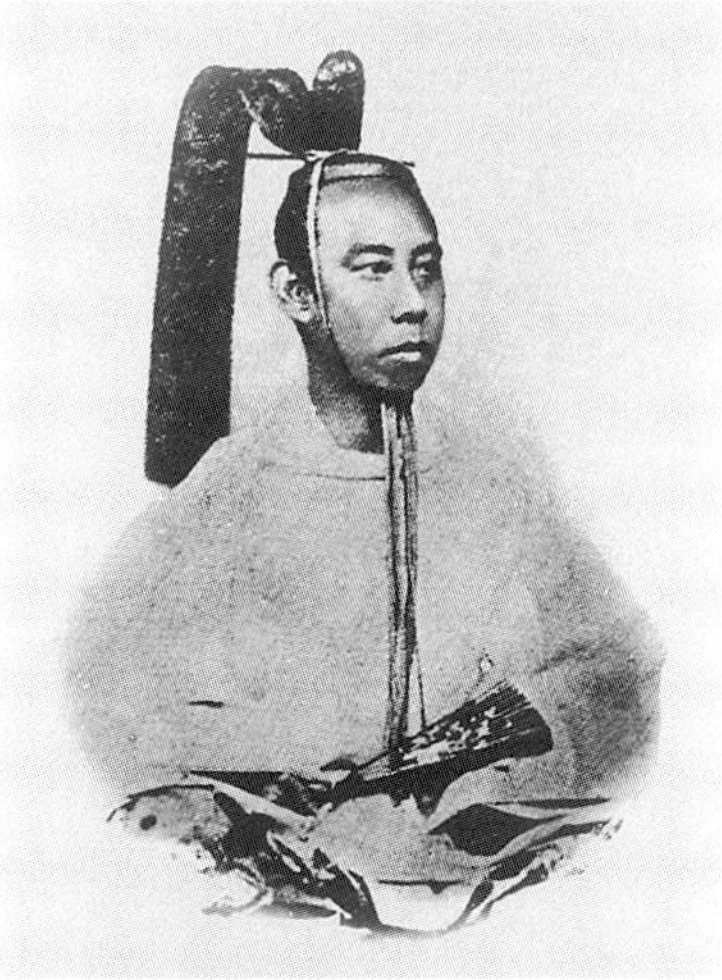

㉝会津藩を翻弄した松平春嶽＝国会図書館所蔵
【本文111ページ参照】

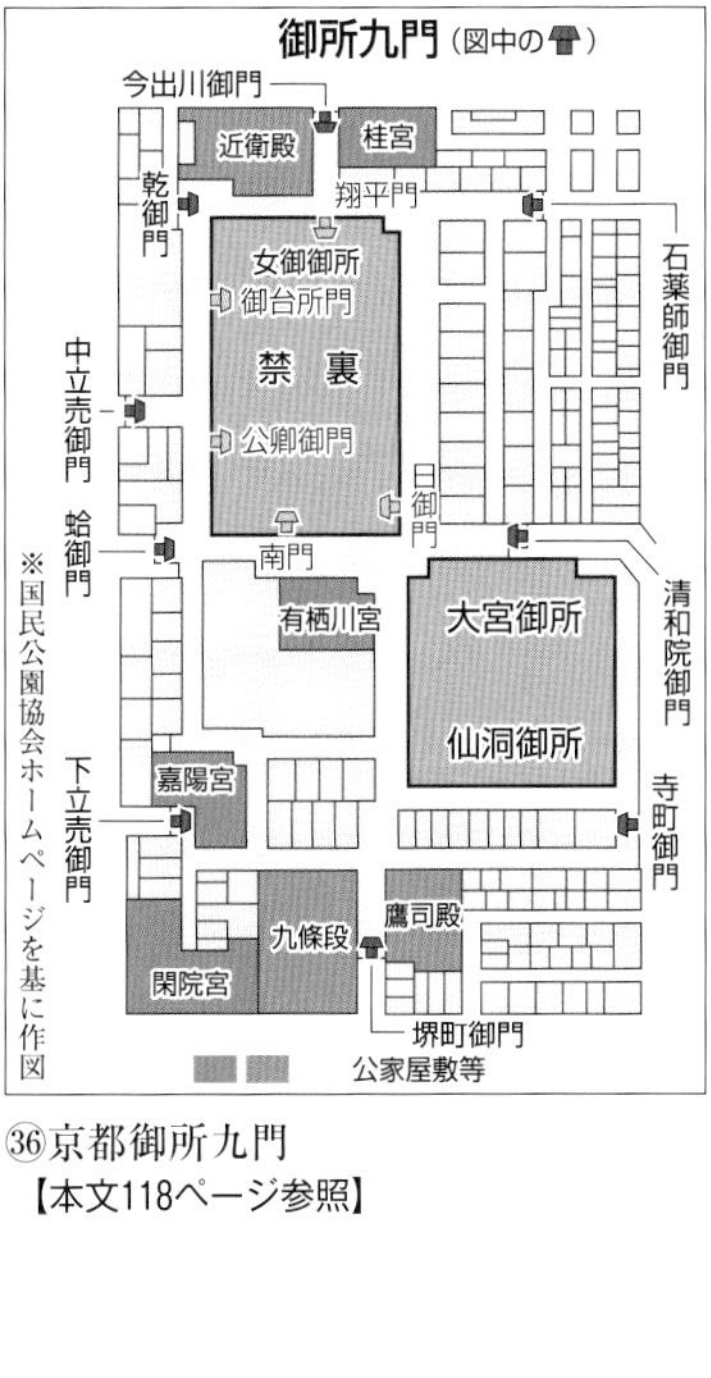

㊱京都御所九門
【本文118ページ参照】

㉟塩川文麟画「七卿都落ちの図」。先頭が同行の真木和泉、その左のやりを持つのが久坂玄瑞＝霊山歴史館所蔵
【本文118ページ参照】

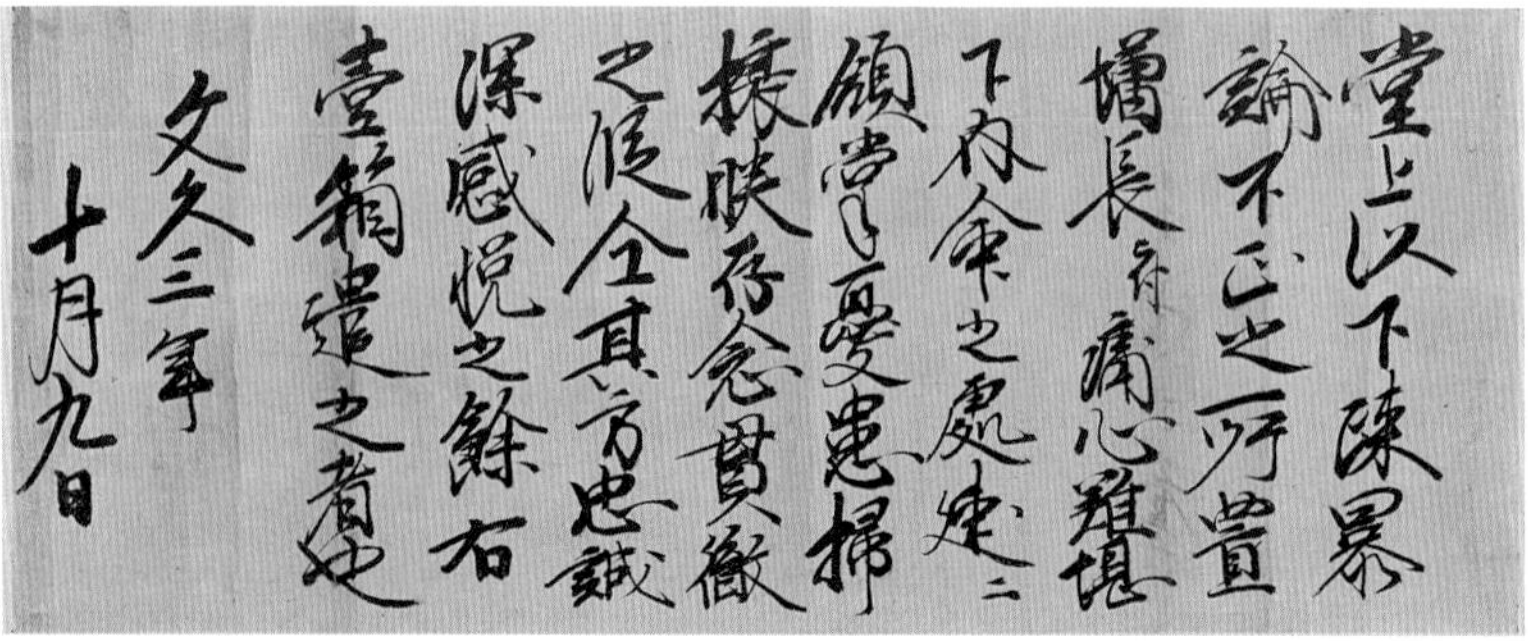
堂上以下陳暴
論不正之所置
増長付痛心難堪
下内命之処速ニ
領掌憂患掃
攘朕存念貫徹
之段全其方忠誠
深感悦之餘右
壹箱遣之者也
文久三年
十月九日

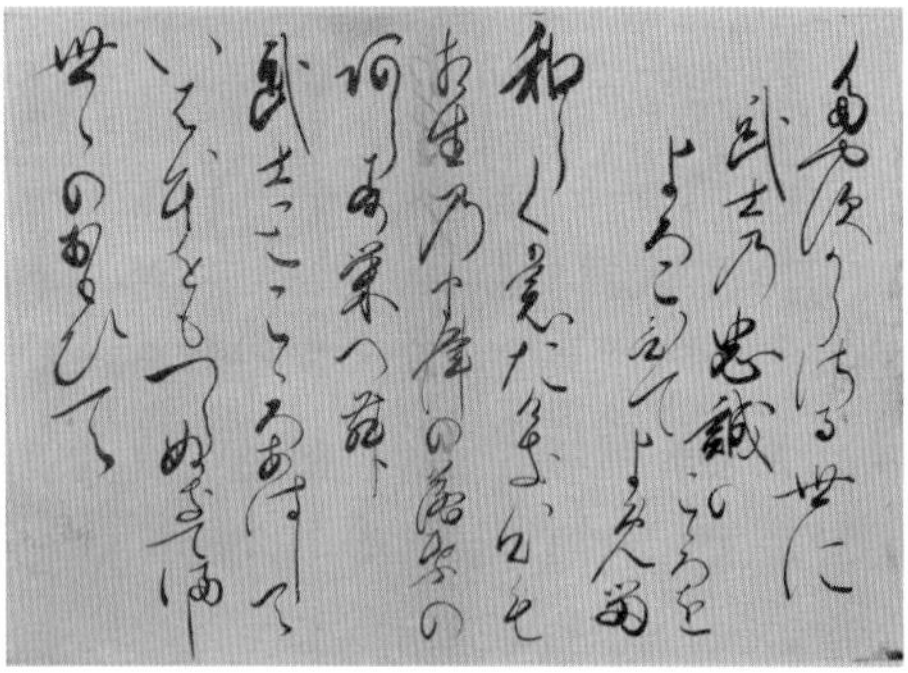

㊲「京都守護職始末」の巻頭に掲載された宸翰（写真上）と御製（同左）
【本文122ページ参照】

㊳「禁門の変」を描いた前川五嶺作「甲子兵燹図（かっしへいせんず）」（部分＝上図・右部から下図・左部へ続く）。御所へ加勢に向かう諸藩の軍勢と、延焼した京から逃げる町人たちが見える＝京都市歴史資料館所蔵
【本文128ページ参照】

㊴京都御所の蛤御門。左下は今も残る銃弾跡
【本文128ページ参照】

㊵上陸した連合国軍に占拠された下関の前田台場。左方が関門海峡。従軍したイギリスの写真家ベアトが撮影＝下関市立歴史博物館所蔵
【本文132ページ参照】

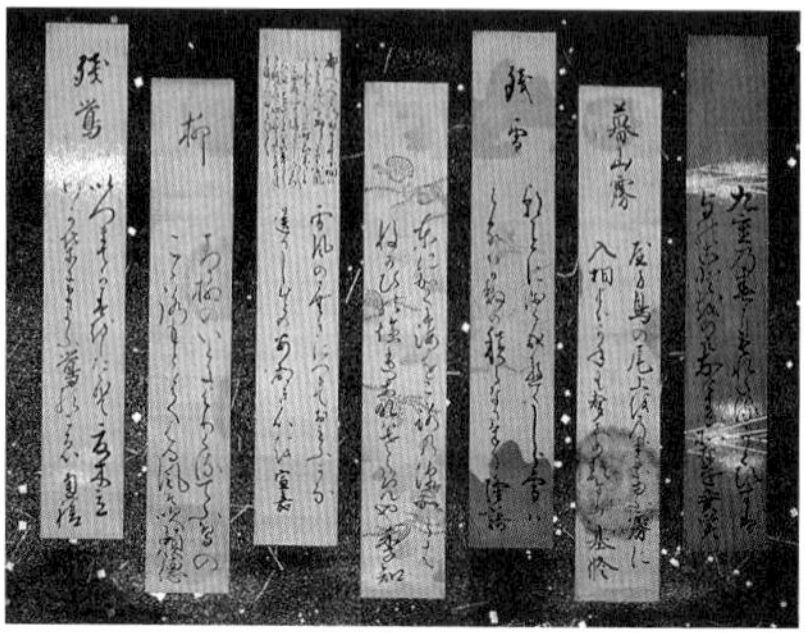

㊶長州に落ち延びた七卿の和歌短冊。右端が三条実美＝下関市立歴史博物館所蔵

【本文132ページ参照】

㊷櫻山神社（下関市）の招魂場。高杉晋作の発議で設置され、身分にかかわらず平等にまつるとされたが、のちに合祀された吉田松陰の碑（中央）だけ一段高い

【本文135ページ参照】

㊸孝明天皇の肖像画＝会津武家屋敷所蔵

【本文139ページ参照】

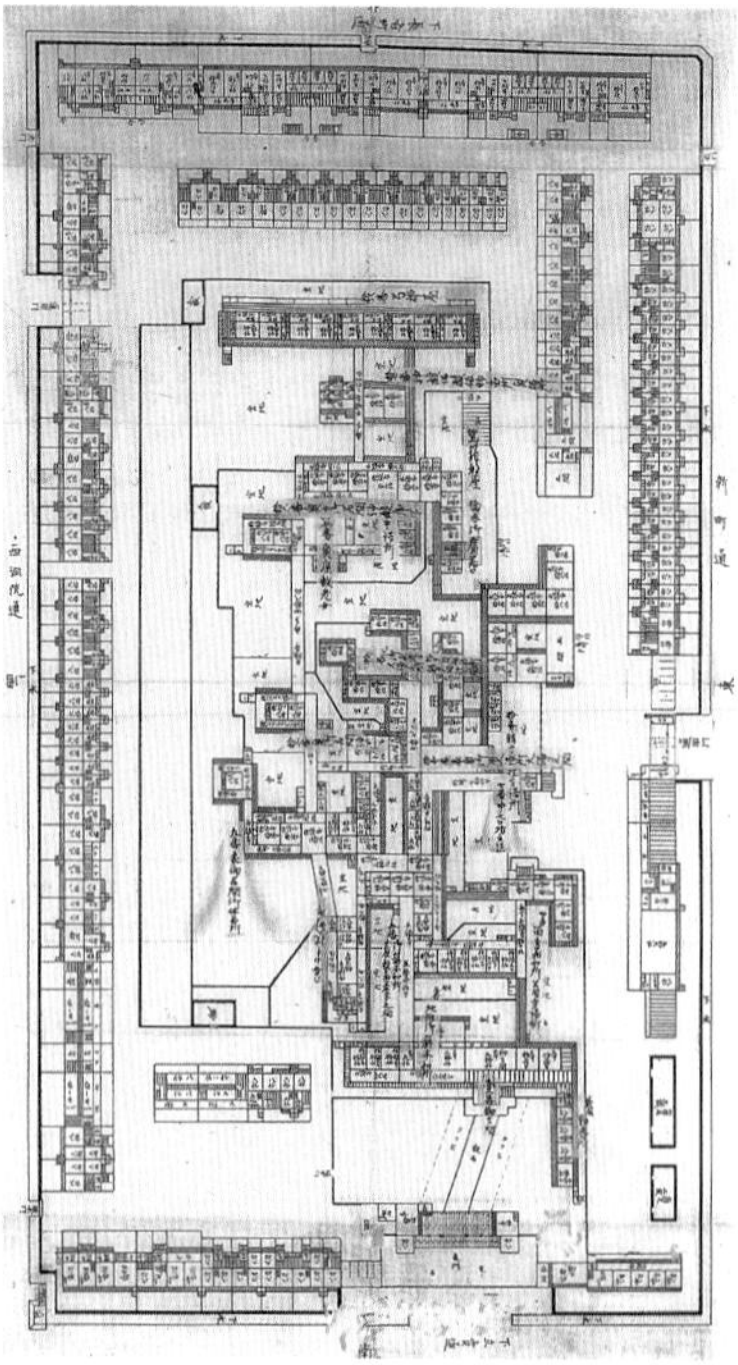

㊹「守護職上屋舗絵図」（「大工頭中井家建築指図集」から）

【本文139ページ参照】

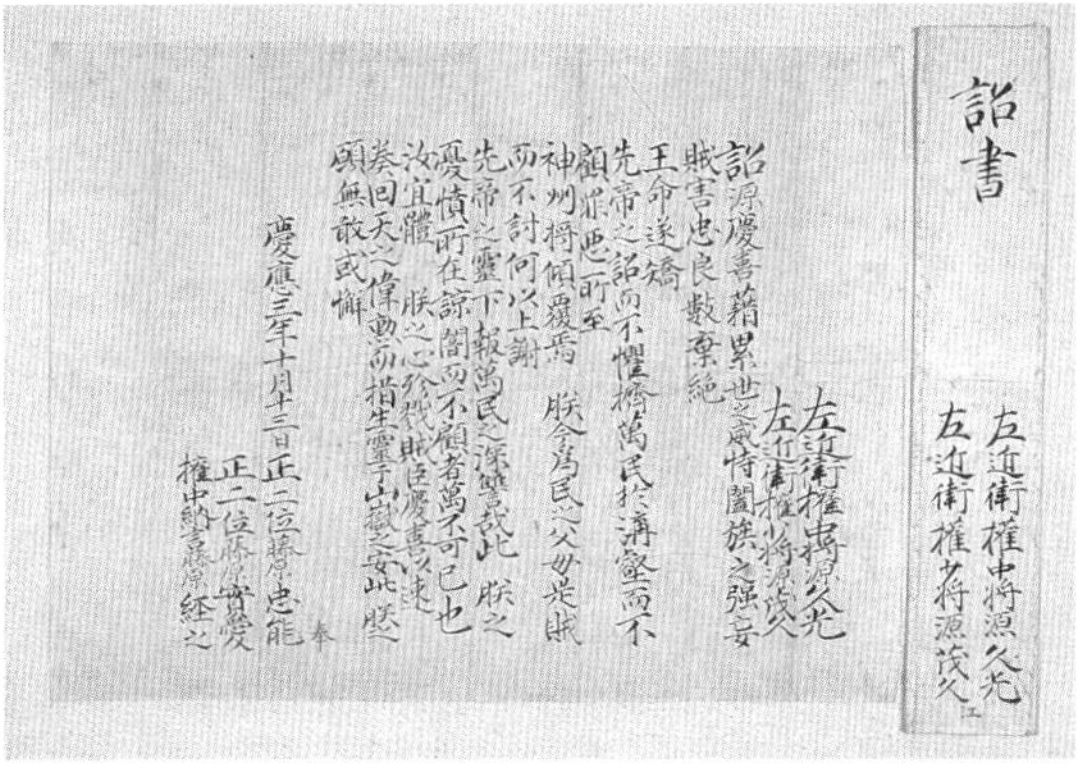
詔書
左近衛權中將源久光
左近衛權少將源茂久
詔源慶喜藉累世之威恃闔族之強妄
賊害忠良數棄絶
王命遂矯
先帝之詔而不懼擠萬民於溝壑而不
顧罪惡所至
神州將傾覆焉 朕今爲民之父母是賊
而不討何以上謝
先帝之靈下報萬民之深讐哉此 朕之
憂憤所在諒闇而不顧者萬不可已也
汝宜體 朕之心殄戮賊臣慶喜以速
奏回天之偉勲而措生靈于山嶽之安此 朕之
願無敢或懈
慶應三年十月十三日 奉
正二位藤原忠能
正二位藤原實愛
權中納言藤原經之

㊺薩摩藩に下された「討幕の密勅」。署名した3人以外は、天皇どころか朝廷内の誰も知らないうちに作られた＝鹿児島県歴史資料センター黎明館所蔵　玉里島津家資料
【本文142ページ参照】

㊻王政復古の発令のため衣冠を着け参朝する岩倉具視。田中有美画「岩倉公画伝草稿絵巻」第13巻（宮内庁三の丸尚蔵館蔵）＝同館第66回展覧会図録「明治天皇を支えた二人　三条実美と岩倉具視―一大絵巻が物語る幕末維新」、平成26年7月、公益財団法人菊葉文化協会発行から複写転載
【本文146ページ参照】

㊼大砲のさく裂で火の海と化す伏見を描いた錦絵「城洲於伏見戦争之図」＝会津武家屋敷所蔵
【本文149ページ参照】

㊽霊山神社（福島県）所蔵の「錦の御旗」。岩倉具視の奉納と伝わる。菊章紋の旗は天皇からの下賜ではなく、西軍が官軍の印として掲げたもの＝福島民報社提供

【本文152ページ参照】

㊾金戒光明寺の塔頭・西雲院にある会津人墓地。中央が侠客・会津小鉄の建立した鳥羽・伏見の戦いの戦没者慰霊碑。右側にそのほかの会津人の墓が並ぶ＝京都市左京区黒谷町

【本文156ページ参照】

㊿さくら坊芳盛「本能寺合戦之図」（３枚１組＝明治２年）。タイトルとは違って、実際には上野戦争の激戦を描いている。右端が黒門＝国会図書館所蔵

【本文159ページ参照】

51 宮城県白石市の陣馬山にある世良修蔵の墓。右下の写真は、右の行の「為賊」という2文字が削られた墓碑銘

【本文166ページ参照】

52 戊辰戦争の岐路となった「白河口の戦い」による会津藩戦死者の墓と銷魂碑（後方）。旧奥州街道を挟み、長州・大垣藩６人の墓もある。地元民が敵味方なく手厚く葬った＝福島県白河市松並

【本文170ページ参照】

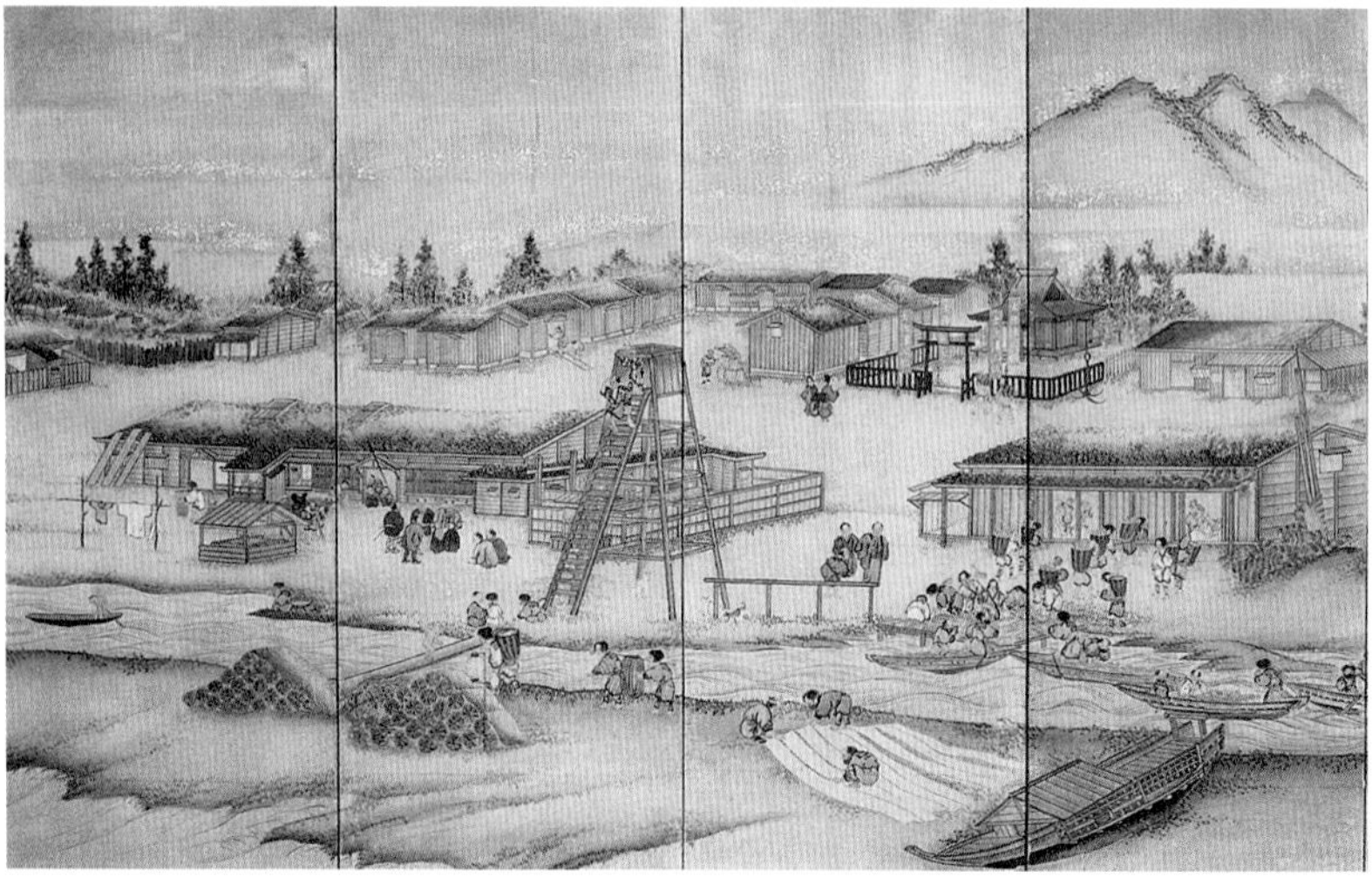

㉝会津藩による殖産の様子が描かれた「標津番屋屏風」（部分）。南摩綱紀と推測される人物がはしごの左辺りに見える＝西厳寺（新潟市）所蔵

【本文177ページ参照】

㉞砲弾跡が生々しい明治6（1873）年12月の鶴ケ城（若松城）。若松県権令・澤簡徳（旧幕臣）が右大臣岩倉具視に、城内全ての建物の廃棄を建言したところ図面の提出を求められ、地元の写真師に撮らせた6枚を提出した＝国立公文書館所蔵

【本文180ページ参照】

㊺降伏式を描いた早川松山画「会津軍記」（明治９年）。容保が中央に立っている。板垣退助や西郷隆盛も描かれているが、実際には居なかった＝会津若松市立会津図書館所蔵

【本文184ページ参照】

㊻余市町の吉田果樹園に1本だけ残る「緋の衣」と、その花（左下）＝吉田浩一（ひろかず）さん提供

【本文187ページ参照】

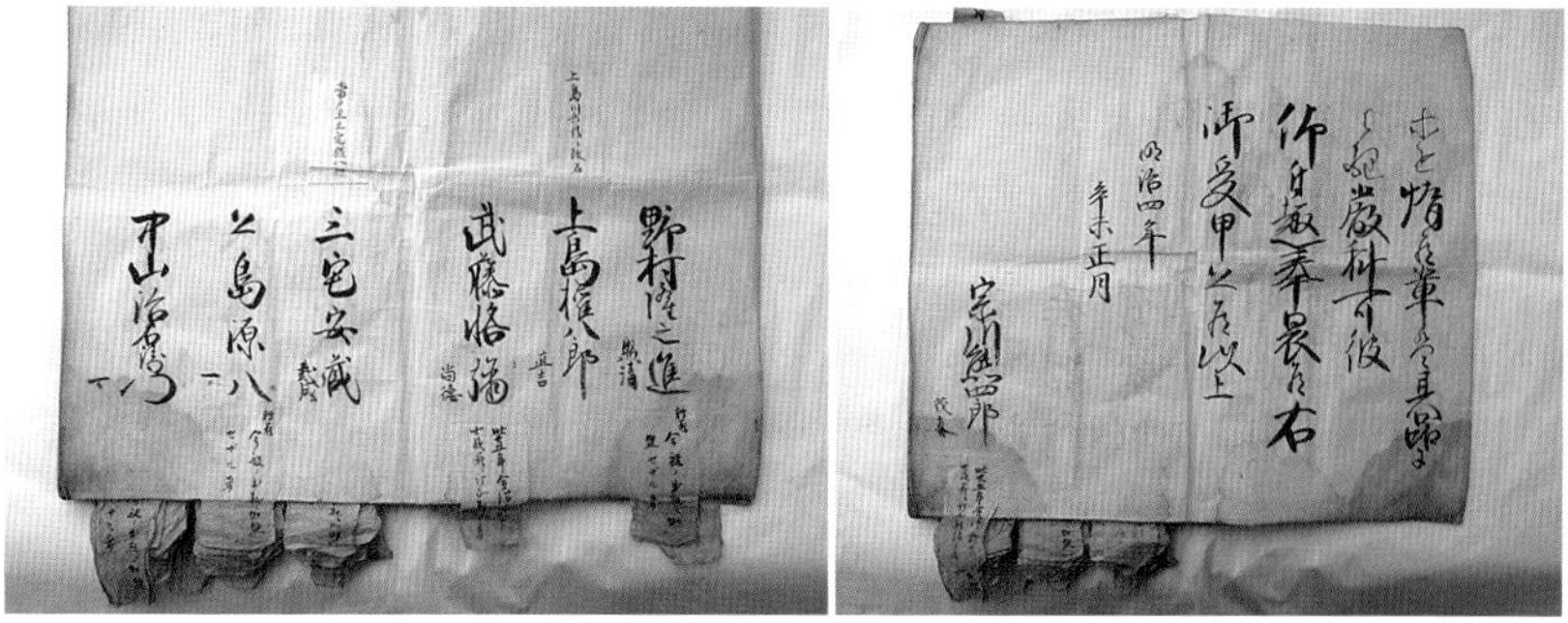

㊼【写真右】隊長の宗川熊四郎茂人以下193人が血判を押し、開拓使へ提出した「御受書」。開拓に精進することを誓約する内容。【同左】血判「御受書」の中身＝余市水産博物館所蔵

【本文187ページ参照】

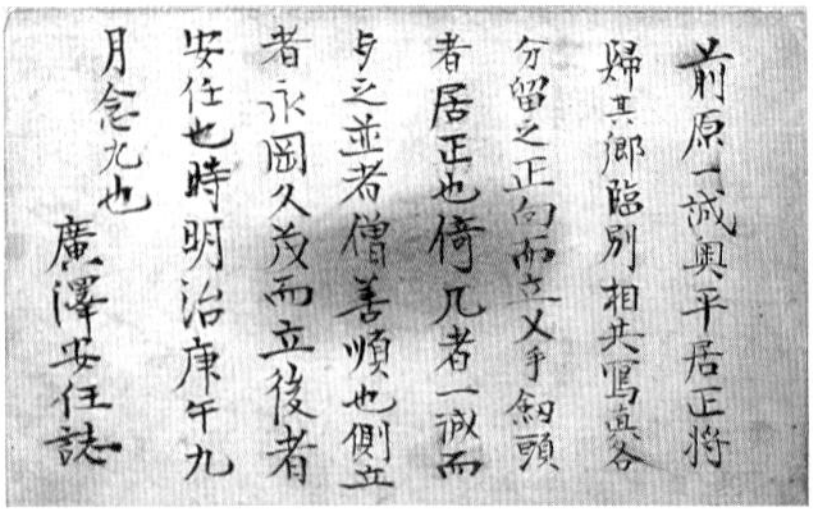

前原一誠奥平居正将
帰其郷臨別相共冩真各
分留之正向而立又手組頭
者居正也倚几者一誠而
身之並者僧善順也側立
者永岡久茂而立後者
安任也時明治庚午九
月念九也　廣澤安任誌

⑱【写真右】明治３年９月、中央政府とたもとを分かち長州へ帰郷する奥平謙介、前原一誠と写真に収まった会津の広沢安任《やすとう》（後列中央）、永岡久茂、河井善順
【同左】広沢自身による裏書き＝三沢市先人記念館所蔵

【本文191ページ参照】

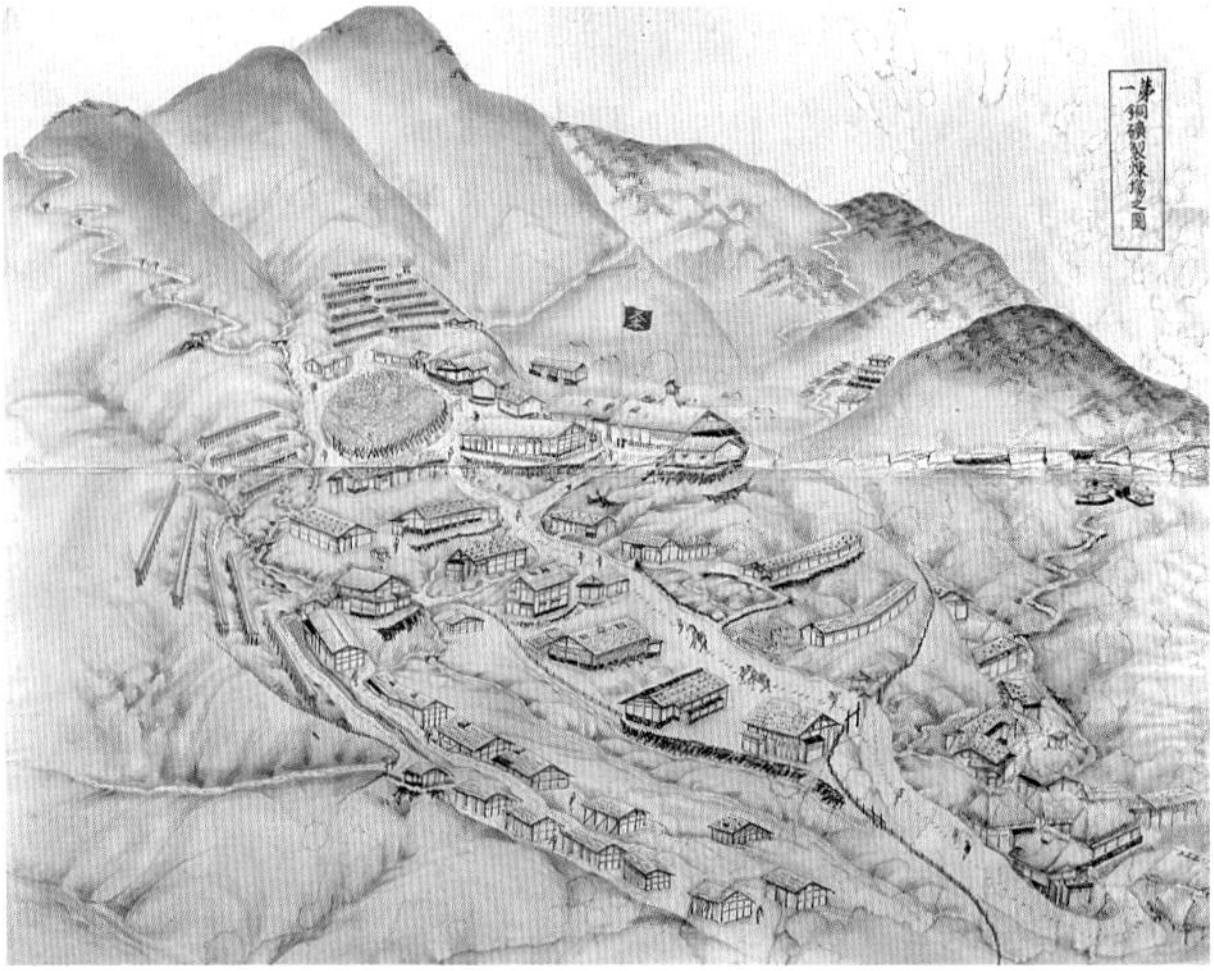

⑲「尾去沢鉱山作業之図」の第一・銅砿製錬場之図。井上馨は鍵屋・村井茂兵衛から奪った鉱山を明治５年に岡田平蔵へ払い下げた。当時の経営の中心者・槻本幸八郎にちなむ社旗が中央やや上に見える＝画像提供・鹿角市教育委員会

【本文194ページ参照】

⑳「三戸県」の存在を物語る三戸大神宮の絵馬。明治３年、同県の役人18人が官職・姓名を連ねて奉納した。三戸代官所が手狭なため、役所を新築した記念。作者は鵜飼東岱

【本文201ページ参照】

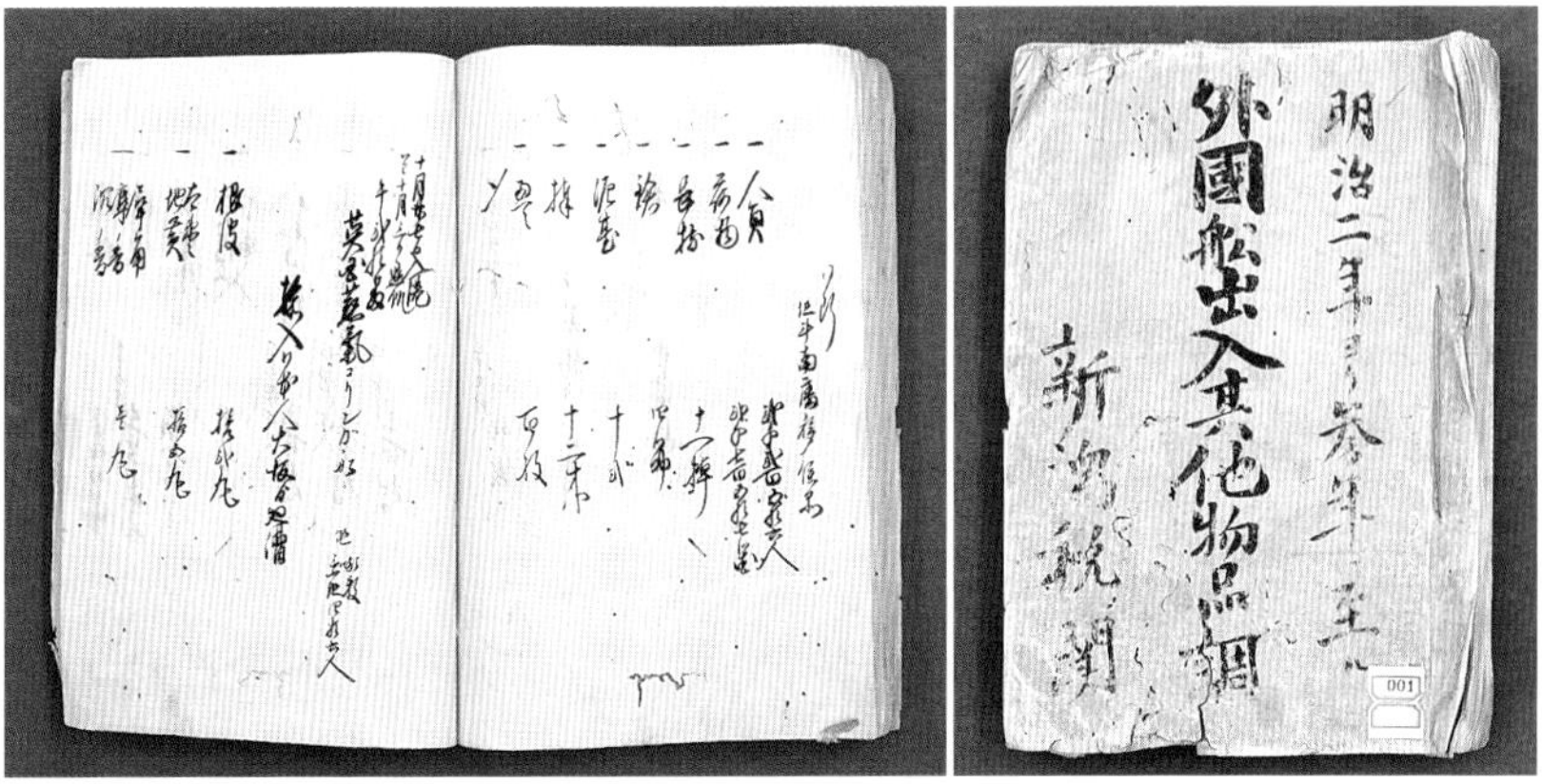

㉑新潟税関の明治２～３年「外国舩出入其他物品調」の表紙（右）と内容。ヤンシー号に関し「斗南藩移住衆」などの記載がある＝東京税関所蔵

【本文205ページ参照】

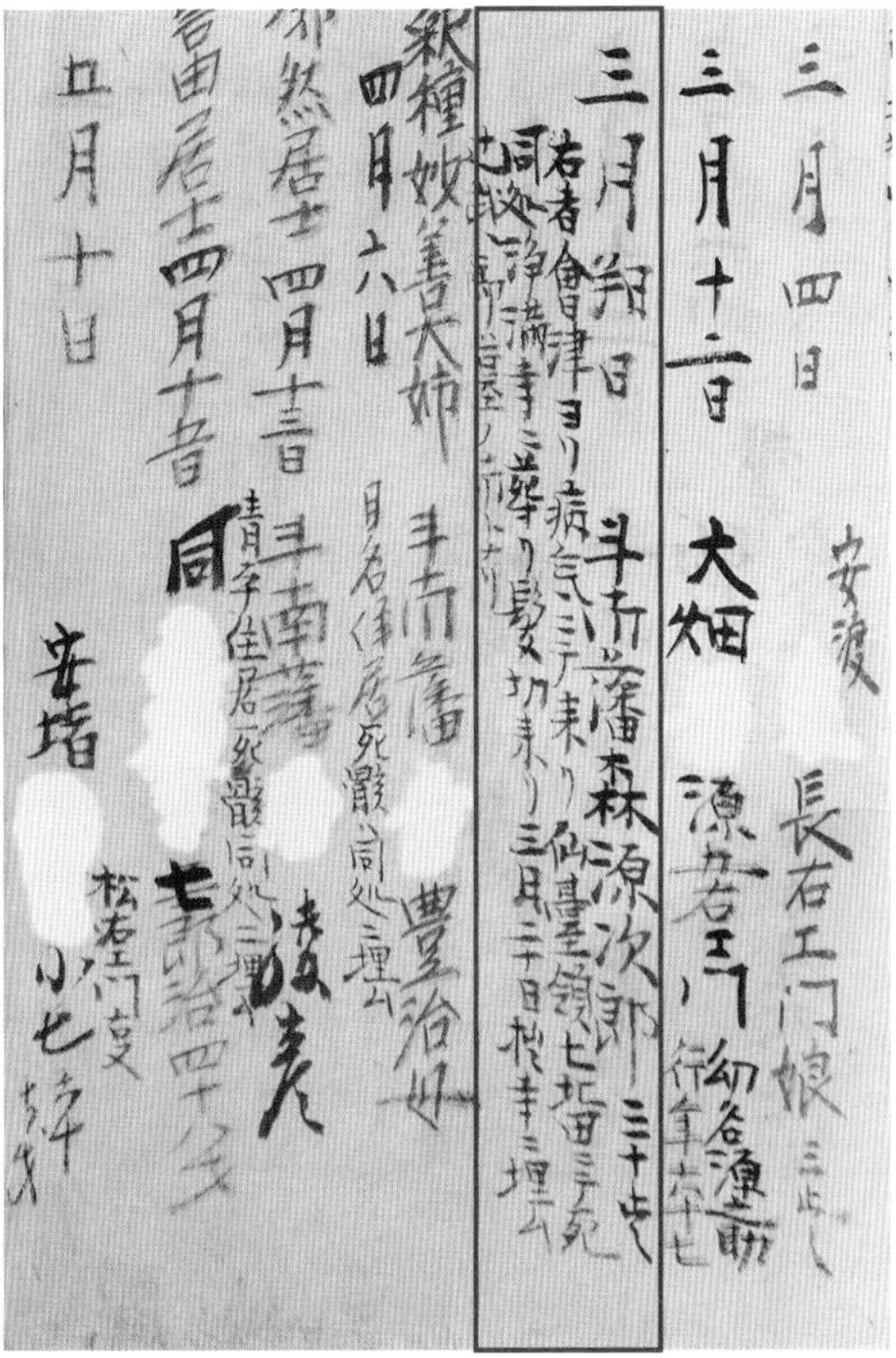

㉒徳玄寺（むつ市）の明治４年の過去帳に残る、陸路北上中に仙台で死去した藩士の遺髪埋葬記録（赤線内部）＝赤線および森源次郎以外の名字のぼかしは東奥日報社が加工

【本文208ページ参照】

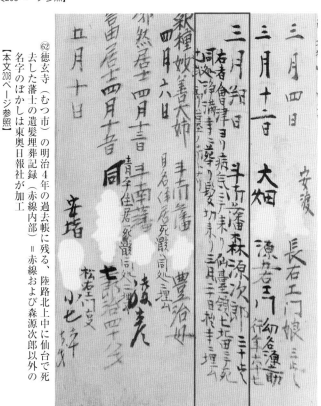

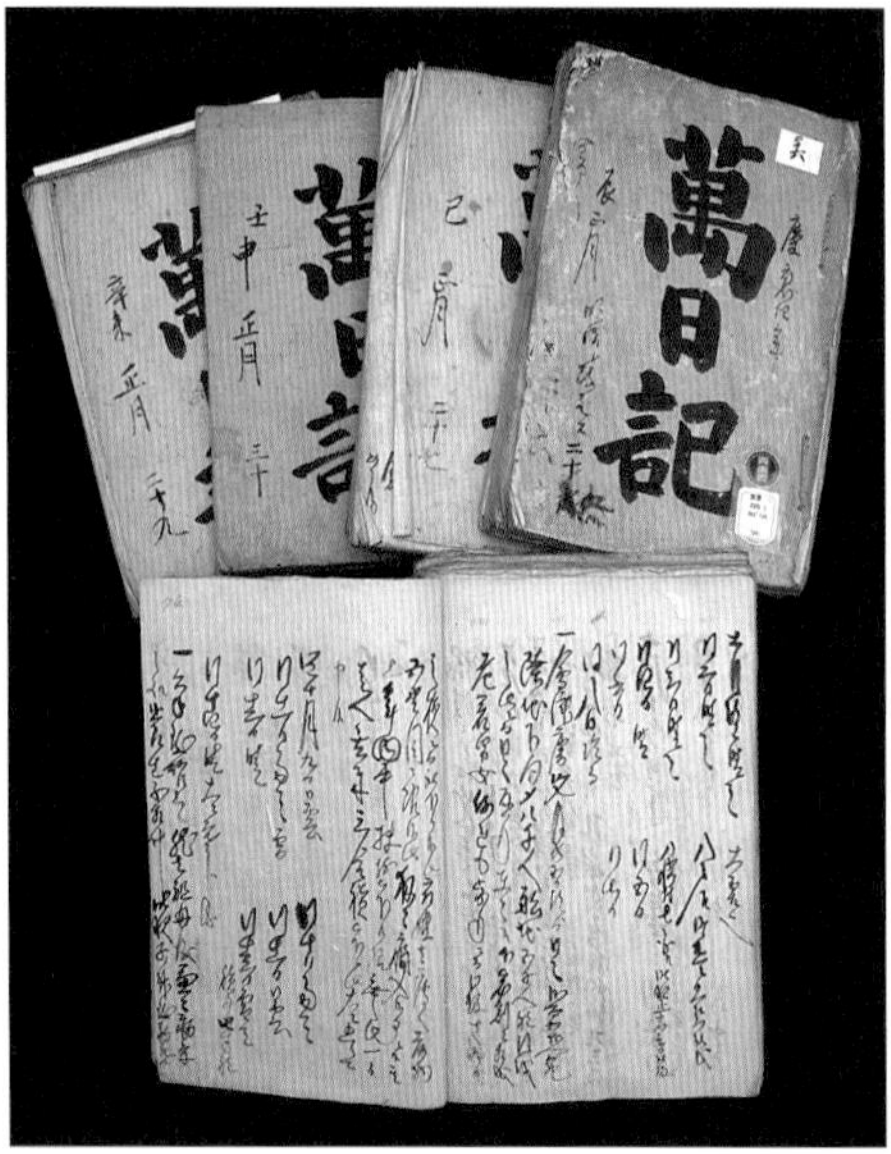

⑬石井家「萬日記」（維新前後の巻）。下の中央辺りに明治３年11月８日の条が見える＝青森県立図書館所蔵
【本文208ページ参照】

⑭三戸大神宮の境内の、無数の人骨が見つかった場所に建立された「会津藩殉難者無縁塔」（左端）。右端には「杉原凱先生之墓」が見える
【本文211ページ参照】

⑮幼君・容大が暮らし、遊んだ頃の襖絵が残る徳玄寺（むつ市）。右下は容大が去る際に下されたと思われる中啓（扇の一種）
【本文218ページ参照】

⑯猪苗代湖の湖岸に立つ磐梯山（下の写真）と、大湊湾の背景にそびえる釜臥山（上の写真）はよく似ており、会津人たちは「斗南磐梯」と呼んで故郷をしのんだといわれる
【本文222ページ参照】

⑰大室牧場の貴重な写真。白い服が小池漸、その左が坂本兵五郎、右が武田寅之助。所蔵する小池純一さん（漸の玄孫。仙台市在住）も2018年、存在に気付いたという
【本文225ページ参照】

⑱昭和42年当時、十和田市内に現存した「御渡しの家」。右の写真の人物は、会津会の元会長・深瀬正氏（左）と副会長・原田栄氏＝「会津残影―十和田会津会写真百年史」から

【本文229ページ参照】

⑲明治10年ごろの田名部小学の女生徒。建物はもともと、救貧院として建てられたという（むつ市の神明宮裏）＝個人蔵

【本文232ページ参照】

⑳昭和46年６月16日の斗南藩百年祭においでの秩父宮勢津子妃（中央）。後方は昭和11年10月のご来県を記念して斗南ケ丘に建立された「秩父宮両殿下御成記念碑」＝斗南会津会提供

【本文236ページ参照】

斗南藩　―泣血の記―　目次

目次

斗南藩　―泣血の記―

1世紀半　消えぬ無念

―いわれなき「朝敵」の汚名―

口絵①参照

明治へ改元されて1世紀半が過ぎたが、本州北端、青森県の下北半島で大正、昭和、平成と途切れることなく営まれ、令和の世も続くに違いない行事がある。斗南藩の藩庁が置かれた円通寺（むつ市）で毎年6月、しめやかに執り行われる「斗南会津会」（山本源八会長）の献霊祭がそれ。同会会員をはじめ、かつて先祖たちのこうむった苦難を忘れない、忘れまいとする人々が少なからずいるのである。

一度滅亡した会津藩（福島県）が、青森県の北郡（現在の下北郡と上北郡）、三戸《さんのへ》郡、岩手県二戸《にのへ》郡の計3万石を新領地に、立藩を果たしたのが斗南藩であった。

会津藩が戊辰戦争において薩摩藩（鹿児島県）、長州藩（山口県）を中心とする西軍の軍門に下り、鶴ケ城（若松城）の北に接する内藤、西郷・両家老邸の辺りに緋毛氈《ひもうせん》を敷いて降伏式が行われたのが明治元（1868）年の9月22日。生後わずか5カ月の慶三郎（のちの容大《かたはる》）を新藩主に再興を許されたのが翌年11月3日のこと。各地で謹慎していた藩士とその家族が明治3（70）年初春から初冬にかけて、海路・陸路を青森県にやってきた。位牌を持参できればマシな方で、皆、着の身着のまま。特に秋以降に陸路を北上した者は厳しい旅を強いられた。ようやくたどり着いた先も新天地ではなく、餓死、病死、凍死が相次いだ。その過酷さに耐え、のちに陸軍大将となった柴五郎は「挙藩流罪《きょはんるざい》という史上かつてなき極刑にあらざるか」と書き残している。

革命の混乱時における敗者の悲劇は、洋の東西を問わず歴史の常ではあるが、それほどまでにも過酷な境遇を強いられるべき重大な落ち度が、果たして会津藩にあったというのだろうか。

ちょっと不思議な現象がある。青森県内の旧斗南士族に限らず会津出身者から、薩摩への反感を聞くことは滅多にないのに、「長州だけは許せない」と口をそろえるのだ。

長州側から和解の申し出は何度もあった。会津側は受け入れない。2011年の東日本大震災の際、長州藩の本拠地・萩市から義援金など多大な支援を贈られ、会津若松市の菅家《かんけ》一郎市長（現代議士）が萩市を訪れて感謝の意を表したが、そのときですら菅家市長は「和解とか、仲直りとか、そういう話ではない」とくぎを刺している。

「会津藩がいくら恭順の意を示しても、西軍は拒絶した。特に奥羽鎮撫《ちんぶ》総督府の下参謀である長州の世良《せら》修蔵は会津討伐を東北諸藩にゴリ押しした。会津は長州に無理やり滅亡させられたのですよ」。会津史談会の井上昌威《よしたけ》副会長（82）が憤りをあらわにする。

幕末には会津藩の方が長州藩の恨みを買った。京都で長州藩士を中心とする攘夷《じょうい》派の自称「志士」たちによる暗殺の嵐を取り締まったからか。いわゆる「八・一八の政変」を断行して長州藩を都から追い出し、長州藩が起死回生へ会津藩を都から排除しようとした「禁門の変」（蛤《はまぐり》御門の変）を返り討ちにしたからか。

会津藩にしてみれば、京都守護職の責務を果たしたまでのこと。治安維持活動である。天皇のおわす御所を砲撃したのは、後にも先にも「禁門の変」の長州藩しかない。

孝明《こうめい》天皇が不可解な死を遂げ、明治天皇は満14歳で皇位に就いた。「討幕の密勅《みっちょく》」は摂政の署名すらない異常な代物で、どう見ても偽勅《ぎちょく》。戊辰戦争の行方を決定的に左右した「錦《にしき》の御旗《みはた》」も公家《くげ》の岩倉具視《ともみ》が作らせたことが明らかになっている。倒幕派は天皇の名を利用して徳川幕府とそれを支える会津藩に「朝敵」のらく印を押し、さまざまな挑発行為を重ねて戊辰戦争に会津藩を引きずり込んだ。さらに、江戸城の無血開城が成って徳川幕府が瓦解《がかい》し、最期の将軍慶喜《よしのぶ》が完全な謹慎に入ってもなお会津藩追討の手を緩めず、会津藩がいくら恭順の意を示そうとしても頑として受け付けなかった。うむを言わさず会津藩を滅亡させた正当性、必要性はどこにあったか。

別の疑問もある。「攘夷」を分かりやすく言えば「外国人排撃」ということになるが、攘夷を叫んで対外戦争を起こした薩長が、新政府を樹立するや欧化にまい進した。百歩譲って、明治維新によって日本の近代化の歩みが始まったのだとしても、あの攘夷運動の狂乱は何だったのか。

しかし、戊辰戦争、幕末維新への疑問が教科書に書かれたことはない。教科書は政権を握った側が作るもの。これも「勝てば官軍、負ければ賊軍」である。会津・斗南藩士の子孫たちが1世紀半前にこだわるのは、いわれなき「朝敵」の汚名を着せられた不条理を国民のほとんどが知らないがゆえに、名誉回復が十分に果たされていない、ご先祖が浮かばれないという思いが、胸につかえて消えないからではあるまいか。

さて、青森県内でも、ややもすると斗南藩は遠い昔の瞬時の出来事、旧斗南士族は会津から紛れ込んだ少数のよそ者とみられがちだ。県南地方、つまり青森県の東半分には今も「会津さま」という呼び方があって、その「さま」が敬遠や、ときには反感のニュア

添え書き

■斗南藩領

明治2（1869）年11月3日に再興を許された会津松平家に与えられた新封土は、旧盛岡藩領だった陸奥国3郡の3万石であった。現在の下北郡、上北郡の一部、三戸郡、岩手県二戸郡の一部に相当し、間に七戸藩と八戸藩を挟む分断領地。ほかに、北海道4郡の支配も命じられている。

新領地となった地域は稲作に不向きで、実高約7千石といわれる。表高だけで23万石、幕末には実高40万石を越した雄藩・会津が実質10分の1以下になった。藩庁は明治3（70）年4月、五戸代官所（三戸郡五戸町）に置かれ、翌年2月、むつ市田名部の円通寺へ移された。

ンスを帯びることも否定できない。

たしかに、斗南藩は明治4（71）年7月14日の廃藩置県によって斗南県となり、9月4日に弘前県に統合され、2年足らずで消滅。同月23日には弘前県が青森県と改称される。だが、名だたる教育藩・会津の出である斗南士族と子孫たちは、その後、1世紀半にわたって青森県の教育、文化、産業、政治などに多大な貢献を果たしてきた。斗南藩、旧斗南士族は間違いなく青森県の大切な一部なのである。その数奇な軌跡をたどりたい。

近現代貫く「官軍」優位
―「白河以北　一山百文」―

口絵②・③参照

平民宰相《さいしょう》として敬愛された岩手県出身の原敬は「一山《いちざん》」あるいは「逸山」と号した。「一山百文」と刻した印鑑も用いている。

関東から山を越え奥州に入る関所が、今の福島県南部にあった白河の関。戊辰戦争のさなか、西軍が「白河より北の価値は全部で百文」と東北をあざ笑った言葉が「白河以北　一山百文《ひとやまひゃくもん》」とされ、それに由来する雅号を原はあえて用いた。元は平民どころか盛岡（南部）藩の家老格の家の出。西軍に最後まで抵抗した盛岡藩は新政府から賠償金7万両に加えて70万両もの献金を要求され、家臣はほぼ全財産を差し出した。原もフランス人宣教師の下僕までして苦学し、新聞記者から政界入りし、ようやく頭角を現す。

盛岡藩領が新政府に没収されたことが、斗南藩の領地に青森県内の旧盛岡藩領が選ばれた大きな理由である。

東北諸藩は会津藩を救おうと奥羽越列藩同盟を結んで西軍にあらがい、敗れた。宗家・近衛家の令書を受けて同盟を中途脱退した弘前藩（青森県）はもとより、いち早く同盟を脱退した秋田藩でさえ恩典はごく薄かった。戊辰戦争は全東北の受難とも言える。

原が「賊軍」側で初の総理大臣に就いたのは大正7（1918）年のこと。それまでは長州（山口県）出身が伊藤博文、山県《やまがた》有朋、桂太郎、寺内正毅《まさたけ》の4人、薩摩（鹿児島県）が黒田清隆、松方正義、山本権兵衛の3人、それに肥前（佐賀県）の大隈重信。公卿《くぎょう》が2人いるが、2カ月間の暫定内閣で首相を兼任した三条実美《さねとみ》は「七卿《しちきょう》落ち」に遭った倒幕派の頭目。西園寺公望《きんもち》は戊辰戦争で西軍の方面総督として功を挙げた人である。

さかのぼって、明治18（1885）年に伊藤の初代内閣が発足する前まで政権を掌握した内務卿も薩摩2人（大久保利通、松方）、長州4人（木戸孝允《たかよし》、伊藤、山田顕義《あきよし》、山県）と9代6人全員が薩長の出。あからさまな薩長藩閥政府であった。

昭和以降も山口県出身の首相が4人いる。田中義一、岸信介、佐藤栄作、そして現職の安倍晋三である。佐藤は岸の実弟、安倍は岸の孫。明治期から計8人の首相を輩出した山口県は、他県に比べ断然多い。

2007年4月14日、参院補選の応援で福島県の会津若松市を訪れた安倍首相が、演説で「先輩が随分迷惑をかけたことをおわびします」と発言し、聴衆を驚かせた。16年7月7日には同県二本松市で、会津の白虎隊以上に幼くして戦死した二本松少年隊の供養塔に献花してもいる。選挙対策にすぎないという冷めた見方もあるが、真意はともかく、戊辰戦争で長州が奥州にひどい仕打ちをしたという自覚は、首相にもあるのだろう。

実は、安倍首相は奥州の血脈も持つ。12年9月16日に盛岡市の公会堂で開かれた「前九年合戦終焉《しゅうえん》950周年記念平和祈年祭」に、次のようなメッセージを寄せた。

「（安倍家は）安倍宗任《むねとう》を祖とし、私が42代目にあたります。宗任は伊予の国に配流《はいる》された後、福岡の大島で没していますが、その後裔《こうえい》である松浦水軍が壇ノ浦の合戦に平家方として参戦し、敗れ散じた我《わ》が父祖が長門《ながと》の国さきの大津後畑の日本海に面した集落に潜み、再度転居の後、現在の山口県長門市に住むことになったのが明治に入る前後の頃と聞いています」

1051年から足かけ12年の前九年合戦。そして、平安末期の壇ノ浦。2度も源氏に敗れ、朝敵とされた歴史を体内に抱える一族なのである。しかし、岩手県、青森県内の安倍氏ゆかりの地を訪ね、熱心に調べたのは父の故晋太郎代議士の方だった。上記のメッセージはほぼ父の生前の文をなぞったにすぎない。

安倍首相はまた、2015年7月29日の国会で「私の祖父の安倍寛《かん》は、翼賛会選挙の際に、非翼賛会、翼賛会の非推薦で当選を果たしたところでございます。言わば、日米の開戦につきましても、東条内閣に反対の立場であったわけでございます」と発言している。

だが、首相が寛氏に触れたことはほかにないよう。一方で、A級戦犯容疑者とされた母方の祖父・岸への尊敬を隠さない。「祖父(岸)は、50年たたなければ(安保条約改定は)評価されないと言っていたが、20年ぐらいでかなり高い評価に変わったと思う」。同年

添え書き

■「維新」と「御一新」

「明治維新」が何を指すかは、いまだ定説がない。徳川幕府からの体制転換を「維新」とすれば、大政奉還、王政復古は慶応3年に行われたのだから「幕末維新」でなければ整合性がない、という指摘も古くからあった。

「維新」という言葉自体は水戸学者の藤田幽谷が用いたと言われるが、明治4(1871)年の廃藩置県後も一般には「御一新」と呼ばれた。昭和初期、急進派の陸軍軍人らがしきりに「昭和維新」を叫んで五・一五事件、二・二六事件などを起こしたことから、その対比として「明治維新」も一般化した。

7月のテレビ番組で首相はそう発言し、閣議決定による集団的自衛権の憲法解釈変更と、それによる安保関連法案への反対デモを黙殺した。

尊王攘夷《そんのうじょうい》、倒幕の理論的、精神的支柱とされている長州の吉田松陰は、ペリー提督のアメリカ艦隊に乗り込んでの密航を企てて失敗。幕府方に捕らえられ、獄中で〈世の人はよしあし事もいはばいへ賤《しず》が誠は神ぞ知るらん〉と詠んだ。安倍首相もあるいは同じ確信を持って政権運営に臨んでいるのか。ともあれ、首相がそうした松陰的な、長州的なものを大切にしていることは改憲の実現に掛ける執念ひとつを取っても疑いない。

もっとも、父方の祖父寛の反骨心、反権力こそ維新の精神のようにも思われるが…。

原は、第1次世界大戦によるインフレで寺内内閣が倒れ、大正デモクラシーが胎動して首相に就いた。だが、「賊軍」出身者の官僚は出世できないといった「官軍」優位の構造が消滅したわけではない。とりわけ軍部。陸軍は長州、海軍は薩摩が実権を握って日清、日露の対外戦争を仕掛け、日本が1945年の敗戦まで軍国主義の道を突進する基礎を固めた。戦前回帰の風潮が指摘される今、明治維新、会津・斗南の悲劇が、近現代を貫く、この国の背骨に関わる問題だと痛感されるのは筆者だけではあるまい。

認知されない将軍の子
―会津藩祖・保科正之 かくまわれ養育―

口絵④参照

会津藩の藩祖保科正之《ほしなまさゆき》は3代将軍徳川家光の実弟であるが、決して何不自由なく育ったわけではないし、副将軍的な立場になってからも他藩の恨みを買うような高慢な人でもなかった。

象徴的な一事を挙げれば、将軍の男児で徳川姓も松平姓も名乗らず、葵《あおい》の御紋を用いなかったのは正之ただ一人。本人が固辞したのである。会津藩が松平姓、葵紋に変わるのは3代正容《まさかた》からであり、それも5代将軍綱吉が「再び辞するを允《ゆる》さず」と強制したためであった。

正之が徳川家一門中で特異な存在になったわけは、その生い立ちにある。

「会津松平家というのは、ほんのかりそめな恋から出発している」。会津藩、新撰組を描いた司馬遼太郎の短編小説『王城の護衛者』はそう始まる。かりそめ、つまりは、その場限り。「ただ一度の浮気」によって藩祖の正之が生まれたという、劇的な書き出しになっているのである。けれども史実は違っている。

会津藩正史『家世実紀』に「勿体《もったい》なくも水と成し奉る」との記載がある。正之の実母お静（志津とも）は以前にもう一人、2代将軍秀忠の子を身ごもったことがあるのだ。その子は秀忠正室の逆鱗《げきりん》に触れるのを恐れて人工中絶された。正室は達子、のちの崇源院。一般にはお江《ごう》、お江与《えよ》の方として知られている。言うまでもなく織田信長の妹お市の方の娘であり、豊臣秀吉の側室淀殿、茶々の妹である。

『王城の護衛者』が、お静を「達子の侍女」としているのも文学的効果が狙いか。本当は秀忠の乳母「大乳母殿」にかわいがられた侍女であった。控えめながら笑顔の絶えないお静が、将軍に就いた後もしばしば大乳母殿を訪ねる秀忠の目に留まり、お手つきとなった。通常なら正室が将軍に献上する形でお静は側室に上がるはずだが、秀忠は、6歳上で気位が高く嫉妬深いお江に頭が上がらず、お静のことを秘密のままにした。よって、懐妊も伏せざるを得なかった。

当時、乳児が成人できる率はかなり低く、将軍の世継ぎとなる可能性がある子ともなれば一人でも多いに越したことはなかった。だが、大乳母殿の助言でお静は実家の神尾家に宿下がりし、ひそかに堕胎した。お静は二度と大奥に戻る気はなかったのだが、秀忠がお静はどこかとしきりに大乳母殿を問い詰めるものだから、やむなく戻った。そして2度目の懐妊となる。

神尾家では後難を恐れて今度も「水」にするつもりだったが、弟の神尾才兵衛と姉婿の竹村助兵衛《すけのひょうえ》が「将軍様のお子を二度も水と成すのは天罰が恐ろしい」と主張し、「たとえ一門残らず磔《はりつけ》になろうとも仕方ない」と覚悟を決め、出産させることにした。

手を差し伸べたのが武田信玄の次女見性院である。お静は見性院にかくまわれ、慶長16（1611）年5月7日、男児を出産。竹村はすぐに町奉行に届け、報告を受けた老中土井利勝が翌朝、湯殿で言上すると秀忠は心当たりがあると言って、葵紋の小袖を下賜し、「幸松《こうまつ》」と名付けよ、という内意も伝えた。

見性院は幸松をお静とともに引き取り、武田姓を名乗らせて5年間養育したのち、信州高遠《たかとお》（長野県伊那市）2万5千石の城主保科正光に託すことにした。女所帯では武芸習得などに差し支えると判断したからであろう。保科家は武田家の旧臣であり、その後徳川家に仕えた。正光の父正直《まさなお》は家康の異父妹の多劫姫《たけ》を正室に迎えており、将軍のご落胤《らくいん》を育てるにはうってつけの家だった。

一つだけ問題があった。正光には子がなく、真田一族に嫁いだ妹の子・左源太を養子にすべく既に引き取っていたのである。だが、正光は幸松の方を正式な養子とし、幸松がまだ満10歳のとき「自分の没後は幸松殿に家督を譲る」との遺言状まで作成し、嫡男として大切に育てた。

一方で、正光は遺言書に「幸松殿が加増されたときは左源太にも加増すること」などとも書いている。正光は筋を通すことを重んじ、かつ、心優しかった。その人に養育されたことは、幸松の人格形成に何物にも代え難い恩恵を与えたと思われる。

幸松が保科家の養子となったとき見性院から土井を通して事情を聞いた秀忠は、高遠藩に5千石を加増した。

有り体に言えば、養育費である。だが、それだけのこと。幸松は寛永6（1629）年6月24日、大御所となっていた秀忠に江戸城西ノ丸で拝謁《はいえつ》の機会を得るが、秀忠は親子お披露目の機会にするどころか、わが子の手を取ることもなった。

秀忠は3年後に没するので、これが最初にして最後の親子対面となった。認知はついになされずじまい。それでも幸松は恨まず、秀忠から頂戴した名を変えないために20歳まで元服しなかったという。


正光の病没により、秀忠死去のひと月前に高遠3万石を継いだ幸松改め正之は、兄の将軍家光に謁したが、あくまでも小藩の大名という態度を崩さなかった。また、保科姓、並九曜の家紋を変えないことで、養父への感謝を表し続けた。

以上の、正之の生い立ちについては中村彰彦氏の数々の著書に詳しく、加えるべき事はほとんどない。わずかに余談をお許し願えば、正光の戒名は「大宝寺殿信巌道義大居士」といい、正之は以後、養父を「道義様」と書いている。会津・斗南の末裔《まつえい》たちが「会津は真っ正直すぎた。薩長のようにうまく立ち回っていれば滅びずに済んだ」と話すのを聞くにつけ、正之が養父から受け継いだ

添え書き

■徳川姓、松平姓
徳川は家康が創始した姓で、家康の出身家である松平姓の方が古い。

家康は将軍家と、自らの男系男子の分家である御三家（尾張、紀州、水戸）にしか徳川姓を名乗らせなかったが、のちの8代将軍吉宗以降に新設した御三卿（田安・一橋・清水）にも徳川姓が許された。

それ以外の親藩（徳川の分家）は松平を姓とした。中でも越前松平家(福井県)、会津松平家、越智松平家（島根県）は御三家、御三卿に次ぐ地位とされた。ほかに、徳川の血筋ではなくても、有力大名の当主と嫡子に限り松平姓を与えた例も多い。

「道義」がのちに会津藩の色濃い気風となり、藩の命運を大きく左右したように思えてならない。

「太平の世」固めた正之
―幕政支える最有力藩に―

口絵⑤参照

割と知られた逸話がある。諸大名が3代将軍家光に拝謁《はいえつ》した際、末座に座るあの者は誰かと家光が近侍《きんじ》に問い、保科正之《ほしなまさゆき》という家光自身の弟であることを告げられると「彼《か》の者の上座には誰も居そうもなきものぞ」とつぶやいた。正之が最前列のはずだ、と言ったのである。だが、以後も正之は前に出ようとしないものだから、縁側が同席者であふれたという。

祖父の家康はわが子、孫といえども、反逆の兆しをかぎ取れば容赦なく配流《はいる》や改易《かいえき》に処した。家光のすぐ下の弟忠長も「大逆不道」のかどで甲州に蟄居《ちっきょ》を命じられ、28歳にして自害している。それを知る正之は控えめな態度を貫いたのだろうし、家光は背くおそれがないと感じさせる実弟を得てさぞ喜んだことだろう。

少し前の寛永6(1629)年10月、無位無冠の春日局《かすがのつぼね》(家光の乳母)が幕府の使者として参内、拝謁したことなど幕府の高飛車な姿勢に怒った後水尾《ごみずのお》天皇が突如、興子《おきこ》内親王に譲位し、860年ぶりの女帝明正《めいしょう》天皇が即位していた。興子を産んだ中宮和子《まさこ》は秀忠の5女。明正天皇は家光、正之の姪に当たる。5年後、家光は徳川家の盤石を天下に知らしめるため、諸大名、幕臣ら30万7千人余を従えて上洛し、明正天皇と後水尾院に拝謁した。同席した正之はこのとき、侍従に推任された。

さらに2年後、正之は一挙に17万石を加増され、山形藩20万石へ、7年の統治を経て寛永20(43)年7月には会津藩23万石へ所替《ところがえ》となった。ほかに会津盆地の南に広がる南山御蔵入領《みなみやまおくらいり》5万1200石余も預けられたが、計28万1200石を表高としなかったのは、御三家の水戸藩28万石を超えないよう配慮したためであった。

正之が高遠《たかとお》、山形、会津で仁政を敷いたことが作家中村彰彦氏らの研究によって明らかになっている。賄賂や遊女の禁止、病に倒れた旅人の看病義務化など多岐にわたるが、最重要の施策を挙げるとすれば、社倉《しゃそう》の創設であろう。社倉とは、飢饉《ききん》に備えて穀物を備蓄する倉。正之は承応4(55)年春に社倉法を定め、961両を支出して7千表余りを買い上げ、困窮者や類焼被害者などに貸し出した。利息は2割であるが、不作続きのときは郡役所が吟味の上で無利子、あるいは返済を2、3年猶予したりした。

以後も1万石ごとの各所に社倉が造られ、備蓄米は2万3千俵、5万俵と拡充されていき、会津藩の人口は急増した。弘前藩(青森県)で13万人以上、八戸藩(同)で人口の半分3万人が餓死した天明の大飢饉でも、会津は社倉のおかげで死者約2600人にとどまった。

正之が会津藩士全員の俸給を米で渡す「蔵米取り」としたことも見逃せない。家老にさえ私領地を持たせなかったため、会津の農民は年貢を不当に上乗せされることがなかった。

一方、仙台藩は「家臣に一定の土地支配権を与える『地方知行制』を敷き、200石取りの藩士にまで領地を与えたために、藩中藩が100ほどもあった。そのせいで争いが絶えず、いざ鎌倉というときの指揮系統もうまく機能しなかった」と、仙台市に住む会津・斗南藩士の子孫小池純一さん(69)が指摘する。

さて、家光はにわかに病み衰え、慶安4(51)年4月20日に臨終の床で正之の手を取り「幼い家綱を補佐せよ」と遺言した。家綱はまだ11歳。重臣には大老井伊直孝、知恵伊豆と称された老中松平信綱らそうそうたる顔ぶれが並んでいたが、正之は将軍補佐役として幕政の中心に就いた。

結局、正之は足かけ23年間も会津に帰らずに幕政を支えた。その功績は枚挙にいとまがない。明暦の大火（振袖火事）の際、浅草の米蔵を開放し、町方に救助金16万両を支給する一方、市中の復興を優先するために江戸城天守閣の再建に断固反対したのもその一例。江戸の防備を損なうという反対論を「万民の安居のため」と押し切って、玉川上水の開削を開始させたのも正之であった。中でも「三大美事」とされるのが、主君の死去に際する殉死の禁止、妻子の江戸在住を義務づける大名証人制度の廃止、そして末期《まつご》養子禁止の緩和である。

末期養子とは、武家当主が嗣子《しし》を定める前に急病などで危篤に陥ったとき緊急に迎える養子のこと。大名家は跡継ぎを事前に幕府へ届け出ておく厳しい定めであったが、取りつぶしや改易によって幕府への不満、浪人増加による社会不安が高まるのを避けるため、正之はこれを大幅に緩めた。

寛文4（64）年、盛岡藩10万石の南部重直《しげなお》が急病死し、不仲の弟2人の跡目争いになったとき、正之は、藩を8万石に減らして重《しげ》信《のぶ》に継がせ、直房《なおふさ》に2万石を分け与えた。そうしてできたのが直房を初代とする八戸藩である。

また、同年、上杉綱勝が嗣子を届けないうちに26歳で死去した

添え書き

■親藩、御三家、御三卿

徳川家の男系男子を始祖とする藩を親藩という。その最高位「御三家」が、家康の9男義直に始まる尾張徳川家、10男頼房の水戸徳川家、11男頼宣《よりのぶ》の紀州徳川家の3家。宗家（将軍家）に嫡男がない場合に備えて家康が定めたとされる。

だが、代を重ねて将軍家と家康との血統の距離が開いたため、8代吉宗が次期将軍を出す家として次男宗武《むねたけ》に田安徳川家、4男宗尹《むねただ》に一橋徳川家、さらに9代家重がその次男重好に清水徳川家を立てさせた。この3家は官位が従三位《じゅさんみ》に上がり、省の長官（卿）に任ぜられる例が出て「御三卿」と呼ぶようになった。

米沢藩（山形県）も、正之は、長女媛姫《はるひめ》を嫁がせたこともあって断絶させなかった。

片や、仙台藩内は前記の通り内紛が絶えなかった。伊達家一門の涌谷《わくや》3万石と登米《とめ》1万7千石は境界争いを続けて幕府へ上訴に及び、寛文11（71）年、裁定の行われた大老酒井忠清の屋敷内でついに刃傷沙汰が起きる。世に言う伊達騒動である。それでも正之は、殺害者側の子と孫だけを切腹に処し、伊達の本藩はおとがめなしとした。

のちの戊辰戦争で、米沢藩と仙台藩が奥羽列藩同盟の結成に動き、懸命に会津藩を救おうとしたのは200年前の正之への恩義に報いるためでもあった。

以上の三大美事が「美事」と称されるのは、従来の、徳川家防衛を最優先とした武断政治から、臣、民とも平穏に暮らせる文治政治へ転換させ「太平の世」の基礎をしっかりと固めたことによる。家光は正之を「半天下（半分将軍）と呼んだ。正之の実力を認める家光が、自分の代から実質的に副将軍的な役目を担わせたのである。そうして、正之の善政が、会津を徳川家親藩中の雄藩とした。

家訓に宿る「勤王佐幕」
―皇室尊崇と幕府忠勤　両立―

口絵⑥参照

藩祖保科正之《ほしなまさゆき》の遺した会津「家訓《かきん》」の話である。これこそ、幕末、藩主松平容保《かたもり》が京都守護職を押しつけられ、尊攘激派との対峙《たいじ》を余儀なくされ、会津藩が戊辰戦争に巻き込まれる一大要因となる。

正之は53歳になった寛文3（1663）年の11月、血痰《けったん》を吐いた。翌年には3度も喀血《かっけつ》し、結核であることが誰の目にも明らかになった。加えて、持病の緑内障も急速に悪化し、寛文8（68）年ごろにはほぼ失明状態となった。その年、心配した家老のひとり友松氏興《うじおき》に「御教誡《きょうかい》、お遺し置きを」と進言され、正之が起草し、山崎闇斎《あんさい》に推敲《すいこう》させて制定したのが15カ条の「家訓」である。正之は同年4月11日、江戸常勤の自分に代わって藩政を取り仕切る大老の田中正玄《まさはる》を会津から呼び寄せ、これを授けた。

以後の会津藩に「家訓」がどれほどの影響を与えたのか。それは、青森県の新聞記者第1号として「北斗新聞」「青森新聞」（いずれも「東奥日報《とうおう》」の前身）で活躍した元会津・斗南藩士の小川渉《わたる》が、明治16（1883）年に著した『会津藩教育考』を読めば分かる。小川は同書末尾にこう書いている。

「後世家老たるもの拝命の即時神君の肖像を拝し、遺訓の末に記名血判して背かざるを誓ひ、年々歳首には学校奉行これを朗読し、君臣倶《とも》に正服を着し稽首《けいしゅ》して拝聴するの重典ありたり、此等《これら》のことは識《し》らず識らず藩士の脳裏に印象し自然の教育となりしなり」

家老は就任時に血判を押し、年頭には日新館を司る学校奉行が朗読して藩士はもとより藩主まで頭を地面に付けて拝聴するというのだから、戊辰戦争による滅藩に至るまで「家訓」は会津藩の憲法に等しかった。

文久2（1862）年、幕府は都に吹き荒れるテロの嵐に困り果て、京都守護職を新設する。同職就任を一度は辞退した容保が、幕府政事総裁の松平春嶽《しゅんがく》（越前福井藩の前藩主）から「土津公《はにつ》（＝正之）なら必ず受ける」と巧妙に説得され、断り切れなくなったのは「家訓」があるゆえだった。「家訓」の第1条で、正之が忠勤を厳命したからである。

同条の読み下し（元は漢文）の一例を挙げてみる。

「大君の義、一心大切に忠勤を存すべし。列国の例を以《もっ》て自ら処《よ》るべからず。若《も》し二心を懐《いだ》かば則《すなわ》ち我が子孫にあらず、面々決して従ふべからず」

冒頭の「大君」が誰を指すかは、二つの見解がある。「たいくん」と読んで徳川将軍家か、「おおきみ」すなわち天皇と解するかである。

一般には前者で間違いないとされてきた。「家訓」が作られた年の会津藩正史『家世実紀』4月11日の項に「公儀（＝将軍家）へ御忠義御励みなされ候《そうろう》義肝要に候間、永世まで御子孫様御遵《じゅんこう》行遊ばされ」とあるし、正之の出自や将軍家に忠誠を尽くした生涯を見れば、大君イコール将軍とするのが自然ではある。「大君」は2代秀忠の時代から将軍が外交文書に用いた称号でもある。

しかし、天皇説を取る人もいる。例えば、ほかならぬ会津松平家。第14代当主保久《もりひさ》氏は、『週刊朝日』（2014年7月18日号）において「『大君の儀、一心大切に忠勤に励み、……』は、皇室への敬意なんだ、ということを親父は強く言っていました」と、先代の故保定《もりさだ》氏の言を紹介している。

さらに、正之が神道を信奉していたことからしても、天皇説には一理ある。

吉田神道の奥義を究めたとして吉川神道を興した吉川惟足《これたり》を、正之は寛文元（1661）年に招き、治世の要領を問うた。「己を正しくし、私なく人恵を施して民を安んじ、問うことを好んで下情を知ること。天照大神が世を治めたのは、この三つしかない」と惟足が答えると、正之は「ことごとく御感賞」されたという（中村彰彦『慈悲の名君　保科正之』）。

惟足の応答から分かるように、吉川神道は天皇家の権威を神授のものとして絶対視し、君臣の道を守ることを説いている。中村氏は同書で、吉川神道が、道徳や政治に関わる分野こそが神道の本旨だとしたことを、「これはある意味で天皇家から政権をゆだねられている幕府という存在を肯定する論理でもあるから、異父兄家光の恩義に感じていた正之にとってきわめて受け入れやすいものだったのではあるまいか」と指摘している。

言葉を換えれば、吉川神道は、幕府公認の儒学である朱子学的な性格を持っている。吉川神道をさらに発展させたのが山崎闇斎であり、闇斎は「家訓」を推敲したほか、朱子『二程全書』のうち政治や教育に関する名言を抄録した正之の著書『二程治教録』にも序・跋《ばつ》を寄せている。

正之が庇護《ひご》したことから惟足は名声が高まり、のちに幕府神道方に任ぜられる。一方、正之も熱心に学び、寛文11(1671)年、吉川神道の奥義を究めたとして「土津《はにつ》」という霊神《れいじん》号を与えられた。翌年に会津へ帰った正之は、惟足らを従えて猪苗代湖畔・見禰山《みねやま》の磐椅《いわはし》神社を参拝し、「境内に墓を作って末社となり、永遠に神に仕えたい」と望んだ。そして、同年12月18日、満62歳で死去した正之の遺体は同地に葬られ、2年後の3月、土津神社の社殿が完成した。以後も会津松平家では、2代正経を除き、9代容保まで当主8人が霊神号を授けられている。

以上、やや観念的な話になったが、要すれば、会津松平家にとって天皇家と徳川家は二律背反ではなく、勤王にして佐幕なのであ

添え書き

■土津神社と高照神社

吉川惟足から奥義を伝授された大名は、保科正之のほかに4代弘前藩主津軽信政がいる。信政は、旧岩木町百沢《ひゃくざわ》(弘前市)にあった春日4神を祭る小社に埋葬せよと遺言し、宝永7(1710)年に城内で死去すると、百沢で神式によって葬られた。2年後、正之の土津神社を手本に社殿が建立され、惟足から「高岡霊社」の社号が与えられた。

高照神社への改称は明治初年。土津神社は会津戦争で失われて明治期に再建されたため、高照神社が全国唯一、創建当時のまま残る吉川神道神社建築である。

る。にもかかわらず、戊辰戦争では朝敵、つまり天皇への反逆者とされた。土津神社に眠る正之にしてみれば、不本意極まりないことであろう。

「ならぬことはならぬ」
―「什の掟」と「日新館」幼時から―

口絵⑦・⑧参照

鶴ケ城にほど近い会津若松市米代に、全国で一つだけ残る藩政期の天文台の基壇がある。会津戦争で灰じんに帰した藩校「日新館」の唯一の遺構でもある。

徳川幕府は各藩に天文学を奨励した。中国の宣明暦《せんみょうれき》を貞観4年（862）から800年近くも使ってきたため、暦と天体運動とのずれ、すなわち本当の季節とのずれが拡大し、農作業などに支障をきたしたためであった。天道と人道を究めることは儒学の奥義でもある。だが、実際に天文学を学べる天文台は、幕府の浅草天文所のほか、水戸（茨城県）、薩摩、阿波（徳島県）、会津藩など数えるほどしかなかった。

会津藩の藩祖保科正之《ほしなまさゆき》は亡くなる5年前の寛文7（1667）年、渋川春海（二世安井算哲《さんてつ》）を招き、数カ月にわたって天文学、暦学を学んだ。話題を呼んだ冲方丁《うぶかたとう》の小説『天地明察』が描く通り、各地で測量と緯度計測を行って初の日本人の手になる暦、貞享暦《じょうきょうれき》を編んだのが春海であるが、一説には正之の遺言で幕府が改暦を命じたという。なお、黄門様でおなじみの水戸藩主・徳川光圀《みつくに》も春海に学んでいる。

前置きが長くなったが、会津藩の学問を重んずる風《ふう》も正之にさかのぼるのである。一般には、禅僧無為庵如《むいあんにょ》黙《もく》が寛文4（64）年、城下に私塾・稽古堂を開き、それを知った正之が如黙に5人扶持を与えて地税を免除し、藩士や町人に学ばせたのが会津藩校の始まりとされている。藩儒にも出講させたため、家老クラスまで受講したという。しかし、稽古堂は町外れにあって不便だったため、間もなく鶴ケ城の郭内に「講所」を設け、構内に孔子廟を建てて孔子像を安置した。稽古堂は甲賀町大手門外に移転して庶民はそちらで受講が許された。

ただし、藩校「日新館」の開校は正之の没後130年も後のこと。しかも、すんなり実現したわけではなく、学派変更をめぐって大変な軋轢《あつれき》があった。

会津生まれの儒学者・兵学者に有名な山鹿素行《やまがそこう》がいるが、実学重視を主張し、教養的側面を重んずる朱子学を手厳しく批判した素行を、正之は「不届きである」として捕らえ、赤穂藩（兵庫県）へお預けに処した。幕府公認の儒教は朱子学だからである。以来、会津藩では山鹿流を含む古学派は排除された。ところが、天明元（1781）年、田中玄宰《はるなか》が34歳の若さで家老に登用されて状況が一変する。

のちに天下一の名家老とうたわれる玄宰は、正之亡き後悪化の一途をたどる藩財政を建て直すため、年貢以外の雑税廃止、産業育成など大胆な政策を次々と打ち出す。そして、改革推進の人材育成のために実学重視の藩校創設を目指し、朱子学を捨てる決心をし、従来の藩方針を覆し、幕府の禁じる古学派の一派・荻生徂徠《おぎゅうそらい》の学派に属する熊本の古屋重次郎昔陽《せきよう》を招こうとした。これが5代藩主松平容頌《かたのぶ》をはじめ藩内の猛烈な反発を招き、玄宰は天明4（84）年、病気を口実に辞職してしまう。

しかし、前年から2年続いた天明の大飢饉を乗り越えるには、玄宰の手腕に頼るほかなかった。1年で復職を命じられた玄宰は、すぐに学制改革に着手し、徂徠学派の儒者を次々迎え、講所を拡大整備して「東講所」と改称する一方、「西講所」も新設して嫡男以外の藩士にも学ぶ機会を与えた。そして寛政3（91）年、ついに昔陽の招へいを実現する。

両講所を統合し、「日新館」と改めたのは寛政11（99）年4月7日のこと。6日後、新校舎造営が始まり、享和元（1801）年10月に新しい日新館が開校した。画期的なことの一つが、数え11歳での入学を全藩士子弟に義務づけたこと。2、3年の修業延長でも習得が一定水準に達しない者は長男といえども家督相続を許さず、次男以下に継がせるという厳しい定めも設けられた。

中村彰彦氏の試算によれば、全国の秀才が集められた幕府の昌平坂学問所（昌平黌《しょうへいこう》）の入学者を概ねの藩士数で割った率は、高名な弘道館を持つ佐賀藩が1位で、会津藩が2位。以下は大きく引き離されて仙台藩3位、薩摩藩4位。よく言われる通りに佐賀、会津両藩の学力水準が高いことが裏付けられたという。

会津藩の教育のもう一つの特徴が、独自の教科書「日新館童子《どうじ》訓《くん》」であった。容頌が享和3（03）年に書き上げた全75話から成る忠孝説話を玄宰が読んで感銘を受け、木版印刷させたもの。漢字仮名交じりの平易な文章で書かれ、日新館の教科書としたほか、毎戸に配布されたため、家庭のしつけにも用いられた。

会津藩のしつけと言えば「什《じゅう》の掟《おきて》」がある。町内を辺という区域に分け、さらに藩士子弟を5～10人程度にグループ分けしたのが什。「什の掟」は「年長者の言ふことに背いてはなりませぬ」「虚《う》

添え書き

■「日新館」の由来

会津藩が藩校「東講所」「西講所」を統合した際に「日新館」と改称したのは、藩の正史『家世実紀』によれば、「講所」が一般名詞にすぎないから館号を付けるべきだ、と学校奉行が具申したことによる。家老たちが相談した結果、儒学の教典『大学』に「日々新たにして又《また》日新た」、『易経』に「聖徳これを謂《いわ》く日新」とあることから「日新館」に決したという。

なお、対馬藩（長崎県）や苗木藩（岐阜県）の藩校も日新館と称したというから、「日新」は広く知られた語句と思われる。

言《そ》を言ふ事はなりませぬ」「卑怯《ひきょう》な振舞《ふるまい》をしてはなりませぬ」など7項目に続き、最後に、かの有名な「ならぬことはならぬものです」で駄目を押している。

中村氏によれば、什長は家老の意を受けて儒者が言い渡す通例であり、什の仲間が毎日誰かの家に集まって掟に背いた者がいないか反省会を行った。「什の掟」はただの努力目標ではなく、実態としても掟だったのである。

藩祖保科正之は「家訓《かきん》」を定めて忠義を厳命した。「日新館童子訓」はそれを物語形式にしたような訓話であり、「什の掟」は子どもにも分かるように噛み砕いた初心者向け「家訓」と言うこともできる。玄宰が文化5（08）年に亡くなって間もなく、藩学は朱子学に戻ったが、学派変転にもかかわらず「家訓」の精神を保ち続けのは、藩士たちが物心つく前から「日新館童子訓」と「什の掟」によって儒教的倫理観をたたき込まれたからであろう。そうやって培った会津人らしさ、どこまでも忠孝を貫く精神風土が、良くも悪くも維新期に影響したのである。

蝦夷地警備　藩が志願　―会津の長沼流兵法　幕府も期待―

口絵⑨参照

アメリカのペリー艦隊が三浦半島沖に現れるよりも半世紀も早く、蝦夷地、今の北海道周辺にロシアの使節ラクスマンが来航している。太平の眠りから揺り起こされた衝撃をペリー艦隊になぞらえ、「北の黒船」と呼ばれたりもする。

ラクスマンは女帝エカテリーナ2世の命により、寛政4（1792）年秋、大黒屋光太夫《こうだゆう》ら3人の漂着日本人を連れ、通商を求める親書を携えて北海道東端の根室に入港。8カ月間も滞在し、翌年に箱館（今の函館）から陸路を松前に向かった。幕府の役人は、通商要求ならば長崎に向かうよう説得して信牌《しんぱい》（長崎への入港許可証）を与えたが、ラクスマンはそのまま帰国した。

10年以上もたった文化元（1804）年9月6日、その信牌を携えた全権使節レザノフが長崎に錨《いかり》を降ろし、通商を迫った。幕府は、翌年3月まで長崎で待たせた挙げ句、退去を命じた。交渉にすら応じようとしない、かたくなな姿勢に怒ったレザノフは、武威で開国を迫るしかないと判断したようで、部下に蝦夷地一帯の襲撃を命じた。文化3（06）年、ロシア艦が樺太《からふと》を、明けて文化4（07）年には2度も択捉《えとろふ》島を急襲し、番所や松前藩の会所（役所）からコメなどの物資を奪い、建物を焼き払った。防備を固めていた弘前、盛岡両藩の約230人はすぐに弾切れに陥り、なすすべもなく敗走。ロシア艦はさらに樺太（サハリン）、礼文《れぶん》島、利尻《りしり》島一帯を次々に襲っていった。

樺太とその周辺、千島列島に明確な国境はまだなかった。アイヌの人々は狩猟採集だけでなく、中世以前から小舟で山丹《さんたん》、すなわち大陸のアムール地方などとの間を自由に往来し、熊、テンなどの毛皮を、中国の絹織物やガラス玉に交換していた。いわゆる山丹交貿である。絹織物は蝦夷錦《えぞにしき》、ガラス玉は樺太玉と呼ばれて大名などの手に渡った。豊臣秀吉も蝦夷錦を珍重した一人である。

幕府は、米収のない松前藩にアイヌとの交易、アイヌ使役による漁業の独占権を与えた。各地の交易・漁業経営地は「場所」と呼ばれ、のちには藩士が商人に場所の経営を代行させて運上金を得る「場所請負制」となった。

一方、ロシアは17世紀末には東進を開始していた。毛皮が欧州や中国に高値で売れる上、太平洋に出る航路開拓は軍事上も重要だったためであった。1728年にベーリングが北米との間に海峡があることを確認すると、アラスカからカリフォルニアまでの米西海岸を植民地化し、次いで南進を図り、日本に通商を求めてきた。それが蝦夷地来航だったのである。

わずか1隻のロシア艦に荒らし回られ、交易・漁業権益どころか蝦夷地そのものさえ奪われかねない危険を痛感した幕府は、弘前藩、盛岡藩に加え、秋田藩、庄内藩（山形県）も北方警備に就かせた。さらに翌文化5（1808）年には仙台藩と会津藩にも警備のための出兵を命じた。

徳川の世になって、謀反の疑いを掛けられるのを恐れて諸藩が武備強化に及び腰だった中、会津藩は、藩祖保科正之《ほしなまさゆき》が「家訓《かきん》」第2条で「武備を怠るべからず」と厳命していたため兵学に熱心だった。ただ、甲州流、河陽流と続いた会津藩の軍制は「練兵に役立つでもなく、御用に立つ流儀ともいえない軍学だった」と中村彰彦氏は指摘している（『なぜ会津藩は希代の雄藩になったか』）。同書を参考に、会津の新兵法を概略してみる。

会津の軍学を、当時最も実戦的かつ合理的とみられた長沼流兵法に改めたのは、天下の名家老・田中玄宰《はるなか》であった。従来の兵法では、最前線で鉄砲足軽組と弓足軽組が火縄銃1発と弓矢で戦い、続いて槍《やり》足軽組が前線で応戦し、その間に鉄砲の弾込めを行った鉄砲足軽組と弓足軽組が次に再登場するという戦法だった。いつも全軍の半分が常に傍観状態にあることになる。一方、長沼流は12の組それぞれに騎馬武者、徒《かち》武者と同数の鉄砲・弓・槍足軽を配置することで、常に全軍が躍動できるようにした。寛政4（1792）年3月16日、若松城下の阿賀《あが》川（新潟に入ると阿賀野《あがの》川）東岸の本郷河原で一大操練が行われ、その勇壮な様は広く知られることとなった。

北方警備に話を戻す。会津藩の出兵は自ら志願してのことだった。玄宰の判断による。幕府も会津藩の武備に大いに期待した。蝦夷地出兵の達しにも「其《その》方家之《の》儀、武威においては従来格別の趣」とある。

文化5年1月に第1陣が会津をたち、津軽半島北端の三厩《みんまや》から続々と津軽海峡を越え、樺太に700人、道東の斜里に600人、道南の松前に300人が向かった。立藩以来、初の藩外出兵である。この北方警備で、弘前藩士らが斜里で72人、宗谷でも30人以上が水腫病（脚気《かっけ》）で死亡したことはつとに知られるが、会津藩士も同様に、樺太を中心に50～60人が死亡しており、その原因の多くが脚気とされる。稚内市の宗谷地区、利尻島、礼文島には今も会津藩士の墓が散在し、それぞれ地元住民が大切に守っている。また、利尻島には、1996年、会津の磐梯山から運ばれた石で慰霊碑が建てられた。

ちなみに、脚気がビタミンB1欠乏症と解明されるのは明治中期以降である。

さて、到着してみるとロシアは既に撤兵していて、北方警備は盛岡、弘前両藩が交代で当たることになり、会津藩士たちは10月

添え書き

■鎖国

すぐ復活したが、2017年度の学習指導要領改定で「鎖国」が消えかけた。日本人の出入国とキリスト教を禁じ、貿易・外交を長崎での対中国・オランダに限定したと一般に理解されているが、実際は対馬、薩摩、松前各藩と合わせて四つの窓口があり、鎖国の定義は明確ではない。幕府の統制に隠れた抜け荷（密貿易）も盛んで、藩を挙げての例もある。

「鎖国」の語も享和元（1801）年、長崎の通詞志筑《しづき》忠雄がオランダ語版の本の訳書を「鎖国論」と題したのが最初で、広く知られていたわけではない。

から翌年にかけて帰還した。帰途、暴風に遭って佐渡や秋田に漂着した者がいたものの、どうにか会津に帰着できた。しかし、会津藩にはさらなる重責が待っていた。江戸湾防備である。

江戸湾防備の前面に

―三浦、房総、そして品川台場―

口絵⑩参照

千葉県富津《ふっつ》市の上総《かずさ》湊駅前にあるそば屋ののれんをくぐった千葉市の河野十四生《かわのとしお》さん(77)が、目を見張った。天井に飾ってある長さ3メートルほどの凧《たこ》に、会津葵《あおい》と瓜二つの紋が入っている。丸い顔から長いベロが垂れたような独特の形もそっくり。戊辰戦争のとき鶴ケ城に籠城する藩士たちが凧を高々と揚げて無事を知らせ、城外の味方を鼓舞したという逸話で知られる、あの会津唐人凧である。

河野さんは会津若松市の生まれ。1994年、希望して読売新聞社から福島民友新聞社の郡山総支社次長に出向した。10年間の在任中、歴史的町名の復活を図る民間運動を展開する中で、会津藩が幕末に江戸湾防備を担ったことを初めて知ったという。当時、会津藩の江戸湾防備は一部の専門家にしか知られていなかった。

千葉の自宅に戻ると河野さんはすぐに調査を開始し、神奈川県横須賀市在住の会津藩士子孫・星正夫さん(2008年死去)の知遇を得た。星さんは三浦、房総両半島の会津人墓地を独力で探し続け、1968年、三浦半島会津藩士顕彰会を結成して事務局長に就いた人。以来、同会が毎年、三浦半島内7カ寺の会津人墓地の清掃と墓前祭を行ってきた。

河野さんも、富津市内4カ寺で会津人墓地を確認している。2007年には房総半島会津藩士顕彰会の結成にこぎ着け、第1回の慰霊祭を行うために同市のお寺・松翁《しょうおう》院を訪ねた帰り、たまたま昼食に立ち寄ったそば屋で見つけたのが会津唐人凧であった。同地では家紋凧と呼ばれるその凧は、会津藩士が地元民に教えたのが始まり。半島南部一帯で盛んに作られ、昭和50年ごろまでは愛好会もあったという。

会津藩が初めて江戸湾防備を命じられたのは文化7（1810）年2月。季刊『会津人群像』15号などによれば、2年前の8月、イギリスの軍艦フェートン号が長崎港に侵入し、オランダ商館員を捕らえて食料などの提供を強要し、長崎奉行が責任を取り自害した事件から、幕府がお膝元・江戸湾の備えが急務であるとして白河藩（福島県）と会津藩に房総半島（安房《あわ》、上総）、三浦半島（相模）の沿岸固めを命じた。

白河藩主はご存じ松平定信。老中として寛政の改革を推し進めていた17年前、ラクスマン事件などを受けて江戸湾防備を建議したのが定信であり、自らにその役目が回ってきた。一方、会津藩の長沼流軍制は西欧に対抗できるとして期待を集めていた。なお、会津藩の松平容衆《かたひろ》は当時まだ8歳であり、現在の富津市に藩庁を置く飯野藩主保科正徳《ほしなまさよし》を名代とした。会津藩とゆかりの深い藩である。

下命から5カ月後の7月、房総半島は白河藩、三浦半島は会津藩が分担することとなった。会津藩はただちに三浦半島南部3拠点の陣屋、台場造築に着手した。11月には藩士と家族千人以上が移住。会津河沼郡と越後蒲原郡の預かり地の一部と交換する形で、三浦郡、鎌倉郡3万石が会津藩領となった。

翌文化8（11）年6月、千島列島の国後島《くなしり》沖で測量していたロシア軍艦ディアナ号の艦長ゴローニンらを松前藩が捕縛する事件が起きた。2年後、ロシアに拿捕《だほ》されていた高田屋嘉兵衛と交換にゴローニンらが釈放されて日露間の緊張が緩和したこともあり、江戸湾防備は縮小され、文政3（20）年には会津藩の10年にわたる任が解かれ、三浦半島の台場など一切が浦賀奉行所に引き継がれた。

ところが天保11（40）年にアヘン戦争が勃発し、東洋の大国・清（中国）がイギリスに打ちのめされ、自由貿易を認めさせられる。危機感を募らせた幕府は天保13（42）年、川越藩（埼玉県）に三浦半島、忍《おし》藩（同）に房総半島の防備を命じた。さらに弘化3（46）年には浦賀沖に来航したアメリカのビッドル艦隊2隻と、あわや交戦という偶発事件が起き、幕府は翌年、彦根藩（滋賀県）を三浦半島、会津藩を房総半島の防備に加えた。

異国船防御は本来外様《とざま》大名の役目であり、財政負担も過重だとの理由で一度は辞退を申し出た会津藩だが、老中阿部正弘に「重要な房総警備だからこそ、武備が充実し、徳川家近親である御家に任せるよう十分に評議した」と説得された。のちの京都守護職受諾と同様、藩祖保科正之《まさゆき》の「家訓《かきん》」で忠勤を運命づけられた会津藩は断れなかった。

藩は長沼流兵学者を会津から呼び寄せ、忍藩から台場を引き継いだ富津と、新拠点の竹ケ岡に陣屋などを建設し、江戸で鋳造した大砲10門を据え付け、順次その数を増やしていった。嘉永元（48）年に8代藩主松平容敬《かたたか》が巡視した際の記録では、両拠点の兵数1397人、大砲70門、小銃400丁、新造船19隻にのぼる。今度も常駐であり、安房、上総に1万5千石の領地が与えられたが、やはり会津の藩領と交換であって歳入が増えたわけではない。別途1万両が支給されたものの費用は全く足りず、会津藩はさらに6500石の領地を求めた。加増が認められたのは嘉永3（50）年

添え書き

■会津藩と飯野藩

保科正之の養父・高遠《たかとお》藩主保科正光は、先に妹の子・真田《さなだ》左源太を養子にしていたが、実は養子がもう一人いた。父正直と継室・多劫《たけ》姫（徳川家康の異父妹）の間に生まれた正貞。弟を養子にしたのは徳川家の命とされる。

正光が将軍家光の弟正之を嫡子とすると正貞は行き場を失ったが、徳川の血筋であり、旗本からのちに大名となり、正之から保科家伝来の品々を譲られて飯野藩1万7千石（のち2万石）を立てた。正之が藩祖となった会津藩とは兄弟藩に当たる。

になってからである。

任を解かれたのは嘉永6（53）年だった。同年6月にペリー艦隊が来航し、幕府が品川沖に台場12基の築造を決め、10月、第2台場の守備を会津藩に命じたからである。房総警備は岡山藩、柳川藩（福岡県）に交代した。

品川台場は費用不足や安政2（55）年10月2日の大地震のため、5基が完成しただけで2基は未完成、ほかは計画のみで終わる。安政大地震では会津藩も大きな犠牲を出した。第2台場の天井崩落により26人、さらに江戸の藩邸焼失により139人が落命したのである。

以上、都合3度の江戸湾防備によって、幕末、会津藩は幕府の軍事中核であることが既成事実化していった。

一貫して「専守防衛」―現実直視、異国船打払に反対―

口絵⑪参照

会津藩が初めて異国船と直接対峙《たいじ》したのは、三浦半島警備に就いて8年後の文政元（1818）年のこと。5月13日夜、1隻の外輪蒸気帆船が濃霧に紛れて城ケ島沖を越え、浦賀水道の野比《のび》村（神奈川県横須賀市）の海岸近くまで入ってきた。

黒塗りの船体に一筋の白い横線。ゴードン船長以下9人が乗り組むイギリス商船ブラザーズ号である。インドからロシアのオホーツク地方へ向かう途中、交易を求めて浦賀に立ち寄った。長さ18メートル、幅4・2メートルほどの小型船、しかも商船であるが、外洋船のため海賊などを撃退する大砲2門を備えていた。

会津藩は大小約260隻、浦賀奉行所も620～630隻に上る船を動員し、多数の船で取り囲む垣船《かきぶね》を開始する。

小船には地元民が乗り組んだ。三浦半島の会津藩士は人数が限られるため、藩は沿岸の船主に名字帯刀を許して若干の年俸を与え、乗組員に日当200文を支給して月3回の鉄砲訓練などを実施していた。有事に動員する地元民は登録制にして、態勢を固めた。その数、観音崎438人、平根山336人、三崎371人である(『会津人群像』15号)。

ゴードン船長は、浦賀奉行所の「通商は国禁である。早々に帰帆を」との回答を了解し、水、干しアワビ、干し魚などを与えられて出航した。通商はゴードン個人の要望であり、英政府の命ではなかったのである。

そもそも幕府の海防の主眼はむしろキリスト教禁教の堅持にあったと、上白石実《かみしらいしみのる》『幕末の海防戦略—異国船を隔離せよ』が指摘する。「異国船」は、キリスト教禁教のために来航を厳禁した南蛮船(ポルトガル船、スペイン船)以外の、内外の漂流民送還のために接近する欧米船を指した。基本的には人道活動で来航する船であって、厄介な客ではあるが、いきなり撃沈すべきものではなかった。寛政3(1791)年以降は「臨検を拒否された場合に限って船を破壊し乗員を殺害しても構わない」としたが、なおも、「事かましく(=大げさに)」してはならないと、慎重な対処を申し添えている。

文化元(1804)年にロシアのレザノフが長崎に来航して通商を要求した事件を受け、幕府は2年後、「薪水給与令」を下した。薪や水、食料を与える代わりに穏便に退去してもらう狙いだった。攻撃は「退去の説得に抵抗した場合」だけ。ブラザーズ号への対応はそれに忠実に従ったもので、幕府は「番船防御をよく整備した」として浦賀奉行所に賞詞を贈っている。

会津藩が三浦半島防備の任を解かれて8年後の文政8(25)年、いわゆる「異国船打払令」が下された。前年

5月28日、水戸藩（茨城県）の大津浜にイギリスの捕鯨船乗組員12人が上陸する事件が起きたことを受けた措置であり、「全ての異国船を見つけ次第追い払い、上陸した場合は捕縛し斬り捨てて構わない。接近した異国船は撃沈してよい」こととなった。

だが、モリソン号事件で一転する。天保8（37）年、錦江湾（鹿児島湾）と浦賀沖に現れたアメリカ船モリソン号を、それぞれ薩摩藩と浦賀奉行所が異国船打払令に従って実弾砲撃し、同船は退散した。ところが1年後、長崎に入港したオランダ船の情報で、モリソン号が北米とフィリピンに漂着した日本人7人の送還を目的に来航した非武装の商船だったことが判明。異国船打払令に批判が集中し、14年にして廃止された。

その後の弘化4（47）年2月15日に房総半島防備に就いた会津藩に対し、浦賀奉行戸田寛十郎は「富津《ふっつ》の要所を越え、説得を拒んだ場合、その場で打ち沈めても、決戦に及んでもよい」と指示した。これに8代藩主松平容敬《かたたか》は強く反対した。『会津若松市史6』は、「（容敬が）長崎警備の福岡藩主黒田斉溥《なりひろ》から『海上の戦いは見込みがなく海戦はしない覚悟』であり、幕府からの黒印状もあると聞かされていたこともあるが、アヘン戦争に学んで、挑発に乗ってはならないとの意思が強く働いたものと思われる」と推

添え書き

■異国船

「異国船」は、全ての外国船ではなかった。上白石実氏によると、幕府の大学頭林復斎《はやしふくさい》らが永禄9（1566）年から文政8（1825）年までの外交史料を編んだ『通航一覧』は、以下を区別している。

（1）貿易と信書の交換を行う通信国の船…朝鮮船、琉球船（2）貿易のみを行う通商国の船…唐《とう》船（中国や東南アジアから来る中国人乗り組みの船）、阿蘭《おらん》陀《だ》船（3）キリスト教禁教で来航を厳しく取り締まったポルトガル船、スペイン船…南蛮《なんばん》船。

それら以外の欧米船が「異国船」ということになる。

測している。

無論、異国船側からの攻撃もあり得る。会津藩は江戸湾で盛んに教練を重ね、有事に動員される地元民にも「賊を恐れて突進しない者、十分に帆を上げず推進力の弱い船の乗組員は斬る」と通達している。しかし基本はやはり、陸地からの砲撃で威嚇して退散させること。房総の台場にはオランダ式の前装砲を取り入れたが、それも、近づく異国船を、有無を言わせず撃沈するためではなかった。

嘉永2（49）年閏《うるう》4月8日、イギリス軍艦マリナー号が三浦半島沖に現れ、12日には下田湾内で測量と漁を行い、上陸までした。浦賀奉行所が退去を求め、17日には去ったが、同船に日本人らしき人物が乗船していたことも問題となり、老中阿部正弘は「異国船打払令を復活させてはどうか」と、幕閣や各奉行、儒学者だけでなく、大名、民間学者にまで広く下問した。

多くが賛成に回る中、会津藩主の容敬は「故《ゆえ》なく砲撃すれば外国の信を失い、後害も計り難い」と断固反対し、浦賀水道よりも北の江戸湾岸にも台場を設け、芝浦・品川の辺りまで大名・小名に守備の持ち場を与えて防備を固めるべきだと主張した。品川沖に台場が建設され、会津藩が第2台場の警備を命じられたのは、まず防備固めを、という容敬の具申に基づくことでもあった。

会津藩は一貫して「専守防衛」の立場を取った。単なる弱腰ではなく、内外の武力差の現実を直視していたことは、福岡藩主から情報を得ていた一事をもっても明らかであろう。周囲の国々のような植民地化を避けるには、欧米に開戦の口実を与えないこと、それこそが絶対に外せない防備の要点であった。

幕府全権 ペリーを論破 ―「弱腰」の印象 新政府が流布―

口絵⑫参照

黒船来航のとき、会津藩は房総半島の警備に当たっていた。嘉永6（1853）年6月3日の午後3時ごろ、三浦半島沖を異国船が通過したと幕府に通報すると同時に、富津《ふっつ》と竹ケ岡の台場下海岸に総員を張り付け、2隻の船を急派した。

アメリカ東インド艦隊司令長官・海軍准将ペリーの率いる軍艦2隻、快走艦2隻は午後5時、浦賀沖に停泊した。例によって垣船《かきぶね》を行い、浦賀副奉行（実は浦賀奉行支配組与力の中島三郎助）が「長崎へ回航を」と通告したが、ペリーは拒否し、大統領親書の即刻受け取りを要求。江戸湾を北上して測量も行った。

〈泰平の眠りを覚ます上喜撰《じょうきせん》 たった四杯で夜も寝られず〉

ペリーの蒸気船を高級宇治茶・上喜撰に掛け、幕府の慌てぶりを風刺した有名な狂歌である。

武力攻撃をちらつかせるペリーに幕府は折れるほかなく、6日後、久里浜（神奈川県横須賀市）に応接所を急設。約400人の武装兵を率いて上陸したペリーは「重大問題の審議には日時を要することを考慮し、来春まで待つ」と述べ、文書の授受だけにとどめたが、次はさらに大兵力で来るぞ、と脅しを掛けることを忘れなかった。

予告通り、翌嘉永7（54）年1月16日、7隻の艦隊で再び現れ、横浜で交渉を重ね、3月3日、伊豆半島の下田（静岡県下田市）と箱館（函館）の開港、半径4里の狭い範囲ながら米国人の下田での歩行容認などを含む「日米和親条約」に調印した。いわゆる鎖国体制は実質的に崩壊。これが、無能な幕府は倒されなければならない―という理由付けを攘夷《じょうい》派に与えることになった。

幕府は本当に無能だったのか。森田健司・大阪学院大教授（42）は「明治新政府は『弱腰な江戸幕府』という虚構を流すことで、『やっぱり幕府は倒されなくてはだめだったんだ』と庶民に思い込ませた」と指摘する。「新政府が最も恐れていたのは、維新が『薩長の私欲』に基づいたクーデターであったことを、庶民に見透かされることだった。維新後の政府要人はかつての大名の江戸藩邸などに住み、妾《めかけ》を山ほど抱え、驚くほどの高給と裏金を得て、好き放題の生活をした。自分たちが正当な指導者であると信じ込ませるために、無能な幕臣が結ばされた不平等条約を先進的で優秀な明治政府が改正させたというストーリーを仕立てた」というのだ。

そこでは情報操作が何よりも重要だった。森田教授は、幕臣を弱気に描いたペリーの『日本遠征記』が明治以降も出版が制限されなかったのに対し、林復斎《はやしふくさい》の記した幕府側議事録『墨夷《ぼくい》応接録』は長く存在すら公表されなかったことを、象徴的な事柄として挙げる。

復斎は幕府の大学頭。再来航したペリーと幕府全権として交渉に当たった人である。『墨夷応接録』からは、復斎の巧みな外交交渉が読み取れるという。

「あなたは『最近、我々はメキシコと戦争をして、首都まで制圧した』などと脅してきたが、どうも私には、今回の交渉が決裂しても、戦争に及ぶほどのこととは思えないのだが」。復斎は泰然と応じた。さらに、交易に関して「わが国は国内で生産される物で十分足りていて、外国の物がなくても一切困ることはない。そもそも、あなた方が今回やってこられた第一の目的は『人命救助』ではないのか。この問題と、交易を一緒に語ることはふさわしくないと私は考える」と述べた。

ペリーはしばし沈黙し、「それはその通りだ。最も大切なのは人命であって、漂流船、燃料食料の不足した船の救済である。交易は双方の国益にはなるが、人命に関わる問題ではないので、強いてお願いするものではない」と引いた。

論破されたことにペリーは相当動揺したようで、書状のようなものを懐から2、3度出しては引っ込め、最後に「これはアメリカと清国との交易に関する条文だが、今回は交易を強いてお願いすることはないので、どうしようかと思ったが、持ってきたのでよろしければご覧いただきたい」と、おずおずと差し出した。


大国の指揮官がたじろぐほど幕府側の交渉能力が高かっただけでなく、異国の狙いを的確に把握していた。実は理由があってのことであり、それについては次回述べるとして、世界情勢を概観してみる。

アメリカも産業革命が進行し、イギリスに次ぐ工業国となっていた。主要な輸出先は中国で、特に綿製品は輸出額の3割以上を中国出荷が占めていた。当時の汽船は石炭を大量消費したため、太平洋横断には石炭や食料などの物資補給、悪天候や故障時の寄港地がぜひとも欲しかった。ペリーの主任務は、中国航路の中継基地確保であった。また、北太平洋がアメリカ捕鯨の一大漁場になったために日本への漂着民が相次ぎ、無事送還も重要課題に

添え書き

■ペリーの献上品
2度目の来日の間、ペリーには相撲が披露されたが、ペリーは「血に飢えた一対のどう猛な動物」に見えたと『日本遠征記』で酷評し、日本側に「文明的」な電信機と鉄道を公開したと満足げに書いている。横浜村で2月23日に4分の1の模型鉄道、翌日に電信機の実験を行い、国力の違いを見せつけたのだ。それらは、ライフル、サーベル、地球儀などとともに幕府に献上された。

ただし、それより先に、汽車はロシアのプチャーチンが長崎で、電信機も松代藩の佐久間象山が実験して見せたといわれる。

なっていた。

最初の来航時にペリーが手渡した親書の要求は（1）5～10年間の試験的な自由貿易（2）難破船員の保護（3）石炭・食料を供給する寄港地1港の開港―の順だった。（2）と（3）が優先だと見抜いた幕府は、熟議の末、その2項目は認めて通信・交易は拒否する方針を交渉役の二人、復斎と北町奉行・井戸覚弘《さとひろ》（元長崎奉行）に伝えていた。

条約もほぼその通りになった。寄港地で金銀貨や「貨物」を他の「貨物」と交換することを認めたが「商品」「交易」という語は入っていない。だから「和親」条約なのである。幕府は可能な限りの成果を上げた。だが、圧倒的な武力差も、国際情勢も顧みない強硬な攘夷派は怒りを噴出させ、幕府の軍事的な後ろ盾である会津藩がそれに向き合わざるを得なくなっていく。

ちなみに、狂歌「上喜撰」も、幕府の弱腰を印象づけようと明治以降に作られたことが確定的になっている。

ジョン万次郎外しが裏目
―治外法権を許す条約に―

14歳になったばかりの土佐（高知県）の漁師万次郎がシケで伊豆諸島の鳥島に漂着し、捕鯨船に拾われ、アメリカ本土でジョン万次郎として航海術などを学んだ。10年ぶりに祖国の土を踏んだのは嘉永4（1851）年。土佐藩に召し抱えられ、藩校・教授館《こうじゅかん》で英語や西洋事情を教えていた。

2年後の6月3日にペリー艦隊が浦賀沖に現れ、翌春の再来航を宣言して帰った直後、万次郎は老中阿部正弘の命で江戸に上った。阿部に問われるままに、アメリカが切実に必要としているのは捕鯨船の補給基地、荒天時の避難港であることなどを万次郎は説明し、要求を一蹴すればそれを奇貨に列強が侵攻して植民地化されるとして、開国を進言した。

ペリー側の主な目的は通商ではないことを幕府が把握し、幕府の大学頭・林復斎《はやしふくさい》らが的確に交渉できたのは、万次郎の貢献するところ大だったのである。

阿部は万次郎を直参《じきさん》に取り立てて中濱という名字を与え、天領の伊豆韮山《にらやま》代官だった開明派の江川英龍《ひでたつ》（坦庵）に預けた。ペリーとの交渉の全権には当初、その坦庵が命じられていた。実現していれば、万次郎が通訳を務めたであろうが、交渉の場に二人の姿はなかった。


以上の興味深いいきさつは万次郎のひ孫・中濱武彦氏の著書『ファースト・ジャパニーズ　ジョン万次郎』にある。同書は、水戸藩の徳川斉昭《なりあき》の邪推が作用した、と書いている。斉昭が坦庵に宛てた手紙に「中万（万次郎）は本国を慕って帰ってきた感心な者だ。しかしアメリカに対しても、一命を助けられた上に育てて貰《もら》った恩がある。アメリカのためにならないようなことはしないだろう」とあったのである。

あらぬ勘ぐりをいだいたのは斉昭だけではない。スパイではないかと、攘夷《じょうい》派は一度ならず万次郎の命を狙い、幕府は万次郎に護衛を付けた。幕府が交渉役から坦庵と万次郎を外したのは、あるいは、二人を交渉に入れて攘夷派の非難を受けることを恐れたためであろうか。


いずれにしろ、「日米和親条約」は、斉昭の主張を受け入れて最小限の開国となっただけでなく、万次郎の考えとは遠くかけ離れたものとなった。中濱武彦氏は前掲書に、こう書く。

「アメリカ側が提出してきた条約案の翻訳作業を万次郎は任されていた。その条約案に目を通すや、後に日本には万国公法という訳で紹介された国際法に精通している万次郎は憤激した。アメリカに最恵国待遇を与える一方、開港場に逗留《とうりゅう》するアメリカ人の日本の法律遵守《じゅんしゅ》義務の規定もないという、一方的にアメリカ優位の極めて不平等なものだったのだ」

開港場の中だけとはいえ、日本側の司法権が及ばない。そのことの重大な意味を幕府首脳はのみ込めなかったのか、万次郎の警告に耳を貸さず、条約は結ばれてしまった。以後、諸外国と次々に結ばれる通商条約に治外法権が盛り込まれてしまったのであるから、万次郎に対する斉昭の邪推は、大いに国益を損ねた。また、そうした条約締結は国辱だとして攘夷派が批判を強め、倒幕運動が燃え上がり、巡り巡って会津藩の命運にも影響が及ぶことになる。

さて、かなり知られている通り、ペリー来航そのものも幕府は予知していた。前年夏、長崎・出島のオランダ商館長がインドネシアのバタビア（現在のジャカルタ）植民地政庁の情報をまとめて長崎奉行に提出した「別段風説書《ふうせつがき》」に、来航見込みの4隻の艦名はもちろん、陸戦兵器が積まれているという噂まで記載されていたのである。阿部にそれを見せられた側近の海防掛筒井政憲《まさのり》、川路聖謨《かわじとしあきら》は「アメリカは万国に勝れたる強国」で、なまじ打ち払いなどして敗北すれば「御国体を汚す」と交渉受け入れを進言した。

果たせるかなペリー艦隊は圧倒的な威容をもって現れた。旗艦サスケハナは排水量３８２４トン、長さ約78メートルの巨大な蒸気帆船で、10インチ砲２門、８インチ砲８門を装備。ほぼ同じ大きさ、装備のフリゲート艦ミシシッピと、長さ45メートルの帆船２隻を従えていた。

対する日本は、諸藩の謀反防止へ、寛永12（１６３５）年の武家諸法度で大船建造禁止令が敷かれ、５００石積み（排水量１００トン余）以上の軍船は絶えて造られていなかった。船の大きさ一つをとっても、日米の差は歴然であった。

　幸いアメリカ本国政府は穏健で、海軍長官ドビンがペリーに「平和的交渉」を命じ、防御以外の発砲厳禁を訓示していた。だが、ペリーは米墨戦争でメキシコに大打撃を与え、アメリカに北米大陸の南西部獲得への道を開いた猛将である。日本側が砲撃すれば交戦をためらわなかったであろう。

　阿部の諮問に、専守防衛派の会津藩主松平容保《かたもり》は、井伊直弼《なおすけ》とともに「外国との和を断つべきではない」と具申した（『会津松平家譜』）。ペリーに攻撃の口実を与えない、冷静な判断である。

　一方、斉昭は藩内の寺院から徴収した鐘や仏像仏具を材料に、天保13（1842）年から75門の大砲を鋳造して幕府にも献上するなど、対外戦争を想定した軍備拡充を進めていた。しかし、その大砲の威力も含め、ペリー艦隊の兵備に太刀打ちできそうにないことは、斉昭の目にも明白だった。だから「日米和親条約」締結も結局は容認したのである。よく、激しい性格の斉昭がペリー艦隊打ち払いの決行をむやみに叫んだように言われるが、斉昭も現実に目を向けないわけではなかった。ただ、表向きはどこまでも強硬な攘夷派であることが、幕府内の混乱に拍車を掛けた。万次郎外しもその一例であった。

添え書き

■捕鯨
　代表的な縄文遺跡・三内丸山遺跡（青森市）でクジラの骨が出土するなど、日本の捕鯨の歴史は古い。17世紀には専門集団「鯨組」が各地に現れ、藩の支援も得て捕獲から加工まで行い、肉、脂肪、ヒゲなど、とことん活用した。

　欧州でも紀元前から捕鯨が行われた。13世紀には外洋へ、16世紀には各国の武装船団が北極、南極へ、さらに19世紀初頭には資源豊富な日本周辺にも漁場を広げた。目的は灯火用などの油、工業用バネに使うヒゲであり、肉はほとんど海に投棄した。油採取には、船上の釜で煮る大量の薪を要した。

攘夷の巨魁が「開国を」
―水戸「烈公」、春嶽にホンネ―

口絵⑬参照

福井藩主だった松平慶永《よしなが》（春嶽《しゅんがく》）の、衝撃的な証言がある。水戸藩の徳川斉昭《なりあき》が開国を是認していたというのだ。春嶽が明治3（1870）年から明治12（79）年にかけて書いた回顧録『逸事史補』には「書簡にあった」とあり、明治17（84）年執筆の『雨窓閑話稿』では「直接聞いた」としている点は食い違っているものの、主要な内容はほぼ共通している。『逸事史補』に書かれている、ペリー来航後に落手したという手紙を現代語で要約してみる。

「外国人との交際は最良のことではないが、今の時勢ではいかんともしがたい。とても攘夷《じょうい》などできないから、ぜひ交易、和親の道を開くようご尽力なさるのがよろしい。自分は老年であり、攘夷の巨魁《きょかい》としてこれまで世を渡ってきたから死ぬまで説は変えないつもりだが、若い貴君に申し入れておく」

「攘夷の巨魁」とある通り、斉昭といえば、尊王攘夷思想を説く水戸学の頭目である。水戸学に影響を受けた吉田松陰や西郷吉之助（のち隆盛）らが維新を動かすことや、最後の将軍徳川慶喜《よしのぶ》が斉昭の七男であることからして、幕府が滅亡し、会津藩がその犠牲にされた理由を考える上で、キーマンの一人と言って間違いない。その斉昭が、春嶽に「交易、和親を」と勧めたとは…。

だが、それを知ったうえで斉昭の言動を再確認すると、斉昭は少なくとも、やみくもな即時先制攻撃を望んだわけではないことが見えてくる。

石井孝『日本開国史』によると、ペリー初来航からひと月後の嘉永6（53）年7月3日に海防参与に就いた斉昭が幕府に提出した建議書「海防愚存」は、外国と和親してはならない理由10項と対策5項を挙げているが、「戦は困難で和は易いから、和を主」としつつ打払令を号令すべきで、「和の一事は封して海防掛のみ」に秘しておくべし―という論であった。

8月3日に提出した第二の「海防愚存」でも、むやみな打ち払いは「無謀」だとしながら、「腹に決戦を持っていれば、表向きは平穏でも士風が振るうはずだ」としている。

要は、斉昭の攘夷論は「士気鼓舞」の目的にとどまる。老中首座の阿部正弘も同意していた。しかし斉昭は、公の場ではあくまでも攘夷のタテマエを前面に出していく。

海防掛筒井政憲《まさのり》が交易拒否論を「紙上の空論にして、国家を思わざるの私議」だと批判すると、斉昭は「皇国上下一統を腰抜けに致すべき筋」だと激高し、打払令を即刻出すよう阿部に迫り、海防参与の辞任まで申し入れた。阿部はやむなく応じようとしたが、三奉行、海防掛に反対され、結局は平穏に取り計らう方針が表明された。

斉昭は、藩政においては賢君とうたわれた。水戸藩主は江戸に住む定府《じょうふ》で、家老以下多数の家臣の江戸駐在経費がかさんだ上、尾張、紀州の半分以下の実高にもかかわらず御三家の体面は保たなければならない。立藩以来恒常的な赤字財政に悩まされ、農民は負担に苦しんでいたため、斉昭は「愛民専一」を唱え、200年ぶりの検地を断行して農地の実態に即した年貢に改め、小農救済を図るなど改革を進めた。

また、藩校・弘道館を創設し、会沢正志斎《せいしさい》、藤田東湖《とうこ》ら気鋭の水戸学者たちを抜てきして藩政改革のブレーンとし、長らく停滞していた『大日本史』編さん事業を促進させた。

一方で、人別改《にんべつあらため》、今で言えば戸籍係を僧侶から神官に移管し、大砲鋳造などのために鐘や仏像を供出させるなど、明治政府の廃仏毀釈《きしゃく》を先取りしたような仏教弾圧を行って幕府の怒りを買い、弘化元（44）年に隠居、蟄居《ちっきょ》を命じられた。

水戸藩では代々の藩主に、没後のおくりなを付ける習わしがあった。例えば2代光圀《みつくに》、ご存じ黄門様は「義公」である。9代斉昭が「烈公」とされたのは、苛烈な顔も持っていたからにほかならない。その斉昭を、幕府の外交顧問である海防参与に就かせたのは阿部だった。阿部自身、当初は鎖国維持の方針だったらしく、斉昭の攘夷論を聞いて感心し、復権させたという。国難乗り切りへ、御三家筆頭・水戸徳川家のご威光を借りる意図もあって幕政に参画させたのであろう。

嘉永7（54）年1月16日にペリーが再来航し、28日に江戸湾深くまで進入する示威行動に出ると、斉昭は翌日、溜詰《たまりづめ》大名（譜代の幕閣や一部親藩）を招集して攘夷発令を決議させようとしたが、溜詰筆頭の井伊直弼《なおすけ》らに反対されて失敗した。

「日米和親条約」は3月3日に締結された。それを機に阿部は、海防掛を定期招集する海防局を設置し、付属機関として外国事情に通じた諸藩士を登用した専門委員会的な局も設けた。格下相手であろうと正座して意見を聞いたという、調整型の政治家・阿部

添え書き

■副将軍

徳川幕府に「副将軍」という役職はなかった。水戸藩主は江戸定府で将軍の補佐役を務めたために副将軍と俗称され、講談や時代劇の「水戸黄門」で一般にも広がった。

水戸徳川家は御三家ながら尾張、紀州と違って将軍後継の輩出が許されなかった。官職も権中納言《ごん》（「権」は張出横綱の「張出」のような意）止まりであり、権大納言まで昇れる尾張、紀州より低い。石高も半分ほどにすぎないため、将軍家が水戸徳川家の面目を立てるために副将軍の自称を黙認したともいわれる。なお、黄門は中納言に当たる唐の職名。

ならではの改革である。

明確な諮問機構ができて、外交のご意見番たる海防参与・斉昭の発言力は急落した。面目を失った斉昭は翌年8月、開国派老中の松平乗全《のりやす》、松平忠固《ただかた》の更迭を要求し、阿部は事を収めるために要求をのんだ。だが、今度は直弼らが猛抗議し、阿部は2カ月後、開国派の堀田正睦《まさよし》を老中首座に起用する。

阿部のどっちつかずは、幕閣内に深刻な溝、し烈な主導権争いを生んだ。阿部が安政4（57）年、満37歳の壮齢で急死し、翌年に直弼が大老に就くと攘夷派弾圧「安政の大獄」が始まる。斉昭が、それを激しく非難する側の中心的存在になる。

会津藩主松平容保《かたもり》はというと、前回も触れた通り、直弼とともに、外国との和を阿部に具申した。その後、攘夷派と対峙《たいじ》する役目を負わされ、追い詰められていく容保が、斉昭のホンネは開国是認だったと知ったら、どう思ったか。

維新の「源流」は黄門様
―「大日本史」編み、尊王を遺訓―

9代水戸藩主「烈公」こと徳川斉昭《なりあき》の正室であり、最後の将軍徳川慶喜《よしのぶ》の実母である貞芳院《ていほういん》が明治25（1892）年のある日、中島歌子（登世）を招いた。樋口一葉の和歌の師として知られる歌人である。昔日について語る貞芳院は、薩長軍が掲げて会津をはじめ佐幕藩に苦汁をなめさせ、いくたの血を流させた錦の御旗《みはた》が天皇でさえ目にしたことのないシロモノであったことを静かにとがめた後、言う。「尊王攘夷《じょうい》の旗手であった水戸藩は維新の祭壇に生贄《いけにえ》を捧げ尽くしたなどと言われているそうやけど、生贄どころか、自ら維新の炎を広げる焚《た》きつけになったも同然やな」

以上は、水戸藩の内乱を描いた朝井まかて氏の直木賞受賞作『恋歌《れんか》』に描かれた一場面である。小説中の会話はもちろん創作だし、「焚きつけ」では身命を賭した水戸藩士たちにやや酷ではあるが、維新において水戸藩が果たした役割や、悲惨な結果を反映した鋭い表現であろう。

たしかに、幕末維新の火元は水戸藩であった。斉昭はペリー来航後に開国を内実容認したとはいえ、御三家の当主が表向きは「攘夷の巨魁《きょかい》」を自称して幕府の弱腰をなじった影響は大きく、各藩のいわゆる志士たちの尊王攘夷運動が猛火と化していった。

それで水戸藩が維新によって得るものがあったかといえば、無いに近い。攘夷派を弾圧した安政の大獄に怒った藩内激派が安政7（60）年、大老井伊直弼《なおすけ》を桜田門外で暗殺して11人が死亡・斬首になり、元治元（64）年には横浜鎖港を要求する天狗党が筑波山で挙兵し、350人以上の藩士とさらにはその家族までが処刑された。有為の人材を失い、戊辰戦争にも佐幕派・倒幕派に分裂して参戦したため、水戸藩出身者が新政府の中枢に入ることはなかった。

御三家の水戸藩が倒幕の先駆けとなり、自滅する結果に至ったのはなぜか。

斉昭の姉鄰姫《りん》（清子）は前関白鷹司政通《たかつかさまさみち》に嫁いだ。斉昭の正室貞芳院（吉子）は有栖川宮織仁《おりひと》親王の12王女であるが、妻を宮家・公家から得たのは斉昭だけではなく、歴代藩主11人中7人に上る。最初は、前関白近衛信尋《のぶひろ》の次女尋子《ちかこ》（泰姫《たい》）を迎えた2代藩主「義公」光圀《みつくに》であった。その光圀が編さんを開始させた『大日本史』こそ、維新の源流となる。編さんを「開始させた」というのは、全397巻の完成は光圀没後205年も経た明治39（1906）年だからである。

光圀は「義公」よりも「黄門様」の方が、通りがいい。「水戸黄門」といえば、お伴の助さん、格さんが「この紋所が目に入らぬか」と葵《あおい》のご紋の印籠を突き付けた途端に、悪漢たちが「へへーっ」と平伏する場面がお約束の時代劇。主役のご隠居が「先の副将軍」光圀。北は日光、西は神奈川県の藤沢までしか行ったことのない光圀が諸国を漫遊する話になったのは、学者を全国に派して『大日本史』の史料探索、収集を行わせたことが下地になっている。

『大日本史』を簡単に言えば、尊王思想に基づく史書。その目的は皇統の正統・非正統、天皇の臣下の正邪を区別すること、水戸学で言うところの「大義名分」の弁別にある。

征夷大将軍という官職も天皇から賜ったものであり、「大義名分」からすれば将軍も天皇の臣下にすぎない。光圀は日ごろ近臣に「我が主君は天子也《なり》、今将軍は我が宗家也」と語ったと、言行録『桃源遺事』にある。

だが、徳川家康が慶長20（1615）年に禁中並公家諸法度を定め、天皇の主務を「学問」とし、朝廷の政治関与を禁じて以来、実権は将軍家が握り続けた。幕末に至り、『大日本史』に始まる水戸学がその矛盾を突きつけることになる。水戸藩祖頼房《よりふさ》は家康の

添え書き

■助さん、格さん

講談や時代劇の「水戸黄門」で徳川光圀のお伴をする助さん、佐々木助三郎のモデルは備前（岡山県）生まれの佐々介《さっさ》三郎（十竹《じっちく》）。仏道修行から一転、儒学を志して光圀の目に留まり、全国各地で『大日本史』の史料を収集する仕事に活躍した。格さんこと渥美格之進の元となったのは、同僚の安積《あさか》覚兵衛（澹泊《たんぱく》）という水戸藩の儒学者。『大日本史』初期の中心的な執筆者である。

二人は実際に仲がよく、澹泊は十竹の墓碑に「友人」「おおらかで正直」「よく酒を飲む」などと記した。

十一男で、その三男光圀は家康の孫。将軍家の近親中の近親が、将軍よりも天皇への忠誠を主張し、徳川幕府瓦《が》解《かい》の種を蒔いたのである。

国家神道への最初の扉も光圀が開いた。日本では古来、さまざまな仏が八百万《やおよろず》の神々に化身して現れ衆生を救済するという「本地垂迹《ほんじすいじゃく》」思想に基づいて神仏習合が行われ、皇室も将軍家も仏教にあつく帰依してきた。ところが光圀は、神道は神道らしく、仏教は仏教らしくという純粋性を求め、不純・堕落と見なした3088社を取りつぶし、僧344人を還俗《げんぞく》させた。7代後の斉昭も、尊敬する光圀に倣って激烈な仏教弾圧を行う。

もう一つ、光圀が幕府滅亡の重大な遠因を作ったことを強く示唆する証言がある。

明治34（1901）年ごろ、実業家渋沢栄一が大磯（神奈川県大磯町）からの汽車で伊藤博文と乗り合わせ、明治になって伊藤が徳川慶喜《よしのぶ》から直接聞いたという話を教えられた。慶喜の言を渋沢著『徳川慶喜公伝』から要約してみる。

「三家・三卿の一つとして幕府を支えるのは当然だが、万一、朝廷と将軍家との間に事が起きても朝廷に弓を引いてはならない。これは義公以来の遺訓であると、父斉昭につねづね諭されていた。二十歳《はたち》になり小石川の邸へ行った際、時勢の変化が激しいが父祖の遺訓を忘れるな、とあらためて言われた」

慶喜が大政奉還を決断したのは光圀の遺訓に従ったまで、というのである。将軍家をはばかってか明文化されたものはないようだが、水戸の藩風を作った光圀の遺訓となれば、抗しようがない。堅固な掟と化していたのであろう。

そのことを大政奉還の前に、あるいは戊辰戦争が起きる前に慶喜が自ら公言して「全藩、恭順を」と命じていたら、会津藩の末路も違ったであろうに。

尊王と攘夷『新論』で結合
―正志斎、大津浜事件受け執筆―

口絵⑭参照

水戸学の話を続ける。後で述べるように、水戸学それ自体は倒幕を目的としたものでないが、倒幕運動は水戸学の尊王攘夷《じょうい》思想を原動力としたのであり、水戸学を抜きに会津・斗南藩の悲劇は語れないのである。

水戸学の原点たる『大日本史』が明治39（1906）年の完成までほぼ250年も要したのは、大著であること以上に、編さんが遅々として進まなかったことに原因がある。

水戸黄門こと2代藩主「義公」徳川光圀《みつくに》が明暦3（1657）年に着手して間もなく、編さん所・彰考館《しょうこうかん》の総裁として活躍した安積《あさか》覚兵衛（澹泊《たんぱく》）らはまず「紀伝」、すわち天皇の歴史「本紀」と皇后や皇子の歴史「列伝」をまとめた。引き続き、神祇《じんぎ》志、礼儀志、芸文志など制度や文化の歴史を扱う「志」、官僚の一覧表「表」を編む計画だったのだが、財政難で優秀な学者を多数抱える資金がなく、澹泊が元文2（1738）年に亡くなると中断を余儀なくされた。

明和3（66）年、彰考館の傭《やとい》に採用された立原翠軒《すいけん》が仏事志をようやく書き始める。同館の学者だった父蘭渓《らんけい》も『大日本史』の完成を切望していたからであるが、周囲の協力を得られず、本格的な編さん再開は翠軒が天明6（86）年に彰考館総裁に就いてからであった。ところが、翠軒は3年後、ほぼ完成している「紀伝」の公刊を急ぐべきだとして志・表の廃止を提案した。志・表廃止は『大日本史』編さん打ち切りも意味する。激しく反対したのが、翠軒によって彰考館に登用された弟子の藤田幽谷《ゆうこく》であった。

幽谷は希代の天才と呼ばれた。数え18歳にして著した『正名論《せいめい》』の中で上下の分の重要性を説き、「天に二日なく、土に二王なし」と述べた幽谷は、翠軒との論争においても、日本は天皇のものだと強調することによって『大日本史』を編む意義を明らかにした。

光圀は『大日本史』編さんを単に命じただけでなく、重要事項は編者たちと逐一相談し、自ら決裁した。『大日本史』にある三種の神器、南朝正統説などは、澹泊らとともに当初の編さんに当たった栗山源助（潜鋒《せんぽう》）の意見を取り入れたとみられる。潜鋒は『大日本史』よりも前に、天皇を中心とする国の形という意味での「国体」を初めて論じた人として知られる。

ただし、光圀は『大日本史』に、神武天皇より前の記紀神話を入れなかった。光圀のころを前期水戸学、翠軒以降を後期水戸学と呼ぶが、水戸学が神話を扱うのは国学の興隆の影響を受けた後期からであり、疑問を持つことさえ許さない明治以降の超国家主義的な皇国史観も後期水戸学に根ざしている。

さて、翠軒や幽谷らによる『大日本史』編さん再開論争は、光圀が『大日本史』で示そうとしたものを再確認する作業ともなった。

享和3（1803）年1月、幽谷が志・表編さんの頭取《かしらどり》に任命され、ここに『大日本史』編さん事業の継続が確定したが、一方で、後期水戸学は、史学だけでなく、藩政改革や政治思想といった現実問題にも踏み込んでいった。

理由が二つあった。

一つは慢性的な財政破綻である。寛延2（1749）年、安永7（78）年と2度も幕府から財政改革を命じられた水戸藩は年貢増徴政策を取り、かえって農村興廃、人口減少を招いた。天明の大飢饉（82〜88年）も追い打ちを掛け、領内は壊滅的な状況に陥った。未曽有の藩政危機に直面し、翠軒派は商品経済の発展を推進すべきことを進言した。対して幽谷は、実態に合わない検地帳見直しなどによる農村立て直しを主張した。

いま一つは外患である。天明7（87）年から蝦夷地（北海道）周辺にロシア船が頻々と姿を現すようになり、翠軒らは老中松平定信に上中書を出すようになった。翠軒が志・表の廃止を提案したのは、現実問題に対処していくべきだと考えたからともみられる。

幽谷の弟子で、水戸学を代表する学者の一人・会沢正志斎《せいしさい》に、のちに水戸学の聖典とみなされる『新論』の執筆を促したのも外患であった。文政7（1824）年5月28日、大津浜（北茨城市大津町）に数隻のイギリス捕鯨船が現れ、12人が上陸する事件が起きた。筆談交渉役として派遣されたのが、幽谷の薫陶《くんとう》を受けてロシアの脅威に対する危機感を訴えていた正志斎であった。2カ月後にはイギリス人が鹿児島県トカラ列島の宝島に上陸して略奪事件を起こし、幕府は異国船打払令を発する。正志斎はそれに呼応して『新論』を著す。

同書によって、尊王思想に攘夷思想が結合した。そう書くと、内患外憂によって水戸学が変質したように思われかねないが、そうではなく、光圀が尊王の立場から日本の歴史を記述しようとし

添え書き

■彰考館

世子時代に江戸駒込別邸内に歴史研究所を設けた徳川光圀は、藩主就任11年後の寛文12（1672）年に機能を小石川の藩邸内に移し、彰考館と名付けた。元禄10（97）年に『大日本史』の「本紀」が完成すると、「列伝」編さんへ水戸城内にも分置し、江戸の彰考館（江館）に対し、水戸彰考館（水館）と呼ばれた。

彰考館の史料や書籍は現在の常磐《ときわ》神社（水戸市）辺りに建てた彰考館文庫に保存したが、終戦間際の水戸空襲で焼失。事前に避難させた約5分の1を徳川ミュージアム（同）が所蔵している。

た『大日本史』という土台がなければ、正志斎の尊王攘夷論も登場し得なかったのである。水戸史学会理事で「大洗町幕末と明治の博物館」学芸員の渡邉拓也さん（31）は「水戸学は、義公（光圀）の手のひらの上にあったようなもの。時代の要請によって見えている部分が学術的だったり、政治思想だったりするだけのことで、一本の筋が通っている」と指摘する。

異国船出没の頻度が増すにつれ、水戸学は他藩からも注目を集めていった。『新論』が書かれて約30年後にペリーが来航し、尊王攘夷運動によって幕藩体制が根底から揺らいでいくのも、光圀の手のひらの上の激動であったことになろうか。

外圧に「億兆心ヲ一ニ」
―水戸学は尊王かつ敬幕―

口絵⑮・⑯参照

明治23（1890）年10月、明治天皇・皇后は近衛諸兵演習天覧を目的として茨城県に行幸し、藤田幽谷《ゆうこく》・東《とう》湖《こ》親子、会沢正志斎《せいしさい》、戸田忠太夫《ちゅうだゆう》ら水戸学者の遺族に祭粢《さいし》料それぞれ200円を下賜した。同月30日に下されたのが「朕惟《ちんおも》フニ我カ皇祖皇宗国ヲ肇《はじ》ムルコト宏遠《こうえん》ニ徳ヲ樹《た》ツルコト深厚ナリ我カ臣民克《よ》ク忠ニ克《よ》ク孝ニ億兆心ヲ一ニシテ世世《よよ》厥《そ》ノ美ヲ済《な》セルハ此《こ》レ我カ国体ノ精華ニシテ教育ノ淵源《えんげん》亦《また》実ニ此《ここ》ニ存ス」で始まる教育勅語である。

この経過が、教育勅語は水戸学に基づいているという強い印象を与え、それによって同県の人々は、維新に果たした水戸藩の功績を天皇が認めたのだという、名誉回復感のような感慨にひたったといわれる。

公式的には、教育勅語は明治天皇が山県《やまがた》有朋首相と芳川顕正《あきまさ》文部大臣に下賜した形になっているが、実際に起草したのは井上毅《こわし》、元田永孚《もとだながざね》（ともに熊本出身）らである。水戸学者は関わっていない。

しかし、教育勅語と水戸学の共通性は多くの人が指摘してきた。吉田俊純《としずみ》『水戸学と明治維新』は、水戸学のエッセンスとされる「弘道館記」が学問をするうえでの前提として掲げる四綱目《こうもく》（忠孝一致・文武一致・学問事業一致・神儒一致）や、教育と政治は君主が統《す》べるという基本精神も共通している、と主張する。もっとも吉田氏は、教育勅語に「国憲ヲ重《おもん》シ国法ニ遵《したが》ヒ」など近代的・普遍的な価値観も採用されていることも重要視する。立憲主義はおそらく、井上の意見を反映したものであろう。

直接的に水戸学の影響をうかがわせるのは、教育勅語の冒頭にある「億兆心ヲ一ニシテ」という一節である。正志斎の『新論』の書き出しに、次のように書かれている。

「帝王を恃《たの》んで以《もっ》て四海を保ちて、久しく安《やすらけ》く長く治まり、天下動揺せざるのところのものは、万民を畏服《いふく》し、一世を把持《はじ》するの謂《いい》にあらずして、億兆心を一にして、皆その上に親しみて離るるに忍びざるの実こそ、誠に恃むべきなり」（原文は漢文。読み下しは『日本思想体系53　水戸学』による。以下、同様）。つまり、帝王が長く平穏を保つには、力による支配ではなく、万民が心を一つにして帝王に仕え、親愛の情をもって離れがたいようになることが大事だ――と言っている。

前回述べたように、正志斎は、茨城県の大津浜にイギリス捕鯨船の船員12人が上陸した事件などを受けて『新論』を書いた。だからこそ、天皇の下に国民が一致団結して防備を固め、対外危機に立ち向かうべし、という概念が『新論』の核になっている。それはまた、後期水戸学が唱える攘夷《じょうい》論の根幹と言ってよい。

挙国一致が大事ならば、内乱など論外ということになる。当然、徳川家による幕藩体制を否定するものではなかった。

『新論』よりも先に、正志斎の師・幽谷は『正名論《せいめい》』を著して、天皇を頂点とする正しい上下秩序、いわゆる「大義名分」を説いた。それにも「幕府、皇室を尊べば、すなはち諸侯、幕府を崇《たっと》び、諸侯、幕府を崇べば、すなはち卿・大夫、諸侯を敬す。夫《そ》れ然《しか》る後に上下相保ち、万邦協和す」とある。幕府に王道政治の代行者としての責任を期待するものであって、決して幕府否定ではない。

先に挙げた「弘道館記」にも「我が東照宮、撥乱反正《はつらん》（＝乱を治め正道に返すこと）、尊王攘夷、允《まこと》に武、允に文、以《もっ》て太平の基を開きたまふ」とある。「弘道館記」は徳川斉昭《なりあき》が天保12（41）年、水戸に日本最大の藩校・弘道館を開くに当たって、尊王思想に基づく教育理念を示した宣言文のようなもの。幕末期の日本で初めて「尊王攘夷」という語を用いたことでも知られる。斉昭が撰文《せんぶん》したことになっているが、幽谷の長男藤田東湖が起草した。51５文字の短い漢文のため、東湖は間もなく、解説書に当たる『弘道館述義』を書いている。もちろん同書も、家康の業績を「臣子よろしく称述すべきところ」と賛美し、その上で尊王攘夷が最も大事だとしている。

添え書き

■弘道館
水戸藩の藩校・弘道館は9代藩主徳川斉昭が藩政改革の中核として開いた。仮開館から15年を費やして整備し、安政４（１８５７）年5月9日に本開館式を挙行。約10・5ヘクタールという日本一の敷地に文館、武館、医学館、天文台などのほか、馬場、砲術場なども備え、総合教育を行った。

命名の由来が「弘道館記」に「苟《いや》しくも臣子たる者は、豈《あ》に斯道《しどう》を推し弘《ひろ》め、先達を発揚する所以《ゆえん》を思はざるべけんや」とある。佐賀藩、出石《いずし》藩（兵庫県）の藩校も弘道館で、天下三弘道館と称された。

難解な話が長くなったが、あえて大ざっぱに言えば、水戸学は「尊王敬幕」論であった。その点は、保科正之《ほしなまさゆき》の立藩以来「勤王佐幕」を藩風とした会津藩に通じるものがある。

ところが、その水戸藩の中で、安政5（58）年の日米修好通商条約締結を不服として孝明天皇が同藩に下したとされる勅書（戊午《ぼご》の密勅《みっちょく》）をめぐり、幕府の返上要求を受け入れるよう主張する正志斎ら鎮派と、拒否を訴える激派とに尊攘派が分裂し、し烈な内紛に突入した。それがさらに、長州藩による禁門の変など尊攘派の過激行動を誘発する。

東湖は藩主に呈した「封事」に、将来の憂は「外患と内乱」の二事であり、中でも内乱では、大名か百姓が「京都をたてに取候《とりそうろう》て」すなわち、朝廷を擁して幕府に反逆することを最も憂うべきである、と書いた（名越時正《なごやときまさ》『水戸学の達成と展開』）。東湖の危惧は、現実のものとなり、慶応年間に至ると「尊王敬幕」は「尊王倒幕」へ変質していく。天皇を頂点とする挙国一致を求めるがゆえに幕政を厳しく批判した東湖ら水戸学者たちが、倒幕の導火線になったのは必然であろうか、歴史の皮肉であろうか。

父の命令　東湖が「回天詩」に ―「英国人を皆殺しにせよ」―

口絵⑰参照

外患に対して「億兆心ヲ一ニ」するよう求めながら、当の水戸藩は挙国一致とはほど遠い分裂・内紛が続いた。それにも9代藩主「烈公」徳川斉昭《なりあき》があらゆる面で関係している。

斉昭は7代藩主「武公」治紀《はるとし》の子であるが、三男のため本来は御三家の大名になれる立場にはなく、部屋住みが30歳まで続いた。ところが文政12（1829）年、長兄である8代藩主斉脩《なりのぶ》が嫡子のないままに病に倒れ、9

月末には重体に陥った。藩政を牛耳る門閥派は将軍家斉《いえなり》21男の恒之丞（のちの紀州藩12代藩主徳川斉彊《なりかつ》）の養子入りを図った。極度の財政難に、幕府の援助を期待したのである。だが、観念的な水戸学者たちは実利優先が許せず、血統重視を主張。10月1日、会沢正志斎《せいしさい》、藤田東湖《とうこ》ら40人余が藩に無断で江戸に向かい、斉昭擁立運動を展開した。

4日に斉脩が死去し、斉昭を後継とする旨の遺書が見つかって落着するが、無断江戸入りは国禁であった。水戸藩は参勤交代のない江戸定府のため、事が起きたときに国元ではなかなか埒《らち》が明かない。この一件は諸国の志士たちが何かにつけ江戸や京都に押し掛ける、あしき先例ともなった。

藩主に就いた斉昭は、正志斎、東湖らを郡奉行《こおり》に就けるなど、ほとんどの役職を水戸学者に入れ替えた。だが、中枢はなお門閥派が握っていたため、藩政改革を巡って対立が続く。しかも、斉昭がとりわけ藤田派を重用したために、水戸学者も穏健な立原派、急進的な藤田派に分裂する。かつて『大日本史』編さんの打ち切りを主張した立原翠軒《すいけん》に、藤田幽谷《ゆうこく》（東湖《とうこ》の父）が異を唱えて破門にされた時点から、亀裂の芽を内包していた。水戸学の実態は尊王敬幕にあるといっても、佐幕寄りの立原派に対し、藤田派はほとんど尊王原理主義と言ってよいほど尊王の比重が高いからである。

藩政改革が待ったなしの中で、斉昭は水戸学の殿堂たる藩校・弘道館を創設し、設立趣意書「弘道館記」を東湖に起草させた。また、適正な検地やり直しによる農村復興も藤田親子らの案による。のちに豪農や農民が、隠居させられた斉昭の復権運動に加わり、天狗党（尊王攘夷《じょうい》派）に味方するのも、検地実施の恩義に報いるためだったとされる。

斉昭の隠居というのは、斉昭が弘化元（44）年、幕府によって強制的に嫡男慶篤《よしあつ》に家督を譲り、謹慎するよう命じられたこと。東湖らの攘夷論を採って実行した大規模な軍事訓練、対外防備強化に向けた蝦夷地開拓策、廃仏毀釈《きしゃく》が幕府の怒りを買ったのである。弾圧に遭った僧侶たちが京都や江戸の名だたる寺院、それらと結びつきの強い朝廷や大奥を動かして「斉昭に謀反の動きあり」と幕府に讒言《ざんげん》したのだった。

東湖も拘束され、江戸小石川藩邸（上屋敷）、次いで小梅藩邸（下屋敷）に幽閉された。そこで書いた「回天詩」は「三決死矣而不死（三たび死を決してしかも死なず）」で始まる。

3回の決死のうち、2回目は斉昭の藩主後継実現運動のために無断で江戸に上ったとき、3回目が斉昭謹慎に伴う切腹を覚悟したとき。さかのぼって1回目は、文政7（24）年の大津浜事件のときであった。英国人12人が上陸したと聞いた父幽谷が、次のように命じた。

「外国人は時に大砲を鳴らして我が国民を驚かし、傲慢《ごうまん》無礼は言語を絶する。もし夷狄《いてき》（野蛮な異民族）どもを恐れてそのまま放還するような事があれば、神州日本は侮りを受ける。直ちに大津へ行き、（措置が）放還と決まった場合は英国人を皆殺しにせよ。そして自首し、裁断を仰げ。ただ一人の男児であるお前を失って

添え書き

■天狗党

藤田東湖は『大日本史』編さん所・彰考館総裁の当時、水戸学のけん引役として立原派との和解にも尽力したが、後継問題で推した徳川斉昭が藩主に就くと郡《こおり》奉行、御用調役など重職を次々任され、天保11（1840）年には斉昭の側用人になった。斉昭の絶大な信頼を得て東湖が400石、600石と昇進するに連れ、藤田派が藩政で幅を利かせるようになった。

立原派は彼らを、狭量で鼻を高くして人を見下す「天狗《てんぐ》」のようだとののしった。これが「天狗党」の名称の由来で、のちに天狗党も鎮派と激派に分裂する。

藤田家が絶えることなど、君国の一大事に顧慮すべきではない」（大野慎『藤田東湖の生涯と思想』を基に要約）別れの杯を交わしている最中に、英国人が釈放されたとの報が届き、藤田親子は気勢をそがれた。決行していれば、東湖は死んだであろう。上陸した英国人は護身用のピストルを持っていたからである。

さて、死を覚悟して3回とも死ななかった東湖が、あっさりと不慮の死を遂げる。嘉永6（53）年にペリーが来航し、斉昭が幕府海防参与に就いて復権すると、東湖も海防掛に登用され、翌年には藩の側用人にも復帰するのだが、さらに翌安政2（55）年10月2日に安政大地震が起きる。東湖は、同じく斉昭を支えた戸田忠太夫とともに小石川の藩邸内で圧死してしまった。

ブレーンを失った斉昭の言動は将軍後継問題や、攘夷に関して水戸藩に下された「戊午《ぼご》の密勅《みっちょく》」問題などでさらに激烈になり、大老井伊直弼《なおすけ》による安政の大獄で永蟄居《えいちっきょ》に処されたまま、万延元（60）年に没する。

斉昭の最初の隠居のときに10代藩主に就いた慶篤のおくりなは「順公」。何事も追認するだけの人で、血で血を洗う内紛、攘夷激派の暴走さえも放置した。斉昭死去の5カ月前、藩内激派が直弼を暗殺する「桜田門外の変」を起こす一因である。そして、その変に刺激された攘夷派志士たちによるテロが横行するようになる。

東湖の「回天詩」の回天とは、天を回《めぐ》らす、すなわち革命的行動を指す。東湖自身は大津浜事件以降、武力による攘夷など計画したことすらないのだが、「回天詩」は志士たちに愛唱され、尊王に命をかけることこそが正しく、幕藩の法令など取るに足らない、という理屈に置き換えられ、他人の命を奪うテロの正当化にまで利用されていく。

松陰の猛挙　最初は脱藩

―水戸、会津、弘前　東北を視察―

口絵⑱・⑲参照

嘉永4（1851）年末の水戸訪問が、吉田松陰の最初の違法行為であった。長州藩から「過書《かしょ》」を得ていなかったのである。過書は、過所とも書き、関所を通るための身分証明書、いわばパスポートである。300諸藩が国であった当時、過書を持たない旅は、脱藩という犯罪であった。

本名矩方《のりかた》、通称寅次郎。「松陰」は号の一つだが、自分は21回猛挙を行うと誓い「二十一回猛士」という号も好んで用いた。1回目の猛挙がこれである。

松陰は文政13（1830）年、長州藩萩の松本村（山口県萩市）に杉百合之助の次男として生まれた。萩は北を日本海に、あとの三方を川に囲まれた三角州の上に形成された城下町であるが、松本村は川を挟んで東側三角州の外にあり、しかも萩城は反対側の三角州西北端に位置している。つまり松本村の辺りは、下級藩士の住む片田舎であった。

のちに維新の担い手となる松陰が松下村塾で教えたとされる門下生の多くは、200石取りの高杉晋作を除いて下級の出ばかり。そのことは、維新と長州藩の関係を見るとき、重要な意味を持つ。松陰の生家・杉家も家禄《ろく》26石で、農業もして家計をつないだ。父の兄吉田大助が重病に陥ったため、数え5歳の松陰が仮養子に入り、養父が亡くなると6歳にして家督を継いだ。ただし、育ったのは実家である。

ちなみに「松下」も訓読みにすれば「まつもと」であり、松下村塾は村名を冠した名称とされる。

吉田家は山鹿《やまが》流兵学の師範を務める家であり、将来その当主に就く松陰に教育を施したのは父の弟・玉木文《ぶん》之進《のしん》であった。にわかには信じがたい逸話が残っている。ある日、農作業をしながら松陰に教えていた玉木が、松陰が額に止まった蚊を手で払ったことに烈火のごとく怒り、容赦なく折檻《せっかん》を加えた。「学問は公のため、蚊は私事だ」というのである。実際の出来事とすれば、常軌を逸した超スパルタであり、松陰の内面に影響せずにはおかなかったであろう。

ちなみに、玉木は壮絶な最期を遂げる。明治9（1876）年、萩の乱に自分の家塾の門弟が多数加わった責任を取って、墓前で自決したのである。松陰の激烈な性格は、あるいは玉木似か。

猛勉強のかいあって、松陰は11歳のときに13代藩主毛利慶親《よしちか》に山鹿流兵学書『武教全書』の一節を進講し、大いに気に入られた。

海を挟んで大陸に近い長州にとって、海外防備は切実な問題であった。二十歳《はたち》になった松陰は、中国の古典から取って「飛耳長目《ひじちょうもく》」と自ら呼んだ情報収集の旅に出る。まずは藩内、次いで北部九州各地を経て、山鹿男系の直門を受け継ぐ平戸藩（長崎県）に学んだ。そして「軍学稽古」のための江戸遊学を藩に申し出た。

しかし、江戸で受けた安積艮斎《あさかごんさい》、山鹿素水《そすい》らの講義に目新しさは感じられなかった。悶々《もんもん》としていた折、ロシア艦が津軽海峡を往来しているという報を耳にし、沿岸防備の実況を把握しようと、一躍、北日本視察の旅に出る。

街道筋を避けて水戸に到達した松陰は、既に触れた通り、水戸学者らと交流を持った。次に向かったのは、山鹿流の祖・山鹿素行《そこう》の生誕地、会津若松であった。新潟、秋田を経て弘前を訪れたのも、弘前藩が山鹿流を藩学としていたためでもあろう。

さらに北上し、津軽半島から蝦夷地（北海道）に渡る腹づもりだったが、荒天のため断念した。旅の記録『東北遊日記』を見ると、松陰は、外国艦の津軽海峡通過を弘前藩が野放しにしていると憤慨している。

本当にそうであったのか。弘前藩は蝦夷地警備を経験した上、天保5（34）年と同14（43）年に異国人が津軽半島に上陸する事件まで起きたため、半島の平舘《たいらだて》（外ケ浜町）に洋式台場と陣屋を築くなど懸命に海防強化を図っていた。高まる外圧に、幕府、当事者の藩が何もしないはずはない。松陰の弘前藩批判は、松陰の思い込み、先入観の強さをうかがわせる。

さて、この巡視には、旧知の熊本藩士宮部鼎蔵《ていぞう》のほか、艮斎塾で同門だった盛岡藩士江幡《えばた》五郎（のちの那珂梧楼《なかごろう》）が途中まで同行した。長州藩が松陰に過書を出し渋ったのは、江幡の目的が藩内の政争に敗れて獄中死した兄のあだ討ちだったためとされる。

それにしても松陰は、脱藩が違法であることをなぜ意に介さないのだろう。

松陰は水戸から兄へ「矩方《のりかた》（＝松陰）、たとえ道路で死に候《そうろう》ても、国家への御奉公、人に対して愧《は》じ申さず候」と書き送った。松陰の『癸丑《きちゅう》遊歴日録』にも「ここに於《おい》て遅疑せば、人必ず長州人は優柔不断なりと曰《い》わん。是《こ》れ国家を辱むるなり。亡命は国家に負《そむ》く

添え書き

■弘前藩の山鹿流

元和8（1622）年に会津若松で生まれ、江戸で学んだ山鹿素行は、朱子学を批判して藩祖保科正之《ほしなまさゆき》の怒りを買い、赤穂藩（兵庫県）に配流された。

のちに江戸で弘前藩4代藩主津軽信政、その後見人の叔父・津軽信英《のぶふさ》（黒石領主）に教え、弘前に招かれた。自身は断ったものの、延宝5（77）年に門人磯谷十助を士官させ、翌年には次女鶴を弘前藩士喜多村源八に嫁がせ、さらに翌年には長女亀の婿養子に迎えた甥《おい》の山鹿興信も出仕させた。源八改め津軽監物《けんもつ》と、興信はともに家老に昇進した。

が如《ごと》しと雖《いえど》も、而《しか》も其《そ》の罪は一身に止《とど》まる。之《これ》を国家を辱むるに比すれば得失如何《いかん》ぞや」とある。

「国」は日本国ではなく長州藩を指している。どうして一個人の優柔不断が国（藩）の恥になり、一介の書生にすぎない若輩の情報収集が超法規的な御奉公になるのか。自分の双肩に藩存亡がかかっているかのような松陰の言行は独りよがり、夜郎自大のそしりを免れない。奈良本辰也『吉田松陰』も、脱藩の理屈を「児戯に類する」と切り捨てる。

松陰自身、『癸丑遊歴日録』の萩に戻ってからの項に「唐突の挙を為《な》し、上は邦典の重きを犯し、下は父母の憂を貽《のこ》す。其の罪固《もと》より天地の容《ゆる》さざる所なり」と殊勝に書いている。では、松陰が心根を改めたか。否、脱藩は二十一回猛士・松陰の、猛挙のほんの序の口にすぎなかった。

幕府と天皇への忠節は一つ ―「倒幕の先覚者・松陰」は虚像―

吉田松陰は嘉永4（1851）年12月19日から翌年1月20日まで1カ月余りも水戸藩で過ごした。藤田東湖《とうこ》は「烈公」徳川斉昭《なりあき》の失脚に連座して蟄居《ちっきょ》の身だったため会えなかったが、会沢正志斎《せいしさい》、豊田天功らを何度も訪ねている。

そのころ、国じゅうの尊王の志士たちが正志斎の『新論』をむさぼり読んでいた。ただし、どこからか流出した稿本を木版印刷したものやその写本、いわば海賊版である。厳しい幕府批判を含む『新論』を危険視して藩が公刊を許さなかったのだが、禁書だからこそなおさら志士たちは先を競うように求め、地下ベストセラーになっていた。

松陰は未読であった。前年、平戸（長崎県）で山鹿《やまが》流兵学者の葉山左内（鎧軒《がいけん》）からアヘン戦争関係など80冊に及ぶ書籍を借りて読んだものの、『新論』は平戸藩所蔵のため読むことができなかったのである。しかも、その時点では『新論』を「形勢・虜情・守禦《しゅぎょ》」といった海防論の書としてしか把握しておらず、『新論』の核心たる「国体三篇」「長計篇」のことは知らなかったようだ。実際に読んだのは、東北巡歴に同道した宮部鼎蔵《ていぞう》の所持本の可能性がある。そのことは桐原健真『松陰の本棚』が指摘している。

正志斎も、未完成を理由に『新論』を松陰に見せることを拒んだ。『新論』は藩主に呈する目的で書いたもので、公刊を望んでいなかったのである。そのせいもあってか、松陰が『新論』を倒幕の書と曲解したという指摘がよく聞かれるが、それは正確ではない。松陰が倒幕に言及するのは意外と遅く、安政5（58）年夏に到ってからのこと。翌年10月27日、安政の大獄によって29歳の若さで処刑場の露と消えるほんの1年前まで、松陰は『新論』に象徴される後期水戸学と同じく尊王敬幕論に立ち続けた。外圧を跳ね返すために、天皇の下「兆億心を一に」という、あの論である。

ペリーの船に乗り込み密航しようとして失敗し、萩の野山獄に投じられた松陰は安政2（55）年3月9日、海防僧・月性《げっしょう》に送った手紙で「天子に請ひて幕府を討つのことに至りては殆《ほとん》ど不可なり」と断言し、大敵は異国なのだから「諸侯と心を協《あわ》せて、幕府を規諌《きかん》（＝戒め正す）」せよと述べる。月性が前年、「幕府が攘夷《じょうい》を決行できないなら長州藩が王政復古、倒幕の主唱者たれ」という藩政改革の建白書を提出していたのに対し、松陰は「幕府を諫《いさ》めるのが筋だ」と反対したのである。

さらには翌月24日、月性が松陰の実家・杉家を訪れると聞いて、松陰は急ぎ兄梅太郎に手紙を書く。「幕府への御忠節は即《すなわち》天朝への御忠節にて二つ無之《これなく》候」。藩主毛利慶親《よしちか》にかわいがられて一目置かれる存在となった松陰は生涯、忠義の人であった。

だが、「幕府と天皇への忠節は一つ」という論は、水戸学と同様、矛盾をはらんでいる。月性の友人、広島藩出身の僧黙霖《もくりん》が、松陰のその不徹底を突く。安政3（56）年夏、黙霖は松陰に、謀反の罪で処刑された儒学者山県大弐《やまがただいに》が1世紀前に著した尊王攘夷論の先駆けの書『柳子新論《りゅうしんろん》』を読んだかと議論を吹っかけ、「降参」と言わせた挙げ句、次の内容の手紙をよこす。「水戸藩でさえ将軍一人の賢・不肖を見定めて諫言《かんげん》し、皇室を重んじさせたことがない」「僕は徳川の罪をそのまま口に出す」。僧侶で主君を持たない黙霖は遠慮がない。

松陰は黙霖との論争によって朝臣としての自覚を大きく膨らませた。それでも、慶親に「大義を議す」（安政5年7月13日）を呈するまでさらに2年を要する。同書で松陰は、独断で日米修好通商条約を結んだ幕府を非難し、「天勅に反《そむ》き、外夷狄《いてき》を引き、内諸侯を威《おど》す。征夷（＝将軍）は天下の賊《ぞく》なり。今措《お》きて討たざれば、天下万民それ吾《わ》れを何とか謂《い》わん」と書く。その時点に到ってようやく倒幕に言及したのである。

ただし、続けて「天朝未《いま》だ必ずしも軽々しく征夷を倒滅したまはず」と、天皇に倒幕の意思がないことをことさらに強調し、長

添え書き

■〈青山あり〉の詩

現在の山口県柳井市出身の月性は13歳にして京都の西本願寺で得度。尊王攘夷派の人々と広く交わり、藩主に海防強化などの意見書を呈して海防僧と呼ばれた。詩歌にも優れ、教訓「人間《じんかん》到るところ青山《せいざん》あり」の元となった漢詩「将東遊題壁」も作った。原文は〈男児立志出郷関　学若無成不復還　埋骨何期墳墓地　人間到処有青山〉。故郷を出て大いに雄飛せよ、という勧めである。

なお、安政の大獄で追及を受け、西郷隆盛とともに鹿児島の錦江湾に入水した僧月照は大阪生まれの別人。

州藩が朝幕の間に立って調停し「幕府をして恭順に、邦内をして協和に（導け）」と書いている。なおも幕府に期待を残していた。慶親は家臣の意見に何でも「そうせい」と答えたために「そうせい侯」と呼ばれたことはよく知られているが、松陰の「大義に議す」の主意も、慶親に重い腰を上げて国政の表舞台に出るよう促すことにあった。

「倒幕の先覚者」という松陰像は、後年に作られた虚像にすぎない。実際は月性や黙霖らに扇動されたのである。松陰が「大義を議す」で「倒幕」を口にしたのが、月性が病死して2カ月後であるところを見ると、あるいは月性の急死が影響したか。

「大義に議す」の3日後に著した「時義略論」で、松陰は初めて倒幕の具体策を提示した。天皇に比叡山行幸を賜って倒幕の陣形を作り、500人の兵士で京都と比叡山を守護する―という策。ただしそれも、天皇に「密奏」して天皇の「倚頼《いらい》（＝依頼）」を受ければ、という条件付きである。

ところがそのころ、尊王攘夷派を容赦なく弾圧する大老井伊直弼《なおすけ》の「安政の大獄」が一段と激しさを加え、幕府が攘夷へ方向転換する可能性は限りなく低くなっていった。天皇は依然、幕府への信頼を崩そうとしない。松陰は暴走を始める。

条約破棄し　のち開国を
―松陰の攘夷論　鎖国を否定―

吉田松陰は「開国攘夷《じょうい》」論者であった。

「開国」と「攘夷」では矛盾ではないか、というご指摘もあろう。なるほど辞書を引いてみれば「攘夷」は「外夷を撃ち払って入国させないこと」、「攘夷論」は「江戸幕末に台頭した議論で、外国との交際を絶って鎖国を主張する説」とある。しかし、現実の攘夷論は複雑怪奇なのである。

東北巡歴に脱藩の罪を犯した松陰の処分は、士籍と家禄《かろく》の剥奪《はくだつ》であった。松陰びいきの藩主毛利慶親《よしちか》が軽めの処罰で済ませ、しかも10年間の遊学許可を与えた。

四国、近畿などを巡り、松陰が嘉永6（1853）年5月24日に江戸へ着いて10日とたたず、アメリカのペリー艦隊が現れた。浦賀に飛んで行き、軍備の差を目の当たりにした松陰は、江戸で西洋砲術を教える松代藩（長野県）の儒学者・佐久間象山の塾へ直行し、再入門した。松陰は1回目の江戸遊学の際に学んでいたが、浦賀での衝撃が象山への傾倒を深めさせたのである。

象山の攘夷論は、藩の海防掛老中だった当時に著した『海防八策』に表れている。海外から造船技師・洋砲技師・操船員などを雇い入れて洋艦と洋砲を造り、操艦、砲術を学んで海戦力を身に付ける―。「夷の術を以《もっ》て夷を制す」、つまり西洋の兵法で日本の強兵を図るというのである。その策を実行するために海外へ密航し敵情を視察したいと、松陰は申し出る。象山は大いに喜び、密航は国禁だから漂流を装え、と知恵を付けた。

ペリーが去って1カ月後、ロシア艦が長崎に入港したとの報を耳にし、松陰は長崎へ向かった。だが、着いてみると艦は出航した後であった。密航が空振りに終わり、江戸に戻った松陰は、今度は再来航したペリー艦隊での密航を企てる。

嘉永7（54）年3月3日に日米和親条約が締結されて2週間後、伊豆の下田に着いた松陰は密航の希望を漢文で書いた「投夷書」を米兵に手渡すことに成功した。だが、当然ながら迎えなど来ず、意を決し、3月28日午前2時過ぎ、漁師の小舟を盗み、門人の金子重之輔とともにペリー艦隊に向かってこぎ出した。

荒い波風の中、米兵らが棒でつついて追い払おうとするのをかろうじてかわし、二人は荷物を小舟に残して艦のはしご段に飛び移った。だが、密航は言下に断られた。通訳のウイリアムズが、条約締結直後の時期に国禁破りに加担して日本側を刺激するのは得策ではないと判断したためとも、重い皮膚病（疥癬《かいせん》）を患う松陰の乗船を嫌がったともいわれる。

ボートで海岸に送り返された二人は、うろつく間に捕縛されては見苦しいと、下田番所へ自首した。獄中で松陰が詠んだ歌が、有名な〈世の人はよしあし事もいはばいへ賤《しず》が誠は神ぞ知るらん〉である。


実は、松陰はペリー暗殺を企んでいた。ペリー初来航の直後、同志の熊本藩士宮部鼎蔵《ていぞう》に「此時《この》こそ一当にて日本刀の切れ味を見せ度《たき》ものなり」と書き送っているし、長崎に向かう途中には熊本に立ち寄り、宮部や横井小楠《しょうなん》ら同志多数と会合して「有志者が身命を捨てて働く」ことを決議している。

密航の決行前に松陰は何度か象山に会って密航計画を打ち明け、「投夷書」の添削を受けており、そのときに象山の説得で暗殺を断念したというのが定説になっているが、一方で、ペリー艦に乗り込む段になって失敗したにすぎないとする説も有力である。いずれにせよ、松陰が最初の暗殺計画を立てたことは動かない。

なお、松陰らが乗り捨てた小舟から「投夷書」の原稿や前年に象山が松陰へ贈った詩「吉田義卿」の入った荷物が見つかり、象山も連座して江戸の伝馬獄に送られ、松代で9年間の蟄居《ちっきょ》を余儀なくされる。蟄居が解けた後、公武合体、開国遷都を主張した象山は、尊王攘夷派の熊本藩士河上彦斎《げんさい》に京都で斬殺される。松陰の主張と紙一重であるにもかかわらず。

日本初の総領事として下田に赴任したハリスとの間で安政5（58）年6月19日に日米修好通商条約が締結される前の3月20日、松陰は『対策一道』に「封関（＝税関を閉ざすこと）鎖国、座して敵を待たば、勢屈し、力縮みて亡《ほろ》びずんば何をか待たん」と書いている。これを読めば、徳富蘇峰が『吉田松陰』で指摘する通り、松陰は鎖国論者ではなく、むしろ象山よりさらに進んだ開国攘夷論者であったことが分かる。であれば、なにゆえにペリー暗殺を図ったのか。彼の攘夷論はいよいよ不可解になる。

その3月20日に孝明《こうめい》天皇が条約調印を拒否する勅諭を下すと、松陰は「盛事」だと歓迎する一方で、「愚論」「続愚論」を著して「鎖国の説は、一時は無事に候《そうら》へども、宴安《えんあん》姑息《こそく》の徒の喜ぶところにして、始終遠大の御大計に御座なく候《そうろう》」と、朝廷まで批判するほど鎖国を明確に否定した。

ただし松陰の開国は「夷謀《いぼう》」、つまり「外国の腹黒い野望」を打ち砕くことが前提であり、条約をいったん全て破棄して攘夷を実行した上で数年後に開国せよと主張した。彼の願う貿易はあくまでも日本側の主導・管理下で行う貿易であった。また、キリスト教流入を松陰は極端に恐れた。外国人イコール悪人という意識で凝り固まった目には、幕府の条約締結は「戦を免《まぬ》かれんのみ」の

添え書き

■偽名「瓜中万二」

ペリー艦に乗り込んだとき吉田松陰は瓜中《うりなか》万二という偽名を使った。吉田家の家紋が、瓜を輪切りにした形の中に卍が入る「五瓜に卍」だったことによる。金子重之輔には市木公太を名乗らせた。金子が長州渋木村生まれだから渋柿の柿の字を市と木に割ったという。

松陰は文字遊びが好きで、好んで用いた号「二十一回猛士」の二十一回も、吉田という字の中の数字、十、一、十を足して二十一、残る二つの口を重ねて回にしたとされる。旧姓の杉が十、八、三でできているからという説もある。

屈服開国としか映らなかった。条約を一方的に破棄して外国人を排撃すれば、即座に敵国扱いにされ、開戦の危険が迫る。外交実務を担う幕府にできるはずもない。子どもにも想像のつくことであるが、松陰は、一度攘夷を決行しないことには腹の虫が収まらないのである。

暗殺企て、若者ら扇動
―「知行合一」曲解した松陰―

口絵⑳参照

長州藩萩の野山獄に投じられて1年2カ月、安政2（1856）年12月末に自宅謹慎となった吉田松陰は近隣の子弟に教えだした。翌年5月、17歳の久坂玄瑞《げんずい》から手紙が舞い込む。叔父玉木文之進の私塾・松下村塾を主宰し始める3カ月前のこと。手紙にはこう書いてあった。

元寇《げんこう》のときのように、使節を斬るべし―。

元（モンゴル帝国）の使者を斬首に処した執権北条時宗のように、幕府はアメリカ使節を斬り捨てるべきだというのである。通商条約締結交渉へ、ハリスが総領事として来日する7月が迫っていた。

玄瑞は萩の藩医三男として生まれながら、父母と兄が相次いで病没して天涯孤独の身となった。熱烈な尊王攘夷《じょうい》論者であり、九州遊歴に出て訪ねた熊本藩鎮西の宮部鼎蔵《ていぞう》から「なぜ松陰に師事しないのか」と言われ、思い切って上記の手紙を書いたのである。

松陰は「議論浮泛《ふはん》にして思慮粗浅、至誠中よりするの言に非ず」とぼろくそにけなす返信を送った。本心ではないことは藩校明倫館の侍講・土屋蕭海《しょうかい》に「坂生（＝玄瑞）士気凡ならず。何卒《なにとぞ》大成致せかしと存じ、力を極めて弁駁《べんばく》致し候《そうろう》」と書き送ったことで分かる。のちに松陰は玄瑞に妹の文を嫁がせるが、最初から玄瑞を見込んで、あえて批判することで鼓舞しようとした。自分がペリー暗殺を実行しなかったことに悔いもあったのか。この一件は松陰の特質をよく表している。暗殺肯定者の松陰、そして天才的な扇動者・松陰である。

安政5（58）年9月9日、松陰は江戸にいた門人松浦松洞《しょうどう》に手紙を送り、水野忠央《ただなか》暗殺を命じた。水野は紀州藩江戸定府《じょうふ》の家老であり、南紀派の中心として藩主徳川慶福《よしとみ》の将軍後継を実現させた人物である。慶福は10月25日、14代将軍に就き家茂《いえもち》と改める。

松浦への手紙に松陰は「一人の奸猾《かんかつ》さへ仆《たお》し候《そうら》へば天下の事は定まり申すべく候《そうろう》」と書いた。水野を安政の大獄の黒幕であり、大老井伊直弼《なおすけ》や老中堀田正睦《まさよし》を手先にして悪事をなす奸物とみなしていた。なおも幕府の方向転換に望みを残し、いわゆる「君側の奸」を除くことを大義名分としたのであるが、政治目的のために他人の犠牲をいとわないのはテロリストの論理以外の何ものでもない。それが尊王攘夷派の志士たちや、のちには長州藩の大義名分ともなり、会津藩が標的とされることにつながる。

次いで松陰は、京都で尊王攘夷派の弾圧に当たっていた老中間部詮勝《まなべあきかつ》（越前鯖江藩主）の暗殺計画を立て、11月6日に品川弥二郎ら門下生17人と血盟し、藩重役の周布《すふ》政之助や前田孫右衛門に堂々と武器や弾薬の貸与を請う手紙を送る。藩が許すはずもない。12月26日になって、松陰は再び野山獄に囚《とら》われる。

暗殺計画は江戸にいた玄瑞にも手紙で知らせていた。だが、玄瑞は高杉晋作ら4人と連名で「時期が悪い」と自重を求めてきた。松陰は「僕は忠義をなす積《つも》り、諸友は功業をなす積り」と激怒し、絶交を宣言する。これも玄瑞らに決起を迫る策か。

翌年4月末、幕府は藩に松陰の引き渡しを命じた。越前小浜藩（福井県）を脱藩した尊王攘夷派儒学者・梅田雲浜《うんぴん》との関係を疑われたことなどによる。嫌疑は評定所でいともあっさり晴れるが、松陰は聞かれもしない間部暗殺計画をほのめかし、伝馬獄に投じられ、安政6（59）年10月27日、斬首に処された。満29歳。

なぜ危険な告白をしたのか。獄中で門下生向けに書いた遺書「留魂録」に松陰は、孟子の「至誠にして動かざる者は未《いま》だ之《これ》れ有らざるなり」の一句を手ぬぐいに縫い付けて江戸に来た、と書いている。至誠をもって行動すれば動かせないものはない、と確信していたのである。

松下村塾の壁に松陰は「知行合一《ちこうごういつ》」と書いた軸を掛けていた。知を優先する「知先行後」を唱えた朱子学を批判し、行動を伴わない知は机上の空論であるとして「知行合一」を説いたのが陽明学であり、松陰は陽明学者を自任していた。

だが、陽明学が専門の森田健司・大阪学院大学教授は「松陰は当然のこと、高杉晋作や西郷隆盛も含め、陽明学徒とされている志士たちの陽明学は『似非《えせ》陽明学』だ」と断じる。

陽明学は本来、朱子学のように倫理、道徳を深く植え付け、その上での実践を重視する思想であるのに「松陰をはじめ志士の多くが『知行』のうちの『行』ばかりに注目し、『知とは何か』をほぼ全く検討しない」と森田教授は述べ、分かりやすい例として、

添え書き

■野山獄

長州藩萩には、野山獄と岩倉獄という二つの有名な牢獄《ろうごく》があった。正保2（1645）年、酒に酔った藩士岩倉孫兵衛が筋向かいの藩士野山六右衛門の屋敷に乗り込んで家族を殺傷する事件を起こし、斬首に処された。両家とも取りつぶされ、屋敷跡に牢屋を建て、士分を投じる上牢を野山獄、農民・町民の下牢を岩倉獄とした。

ペリー艦での密航に失敗した松陰は野山獄、商人の子である門人金子重之輔は岩倉獄に入れられた。岩倉獄の環境は劣悪で、金子は持病が悪化して獄死した。

松陰が『講孟余話』の中で「当時における夷狄《いてき》の横暴や高慢な振る舞いを見れば『田夫野老《でんぷやろう》』であっても誰もが歯ぎしりするであろうから、その感情は性善に基づくものだ」と述べたことを挙げる。

田夫野老とは田舎の農夫や老人、つまりは学問を一切していない者を指す。松陰は、田夫野老であっても自分の考えに合う者の考え方は「知」であり、深く学問した者でも自分に反する者であれば「知」に非ずとした。「政治的理想に基づいて行動することが陽明学だ、という恐ろしく幼稚な考えを松陰は持っていた」と森田教授は言う。

未熟で血気盛んな若者たちには、腰を据えた修練も、深い思索もすっ飛ばす松陰の「行」至上主義は魅力的に映ったに違いない。「松陰がテロリストを数多く養成できたのは、結果がすぐに判明する『誤った陽明学』を説き、学問蔑視、反知性主義を是認したことからでしょう」。次々と暗殺計画を立てたこと以上に、若者たちをテロに駆り立てたことの松陰の罪深さを森田教授は糾弾する。

「暗殺」触れず、「教育者」前面 ―藩と国が作った松陰像―

口絵㉑参照

東急世田谷線の小ぶりな電車を降り、歩くこと3分ほど。商店街を抜けると松陰神社がある。なぜここに松陰神社なのかと、いぶかる人も多いのではあるまいか。

東京都の世田谷区若林。長州藩の所有地だった場所に松陰神社が建立されたのは明治15（1882）年であるが、始まりは文久3（63）年1月5日、高杉晋作、伊藤俊輔（博文）ら松下村塾門下によって松陰が改葬されたことであった。

伝馬獄で処刑された2日後の安政6（59）年10月29日、松陰の遺体は桂小五郎（のちの木戸孝允《たかよし》）らがひそかにもらい受け、回向院《えこういん》下屋敷（現在の南千住駅前にある豊国山回向院）に葬られたが、そこは小塚原刑場の墓地であり、盗っ人や人殺しと一緒では忍びないと、義弟久坂玄瑞《げんずい》が改葬運動を始めた。

詳細ないきさつは、萩博物館特別学芸員・一坂太郎氏（51）が『吉田松陰―久坂玄瑞が祭り上げた「英雄」』などに書いている。以下、同書などを参考に述べる。

玄瑞は藩主毛利慶親《よしちか》に切々と松陰復権を訴える一方、松陰の遺墨などをかき集めて土佐の武市《たけち》半平太ら他藩の同志に配って支持を広げ、高杉晋作、入江杉蔵（九一《くいち》）らと松陰の伝記編さんも開始した。

そのころ長州藩は、長井雅楽《うた》が文久元（61）年3月に建議した「航海遠略策」を藩論と定め、朝廷や幕府に進言することで中央政局に登場した。朝廷が鎖国攘夷《じょうい》を改め、公武一体で積極的に通商し、富国強兵を進めて列強に対抗し、海外に雄飛を―という論である。だが、藩内外の攘夷派から激しい非難を浴び、藩は翌年7月、成否を度外視して日本の武威を西欧列強に一度示す―という「即今攘夷（破約攘夷、奉勅攘夷）」に藩是をひっくり返した。長井は切腹した。

藩内をそれで一本化するための精神的シンボルとして松陰が必要になった。松陰が外敵をせん滅することは可能だという「海戦策」を藩主に呈していたからである。しかし、さすがに国賊を藩の象徴にするわけにはいかない。そこで朝廷に働き掛け、幕府に国事犯刑死者の赦免、復権などを認めさせた。松陰は、藩の政治的な都合で復権したのである。

藩はすぐに、松陰の著作を藩校・明倫館の教科書に採用し、吉田家の再興を許し、入江、山県《やまがた》有朋、品川弥二郎、伊藤、野村靖、吉田稔麿《としまろ》ら松陰門下の下級武士たちを次々と士分に昇格させた。そして、維新後、長州藩が政権中枢を占めると東京・世田谷に松陰神社が創建され、松陰は神となった。

けれども、松陰像は変転する。明治初期に出版された書籍は、ペリー艦での密航未遂、老中間部詮勝《まなべあきかつ》暗殺計画を松陰の主な事績として採り上げており、「松下村塾などはまったく無視されていた」と一坂氏は指摘する。革命家としての評価だけだったのである。

ところが、大正の終わりから昭和の初めにかけ、国は松陰を教育者として祭り上げていった。一坂氏が例として挙げる昭和2（1927）年の尋常小学校5年生の修身の教科書は、松陰が11歳で藩主に進講した話から、27歳で松下村塾を主宰した話にいきなり飛び「弟子たちに内外の事情を説き、一生けんめいに尊王愛国の精神を養うことにつとめました」と教えている。

神社の創建以降、松陰の顕彰に最も熱心だったのは山県であった。日本陸軍の基礎を作り、首相、元帥陸軍大将として軍拡にまい進した「日本陸軍の父」である。対外戦争の時代、国家が「愛国」「殉国」の権化としての松陰像を称揚していったが、まさか暗殺、テロで政権に歯向かおうとした人を子どもに修身で教えるわけにはいかない。松陰の負の横顔は隠され、軍国主義に都合のいい側面だけを利用したのである。

さて、小松緑という元外交官の著述家が昭和11（36）年に刊行した『伊藤公直話』に次の一節がある。「毛利の史料調所《ちょうしょ》で、松陰のことを調べているが、今度安政五年に松陰が書いた書類を発見した。その書類によると、松陰は全く攘夷論者でも倒幕論者でもない証拠が上がった」

会津出身の小松が伊藤に維新の裏事情や逸話、木戸、西郷隆盛らの人物像を質問したところ、松陰に関して伊藤はそう返答したというのである。昭和11年といえば、皇道派青年将校らのクーデター「二・二六事件」が起きた年。松陰の墓の近くに埋葬されることを熱望した死刑囚がいるほど松陰信奉が再燃した時期にもかかわらず、伊藤はそっけない。門下生として、松陰の実像を知っているからであろうか。

一坂氏の話に戻る。萩博物館は萩市立の施設であり、一坂氏はその職員である。以前、高杉の資料館・下関市立東行《とうぎょう》記念館で学芸員を務めたこともある。松陰のおひざ元の人が『吉田松陰―久坂玄瑞が祭り上げた「英雄」』を刊行したことは大きな反響を呼んだばかりか、一坂氏に有形無形の圧力がかかるようになったという。

「人間・松陰が好きだからこそ、松陰の見方は画一的ではいけないと思っている。お上《かみ》（＝公権力）が吉田松陰は美しい、美しいと持ち上げるのはおかしい」と一坂氏は言い、こう警鐘を鳴らす。

「半世紀前の明治100年のころは、松陰にも、明治維新にもロマンはなかった。学会でも完全に肯定していいのかという議論を相当やったし、出版物もそうでした。佐藤栄作首相が武道館で明治百年記念式典を開催したことにも批判が渦巻いた。今は、昔へ逆行している」

添え書き

■回向院（南千住）

東京・南千住の回向院《えこういん》には明治初年の小塚原刑場廃止までに約20万人が葬られたという。ネズミ小僧次郎吉、〝明治の毒婦〟高橋お伝といった有名な罪人の墓石も建っている。「安政の大獄」の吉田松陰、橋本左内や、「桜田門外の変」に加わって斬首された水戸藩士らの墓のほか、弘前藩主津軽寧親《やすちか》の暗殺未遂を起こし、津軽と南部の確執の象徴とされる盛岡藩士・相馬大作の供養塔もある。

杉田玄白、前野良沢らがここで刑死者の腑《ふ》分けに立ち会い、『解体新書』刊行の端緒になったと言われ、「観臓記念碑」が掲げられている。

風穴開いた「譜代専政」
―親藩や外様も幕政に介入―

口絵㉒参照

会津藩最後の藩主松平容保《かたもり》には、水戸徳川家の血が濃い。と、ことさらに書くのは、幕末動乱の京都で中心的役柄を演じる「一会桑」三者がいずれも水戸の血筋だからである。

一会桑は一橋家、会津藩、桑名藩のこと。のちに最後の将軍になる一橋慶喜《よしのぶ》が水戸藩「烈公」徳川斉昭《なりあき》の七男であることはよく知られている。

一方、容保は天保6（1836）年12月29日、高須藩（岐阜県）の10代藩主松平義建《よしたつ》の六男に生まれた。祖父の9代藩主義和《よしなり》は6代水戸藩主徳川治保《はるもり》の次男で、斉昭の大叔父。容保が満11歳で養子に入る8代会津藩主松平容敬《かたたか》は義和の三男、つまり容保の実父の弟。会津藩は2代続きで高須藩から養子を迎えた。残る桑名藩（三重県）の藩主松平定敬《さだあき》は義建の八男で、容保の実弟。定敬は京都所司代として、京都守護職たる兄容保を支えることになる。

水戸学を源とする尊王攘夷《じょうい》思想を（表向きの）旗印に一会桑の打倒を果たすのが、長州藩と、一時は会津藩と協調して長州藩の京都排除を果たしながら、一転、長州と結ぶ薩摩藩である。だが、幕末以前は、西南雄藩の長・薩であっても、関ケ原の合戦で敗れた外様《とざま》大名が幕政に関わることはご法度であった。それを覆そうとした革命が幕末維新だったと言っても、言い過ぎではあるまい。

徳川幕府は門閥を基礎とした「譜代《ふだい》専政」とも呼べる一種の官僚体制であった。譜代は親藩、外様を除く大名を指す。3代将軍家光の実弟として家光と4代将軍家綱を支えた会津藩の藩祖保科正之《ほしなまさゆき》の頃までは、将軍が頼みとした近親者も幕政の中核を担ったが、以後は譜代や一部の徳川家傍系から選ばれた老中が幕政の実権を握り続けた。

老中の最高位が大老。５代将軍綱吉が堀田正俊（古河藩主）を就かせたときに最高職としての職制が固まった。就任資格は堀田、井伊、酒井、土井の四家に限られる。さらに、大老に準ずる大老格、老中首座も有力譜代や徳川家傍系から任命されるしきたりであった。

将軍を輩出する資格を持つ御三家・御三卿や主要な親藩が口を差し挟めば幕政が混乱し、失政で徳川家一門の威光に回復不能な傷を負いかねない。譜代専政はそれを避ける賢明なシステムでもあったのだが、幕末には水戸の斉昭、一橋家の慶喜が表舞台に出て徳川幕府は倒れるのである。

ただし、親藩の中で会津松平家は溜詰《たまりづめ》として幕政に意見を述べる特権を有していた。そのことは改めて述べるが、会津藩が徳川幕府滅亡と運命をともにする重大要因となる。

譜代専政に風穴を開けたのは阿部正弘であった。福山藩（広島県）藩主の阿部は、天保の改革に行き詰まった老中水野忠邦（佐賀・唐津藩主）に代わって弘化２（45）年に老中首座に就くと、相次ぐ異国船来航に対処するために改革を断行した。まず、対外問題・国防を担当する海防掛を設置し、親藩、譜代、外様を問わず諸大名、各藩藩士、果ては在野の学者に至るまで広く意見を徴した。また、川路聖謨《としあきら》をはじめ、岩瀬忠震《ただなり》、水野忠徳《ただのり》、江川英龍《ひでたつ》、勝麟太郎（のち安芳《やすよし》、号・海舟）といった有能な人材を次々と抜てきした。元漁民のジョン万次郎まで登用している。彼らに反射炉や兵器工場、江戸湾台場の建設など軍備増強に当たらせ、オランダからスクリュー式の軍艦２隻（「咸臨丸」「朝陽丸」）を購入し、長崎海軍伝習所を設立して海軍創設に着手した。

水戸の斉昭が大船建造の禁を解くことを建言し、薩摩の島津斉彬《なりあきら》が洋式軍艦「昇平丸」を建造して献上したことが幕府の海軍創設の呼び水となったことからも分かるように、家柄が絶対の幕藩体制下、阿部政治は開明的なものであった。半面、発言権のなかった大名たちが政治に介入する環境を作ってしまった。

会津の容保はというと、ペリー来航に際して阿部に和親を進言している。前年の養父容敬の死去によって会津藩主を継いだ容保の実質的な政界デビューであったが、生来控えめな容保に幕政をリードしようという野望はみじんもなく、軍事力に期待が大きかった会津藩の責務として江戸湾、蝦夷地《えぞち》（北海道）東部の防備に全力を尽くした。

初めて大胆に動くのは7年も後のこと。これも詳しくは後で述べるが、安政7（60）年の「桜田門外の変」の後、水戸藩に対する厳罰を回避するため幕府と同藩の間で懸命の周旋活動をするのであるが、それは祖父、実父、養父、そして容保自身も水戸徳川家の血脈だからこそであろう。政治力への評価が一気に高まった容保は、政局の前面へと押し出されていく。

さて、斉昭を海防参与に就かせた阿部が、嘉永7（54）年1月に再来航したペリーとの日米和親条約の締結時には、斉昭に相談す

添え書き

■高須四兄弟

会津藩主松平容保の実家・高須藩は尾張藩の支藩。容保には大勢の兄弟がいたが、容保のほか、兄の慶勝《よしかつ》（のち尾張藩主）、茂徳《もちなが》（のち高須藩主、尾張藩主、一橋家当主）、弟の定敬（のち桑名藩主）を合わせて「高須四兄弟」と呼ぶ。

定敬は文久3（1863）年の将軍家茂の上洛に警護として随行したことから、翌年、19歳にして京都所司代に任命され、京都守護職の容保や禁裏御守衛総督の一橋慶喜を補佐し、禁門の変では長州藩撃退に加わった。そのために西軍から会津藩とともに敵視される。

らしなかった。現実味のない攘夷論《じょうい》を見限ったことは阿部が岩瀬ら積極開国派を重用したことからも明らかだが、御三家である水戸藩の介入こそ収拾のつかない混乱の元凶であることに、譜代大名たちの猛反発に遭って遅まきながら気付いたのかもしれない。

日米和親条約に続いて阿部は、イギリス、ロシア、オランダとも同様の条約を次々と結ぶ。そして、安政3（56）年8月4日には「交易互市の利益をもって富国強兵」を図るとする積極的開国方針を宣言する。前月、通商交渉の全権を与えられたハリスが来日していた。

水戸の斉昭、朝廷へ内通 ―「天皇に従う」阿部の失着―

話はペリー来航の7年前にさかのぼる。弘化3（1846）年8月、孝明《こうめい》天皇が突如、幕府に「神州（日本）に傷がつかぬよう海防を強化せよ」「異国船の来航状況を報告せよ」と命じる勅書を下した。

徳川家康が禁中並公家諸法度を定め、天皇以下の公家、神官、僧侶の活動を学問、儀式、宗教などに限定して以来、朝廷の政治介入は厳禁であり、天皇が幕政に関する勅書を下すことなどあり得なかった。禁裏（御所）の奥に暮らす天皇は世事に疎く、国際情勢などとは無縁。まして、半年前に数え15歳で即位したばかりの孝明天皇が突如、海防強化の勅書を下したのであるから、実際は側近の公家が出させたことは明白。裏には水戸藩「烈公」徳川斉昭《なりあき》がいた。関白鷹司政通《たかつかさまさみち》を通じて朝廷と内通していたのである。

尊王思想の元祖たる2代水戸藩主「義公」徳川光圀《みつくに》は、自らの母が奥付き老女の娘という引け目もあってか、近衛尋子《ちかこ》（泰姫）の降嫁を受けた。以後、水戸藩では合わせて7代もの藩主が正室を宮家・公家から迎えている。斉昭の正室も有栖川宮織仁《おりひと》親王の12王女・吉子。水戸徳川家の側からも盛んに宮家・公家へ嫁がせ、斉昭も11女茂姫（貞子）を織仁親王の孫・熾仁《たるひと》親王に輿《こし》入れさせた。左大臣二条斉信《なりのぶ》の妃は斉昭の姉従子《じゅうこ》、そして関白政通の妃もやはり斉昭の姉の清子なのである。

朝廷の実権は関白にあった。天皇の文書は全て関白を通す定めであり、朝廷の決定を事前に左右できた。その地位に政通は安政3（56）年の辞任まで30年以上もとどまる。尊王攘夷《じょうい》論により軍事訓練や廃仏毀釈《きしゃく》を行ったため幕府から強制隠居に処された斉昭は、実力者である姉婿を通じて朝廷を動かし、幕府に圧力を掛けようとした。御三家にあるまじき裏切りである。

嘉永6（53）年6月3日にペリーが来航して半月後、12代将軍家慶《いえよし》が死去した。関白政通は、機をとらえ、家定に将軍宣下を行う勅使として江戸に赴く三条実万《さねつむ》に老中首座・阿部正弘と面談させ、対外政策について「国辱、後禍のなきように」という叡慮《えいりょ》（天皇の意思）を伝えさせた。

阿部は「天皇の思し召しがあれば、幕府はそれに沿って措置する」と答えた。阿部も当初は斉昭の攘夷論に理解を示していたためか。あるいは、自ら海防参与にした斉昭と幕閣との板挟みに苦しんでいたためか。もしくは、事を丸く収めようとする阿部らしい政治態度によるのか。

豊臣秀吉は朱印船貿易にしろ朝鮮出兵にしろ、朝廷の許可など取らなかった。徳川家康がいわゆる鎖国体制を敷いて外交・貿易を幕府の独占下に置いたときも同様であり、外交を含む政治は征夷大将軍に委任されていたのだから、今度も「幕府が最善を尽くす。ご安心を」と言えば済んだものを、阿部は「天皇の意思に従う」と応じた。朝幕関係の逆転を招く、大失着であった。

約束通り阿部は、安政2（55）年9月18日、京都所司代の脇坂安宅《やすおり》（兵庫・龍野藩主）らに命じ、アメリカ、ロシア、イギリスと和親条約を結んだことを関白政通らに報告させた。やや不満を残しつつも関白政通は貿易を含まない条約を是認し、奏上を受けた孝明天皇も追認した。次いで阿部はオランダとも国交を開いた。

翌安政3（56）年7月21日、貿易交渉の全権を携えたハリスが来日し、日米和親条約に基づいて下田に領事館の開設許可を要求すると、阿部はこれを認め、自らの登用した積極貿易派の岩瀬忠震《ただなり》を下田に派遣して交渉に当たらせ、堀田正睦《まさよし》を外国事務取扱に就任させた。幕府の方針を「貿易許可」と明確に定めたのである。

下田の玉泉寺に領事館を構えたハリスは、幕府との直接交渉を望み、江戸出府許可を要求する書簡を二度にわたって老中へ送った。斉昭は当然ながらハリス出府に猛反対し、9月、またもや前関白政通に一連の問題を書き送った。政通は前月、左大臣九条尚忠《ひさただ》に関白の座を譲ったものの、隠然たる影響力を持っており、武家伝奏（武家の文書を取り次ぐ朝廷の役職）に斉昭の手紙を天皇にも見せるよう指示した。

斉昭の朝廷への働き掛けは以後も続いた。文化活動と祈りに専心していた朝廷、公家たちを政治に目覚めさせ、朝幕間に亀裂を

添え書き

■五摂家

公家には上から、摂家《せっけ》、清華家《せいが》、大臣家、それ以下という厳格な序列があった。摂家は近衛、九条、二条、一条、鷹司の五家。三公（太政大臣または内大臣、左大臣、右大臣）は清華家もなれたが、官職の最高位である関白には五摂家の当主が順番に就く慣例だったとされる。

特に天皇の子、孫が養子に入った近衛家、一条家、鷹司家は「皇別摂家《こうべつ》」、その鷹司家の子が入った九条家と合わせた四家が「王孫」と称され、別格の名門扱いだった。孝明天皇、明治天皇は鷹司家と血縁が近い。

作ったのは斉昭なのである。

斉昭のこの妄動がなければ、会津藩主松平容保《かたもり》がのちに京都守護職に推されることもなかったであろう。斉昭が容保の血縁であり、しかも、斉昭も内心は開国を是認していたのであるから、会津・斗南の人々にしてみれば何ともやり切れない話である。

さて、堀田、岩瀬をはじめ幕府の外交担当者らはハリスの出府許可を主張した。斉昭はもちろん容保ら溜詰《たまりづめ》の大名たちまで反対したため、阿部も慎重姿勢だったが、年が明けて安政4（57）年夏に米砲艦が下田に着くと、江戸湾回航を恐れた幕府はついに出府を許可する。ハリスは10月21日に江戸城で将軍家定に謁見《えっけん》し、大統領の国書を読み上げ、友好的なアメリカと通商条約を結んだ方が清（中国）を貪食するイギリスなど列強の侵略を防ぐことができる、と力説した。

阿部はこの間の6月17日に急死している。安政大地震の被害も加わって、心労による深酒がたたったとされる。以後、通商条約問題が幕府をますます追い詰めていく。阿部の言動が「勅許のない条約は無効だ」という切り札を攘夷派に与えてしまったからである。

容敬が井伊直弼引き立て

―「常溜」の会津、彦根　斉昭と対立―

口絵㉓参照

江戸城では、伺候《しこう》席といって、登城日に将軍への拝謁《はいえつ》を待つ部屋が決まっていた。

本丸御殿の黒書院にある溜間《たまりのま》に詰める大名を溜間詰《たまりのまづめ》、略して溜詰《たまりづめ》といった。御三家・御三卿、越前松平家など親藩の大大名や、外様ながら百万石の加賀前田家が詰めた大廊下という格式の高い部屋は名誉席の色合いが濃い。それに対し、溜間は将軍が政務を執る中奥に最も近い伺候席であることから、溜詰大名が将軍の側近とみなされた。

登城日も厳格に定められていた。老中、若年寄といった常勤の閣老（幕政幹部）は毎日登城する。一方、諸大名は江戸在府中の月3日（1日、15日、28日）の月次御礼《つきなみ》と、元日や節句などの式日に限られた。しかし、溜詰だけは毎月10日と24日にも登城でき、将軍、老中に会うことが許されており、老中と政務を討議し、将軍に直接意見を上申できる実務上の特権を与えられていた。城中の席次も常に老中の上座。幕政参与の扱いである。

溜詰のうち、彦根井伊（35万石）、会津松平（23万石）、高松松平（12万石）の3家は、歴代が常に溜詰に座る常溜《じょうだまり》であった。姫路酒井、伊予松山松平、忍《おし》松平、桑名松平の4家は、政権ごとに溜詰を命じられる飛溜《とびだまり》。ほかに、溜詰格といって老中を辞めた者が一代限りで溜詰に準じられることもあった。

会津松平家が常溜であることが会津藩の命運を分けた。同じ常溜の彦根藩主井伊直弼《なおすけ》を引き立てたのが8代会津藩主松平容敬《かたたか》であり、大老になった直弼が桜田門外で暗殺されると、彦根藩に代わって京都守護の役目を負わされ、反幕勢力の標的になるのが9代藩主に就いた松平容保《かたもり》なのである。以下、吉田常吉『井伊直弼』、母《も》利美和《りよしかず》『井伊直弼』などを参考に経緯を述べる。

井伊家11代藩主直中《なおなか》の14男に生まれた直弼は、他家への養子縁組にも恵まれず、城下の屋敷を「埋木舎《うもれぎのや》」と名付け、茶の湯や禅に明け暮れる隠居さながらの暮らしをしていた。急死した兄（11男）直元に代わって、兄（3男）の12代藩主直亮《なおあき》の継嗣になったのは弘化3（1846）年のこと。既に32歳。江戸城で不慣れな溜詰の役割を務め始めた直弼に目を掛け、親身に面倒を見たのが9歳年長の会津藩主松平容敬であった。溜詰の中でも格上とみなされた常溜3家は、平素から深い交際があった。

嘉永元年（48）年5月、直弼は「会津藩主は当今英雄の大将、天下無二の忠臣、実に感伏」と家臣に書き送るほど容敬に私淑した（『井伊家史料』）。兄の藩主直亮と全くそりが合わなかったから、ますます頼りにしたのであろう。

会津藩、彦根藩が、川越藩、忍藩とともに江戸湾・相模湾防備に任ぜられたことも両藩の関係を深めた。翌嘉永2（49）年、三浦半島に英国艦マリナー号が来航した後、容敬は直弼に、建議書を老中首座阿部正弘へ出すよう勧める。『井伊家史料』に、11月上旬と目される、容敬の「覚書」と題する史料が掲載されており、それを読むと容敬は、「幕府役人には公明正路、深慮ある者を選挙すること」などといった内容の直弼の建議書案を添削したうえで、「武芸は実用専一と心掛けさせよ」「政体を改励せずには大名・小名を責められない」といった事項を加えるよう助言したようである。

12月16日、左近衛権少将《さごんえごんのしょうしょう》へ昇進を告げられた直弼は「阿部への建議が昇進につながったのだろうと、容敬も大いに喜んでくれた」と家臣に書き送っている。家格からして、いずれは手にする昇進とはいえ、苦節の長かった直弼には大変な励みになったに違いない。

『井伊家史料』にはもう一つ、翌嘉永3（50）年3月の、将軍世子（のちの家定）の婚礼などに関する「覚書」も載っている。これも容敬の助言を記した記録である。

10月1日に兄直亮が57歳で急死し、直弼は13代藩主に就いた。1年半後の嘉永5（52）年2月10日に容敬が死去し、会津藩主を継いだ容保が溜間の同部屋になる。

嘉永7（54）年1月16日にペリーが再来航して8日後、老中首座の阿部は、海防参与の水戸徳川斉昭《なりあき》と溜詰・溜詰格の大名を招集して幕議を開いた。斉昭が打ち払いの議決を迫ったが、直弼は「長崎のオランダ船の例にならって、交易を許しても不可あるまい」と論じ、ほかの溜詰たちも同様の意見を述べた。容保だけが平伏して「ただ平穏を願う」と言うのみだった。御三家、しかも血縁である斉昭への遠慮であろうか。ともあれ、直弼が、斉昭と溜詰の衝突に巻き込まれる最初の出来事であった。

年が明けて安政2（55）年3月、米艦3隻が下田に入港して測量許可を求める事件が起き、断固拒否を主張する斉昭に、老中松平乗全《のりやす》、松平忠優《ただます》（のち忠固《ただかた》）が強く反対した。怒った斉昭は阿部に幕閣の改造を執ように迫り、阿部はやむなく8月に二人を罷免した。

ところが10月9日、阿部は斉昭に一切知らせないまま、溜詰の堀田正睦《まさよし》に老中首座を譲り渡す。堀田は斉昭が蘭癖《らんぺき》（＝西洋かぶれ）と毛嫌いしていた佐倉藩（千葉県）藩主である。薩摩藩主島津斉彬《なりあきら》は福井藩主松平春嶽《しゅんがく》に「井伊ら溜詰がいろいろ申したからだろう」と推測する書簡を送っている。

実権はなお阿部が維持したが、ハリスが来日して通商条約の締結を要求した翌年の安政4（57）年6月17日に満37歳で急死。堀田らは条約交渉を加速させた。「勅許」が条約調印の焦点として浮

添え書き

■表、中奥、大奥

江戸城は本丸（本丸御殿）、二の丸、三の丸、西の丸などから成る。本丸は、役所である「表（表向《おもてむき》とも）」と、「奥」に分かれ、奥はさらに、将軍の政務と生活の場である「中奥」、将軍の子、御台所《みだいどころ》（正室）や側室などが住む「大奥」に分かれた。中奥が官邸、大奥が私邸に相当する。大奥は二の丸、三の丸にも広がり、城内最大の面積を占めた。中奥は男性だけが仕え、大奥に将軍以外の男性が足を踏み入れることは厳禁であった。

将軍の世嗣夫妻や大御所（隠居した将軍）夫妻は西の丸に暮らした。

上し、将軍後継問題も絡んで幕政はいよいよ混迷を深め、斉昭ら攘夷《じょうい》派と、会津藩を含む溜詰との確執が抜き差しならないものとなっていく。

将軍後継　深刻な対立
―「篤姫」実現も南紀派勝利―

口絵㉔参照

ペリーが上陸して8日後の嘉永6（1853）年6月17日、12代将軍家慶《いえよし》が熱中症に倒れ、5日後に死去した。享年61歳。家慶は、先代家斉《いえなり》の57人に次ぐ29人もの子をなしたが、無事に育った男子はたったの4人。兄3人が3歳を待たずに亡くなり、四男家定が征夷大将軍を継いだ。

家定は虚弱な上、身体に麻痺《まひ》があった。渋沢栄一の『徳川慶喜公伝』は、「眼口時々けいれんし、首またこれに従い、一見笑うべき奇態をなし、言語もまた稍訥《ややとつ》にして吃る如《ども》く」と書いている。父親の家慶もそれを案じ、一時、11歳にして一橋徳川家を継いだ慶喜《よしのぶ》（水戸・徳川斉昭《なりあき》の七男）を継嗣に定めようとし、老中首座・阿部正弘らの反対で断念した。

現在も家定を暗君と見る向きが多いが、のちに家定に謁見《えっけん》したハリスは「大統領の書簡、使節の口上に満足する。両国の交際は永久に続くであろう」と明快な声で言ったと伝えている。また、井伊直弼《なおすけ》は大老に就いたとき、幕府人事に関して意見を述べる家定に老中たちが舌を巻き、「恐伏」したと記している。

いずれにしても、家定の病弱は一大懸案であった。老中久世広周《くぜひろちか》が福井藩主松平春嶽《しゅんがく》に「（家定は）御子生《おこ》まれさせ給《たま》うべき本《もと》つ根のおわさねばいかにせん」と書き送った通り、世継ぎ誕生の望みはほとんどなく、将軍継承問題が徳川家始まって以来のおおごとになるのも必然であった。

家慶死去の翌7月、春嶽と薩摩藩主島津斉彬《なりあきら》は早くも次の将軍候補に慶喜を擁立する密談をしている。家定が10月23日に正式に将軍に就く前のことである。ハリスが来日した安政3(56)年、春嶽は諸大名に書状を送るなど慶喜擁立活動を強め、ブレーンの橋本左内に工作を展開させた。

春嶽の狙いは、外圧という未曽有の国難に対処するため、譜代専政を改め、外様《とざま》も含め諸藩一体となり、英明の呼び声高い慶喜による強力な将軍親政を進めることにあった。土佐藩(高知県)藩主山内豊信《とよしげ》(容堂)、宇和島藩(愛媛県)藩主伊達宗城《むねなり》が賛同し、春嶽、斉彬を加えた世に言う四賢侯が「一橋派」の中核を形成した。春嶽を除く3人は外様である。


だが、慶喜には、家慶、家定との血縁はいったん家康にまでさかのぼらなくてはならないという弱点があった。紀州藩主徳川慶福《よしとみ》の擁立へ、付家老《つけがろう》(=将軍が付けた家老)水野忠央《ただなか》が動いた。慶福の実父徳川斉順《なりゆき》は11代将軍家斉の七男であり、慶福は家定の従弟に当たる。この「南紀派」に付いたのは溜詰《たまりづめ》大名たちであった。会津松平家は藩祖保科正之《ほしなまさゆき》が家光、家綱を補佐して以来、将軍側近の部屋である溜間《たまりのま》を常席とした。ときの藩主容保《かたもり》も、目立った動きこそないが慶福を推している。

水野は、意外に大きな影響力を持つ大奥を味方に付けた。慶喜の実父斉昭は幕府財政緊縮へ大奥の整理縮小を主張していたうえ、女癖が悪く、大奥に蛇蝎《だかつ》のごとく嫌われていた。阿部は慶喜支持に傾いたものの肝心の将軍家定が慶喜を嫌い、生母本寿院も大奥と一緒になって反対したため、慶喜の線はほぼ消えた。

起死回生策をひねり出したのは斉彬だった。分家・今和泉島津家の娘おかつ(おいち)を将軍正室・御台所《みだいどころ》にして家定を翻意させせようというのである。

薩摩出身の御台所は前例があった。8代藩主島津重豪《しげひで》の娘篤姫《あつひめ》（のちの広大院）が3歳で婚約した一橋家の豊千代（のちの家斉）が、将軍家治《いえはる》の嫡男家基《いえもと》の急逝で次期将軍に定められた。御台所は宮家か五摂家《せっけ》から迎える慣例で、しかも島津家は外様であることが問題化したが、重豪は娘を700年にわたって姻戚関係にある五摂家筆頭・近衛家の養女に入れ、近衛寔子《ただこ》とすることで婚儀にこぎ着けた。これに倣い、斉彬も、おかつを近衛家の養女敬子《すみこ》にして、将軍家に嫁がせた。敬子の君号は、広大院にちなんで篤姫とした。のちの天璋院である。斉彬の意を受け、近衛家への工作を担ったのは西郷吉之助（隆盛）であった。

一方、慶喜の実父斉昭は姉二人の嫁ぎ先である関白鷹司《たかつかさ》家、左大臣二条家を動かし、慶喜を将軍後嗣とするよう勅旨を得ようとした。将軍は御三家・御三卿から出す決まりといっても、御三家の将軍輩出は絶えて久しく、水戸徳川家に至っては将軍を出さないしきたりであり、慶喜は一橋家の養子ではあるが実質的には自家出身の将軍が実現する初のチャンスであった。

斉昭とことごとく対立した積極開国派の堀田正睦《まさよし》が反撃に出た。阿部の存命中に老中首座の席を譲られた堀田は、家定と溜詰

添え書き

■化粧の毒

徳川家定の障がいには化粧品の中毒説がある。当時、上流階級の乳母が上半身に分厚く塗った白粉《おしろい》には鉛が含まれ、乳児が口や皮膚を通して鉛を吸収してしまった。大名や公家の子女に似た症状がよくあったという。

藤波という奥女中が「家定は毒殺された」と実家に書き送っているが、それも鉛中毒の症状の影響か。実際は持病の脚気が暑さで急激に悪化したことが死因で、幕府は奥医師の蘭方禁止令を急きょ解除して高名な蘭方医たちに治療させたが、間に合わなかった。脚気は結核と並ぶ国民病だった。

の支持を取り付け、南紀派の井伊直弼《なおすけ》を大老に就けることに成功する。直弼は安政5（58）年4月23日に大老に就任すると、家定を説得。家定は6月25日に諸大名を招集し「慶福を継嗣とする」と宣言し、将軍後継問題は一気に決着した。だが、これによって幕府内の対立は決定的となった。

春嶽、斉彬はともに西欧文明を貪欲に取り入れた人であり、もともと開国派であった斉彬はもちろん、春嶽もハリス来日のころには開国派に転じていた。阿部の登用した岩瀬忠震《ただなり》、川路聖謨《としあきら》ら積極的開国派の幕臣も一橋派に付いた。つまり、一橋派と南紀派、攘夷《じょうい》派と開国派の色分けはイコールではない。むしろ、容保を含む体制維持派と改革派の対立であった。だが、尊王攘夷派は南紀派を、天皇の意に反して屈辱的な開国を進める奸《かん》臣《しん》（邪悪な臣下）と見なした。橋本左内と親交のあった吉田松陰が南紀派の中心人物・水野の暗殺を企てたのもそのためである。

直弼が大老に就くまでの間、その尊王と開国をめぐって幕府と朝廷の関係が激変しつつあった。

直弼「一橋派」つぶし着手 ―容保は朝廷説得役を辞退―

口絵㉕参照

大老井伊直弼《なおすけ》は、根は反朝廷でも開国派でもなく、その逆であった。天保13（1842）年に国学者・長野主膳（主馬《しゅめ》）を知り、嘉永3（50）年に彦根藩主に就くと召し抱えて皇国学などを学んだ。嘉永7（54）年4月6日に内裏が炎上し、孝明《こうめい》天皇の愛蔵書が焼失したことを深く憂慮し、書籍をかき集めて献上している。

母利美和《もりよしかず》『井伊直弼』などによれば、2代藩主直孝が家康から京都守護の密命を賜ったという記述が『井伊家史料』に幾度も出てくる。井伊家はそれを誇りとし、相模湾警備を命じられたことに「家格相違だ」と不満を述べ、京都守護担当を願い出た。実現したのが内裏炎上の3日前であった。

直弼はまた、水戸藩「烈公」徳川斉昭《なりあき》に負けず劣らず異国人を野蛮な邪宗の徒と見る思いが強かった。同年に書いた「神前訴願文案」には、異国船渡来は天下の大患であるとしつつ、神慮神仏が無謀な兵端を開いて人寿が滅ぶことを好むはずがないと書いている。開国論というよりは非戦論である。


直弼が大老に就く前の安政3（56）年にハリスが来日し、通商条約の締結を迫ると、老中首座堀田正睦《まさよし》は積極開国派の岩瀬忠震《ただなり》と井上清直らを交渉役に選んだ。一方で堀田は、斉昭の猛反対を抑えるには勅許を得てから条約を締結するしかないと判断し、安政5（58）年2月、上洛した。前任の老中首座阿部正弘が斉昭の工作にはまって「天皇の意思に従う」と勅使にリップサービスを与えて以降、開国問題は朝廷の意向を無視できなくなっていた。歳入を幕府に頼る朝廷は、結局は幕府の判断に従うと、堀田が楽観していたともいわれる。

もくろみは完全に外れる。大の異人嫌いである孝明天皇はひたすら落涙し、御三家以下の諸大名の本心をいま一度聴取して報告するよう求めた。中山忠能《ただやす》、岩倉具視《ともみ》ら攘夷《じょうい》派の中・下級公家88人が抗議の座り込みをする事態（廷臣八十八卿列参事件）まで起きる。朝廷は、通商を含まない日米和親条約の線に戻した上で、諸大名と協議し直した結論を出せと命じる勅書を下した。堀田がうちひしがれて江戸に帰った3日後の4月23日、突如、直弼が大老に就く。既に述べた通り、将軍後継問題が背景にあった。

直弼は条約問題、将軍後継問題を幕府に任せるよう、関白を説得して朝廷を動かそうとした。特使として白羽の矢を立てたのが、会津藩主松平容保《かたもり》であった。同じ常溜《じょうだまり》の家柄として親しい関係にあった会津松平家は、尊王かつ敬幕という点でも共通していた。

だが、容保の官位（従四位下《じゅしい》）では武家伝奏を通さずに関白と直接面談するのは困難な上、容保は24歳と若く、関白の「内教（内々の説諭、の意か）も拒みかねない国風《くにぶり》（＝家風）」だと、主膳ら直弼側近たちから異論が出る。この件は会津藩家老にも秘密にされ、容保ひとりに告げられていたため詳細は不明だが、容保は内定を辞退し、直弼自身が上京するよう進言した。そのうちに上京案そのものが沙汰《さた》やみになり、会津は朝幕間の板挟みになる危機をすんでのところで免れた。

間もなく、ハリスが脅しに近い口調で条約の即刻調印を迫ってきて、6月19日に対応策を協議する幕議が開かれた。全員が即時調印を主張する中、直弼だけが「勅許を優先すべきだ」と主張し、岩瀬と井上に「引き延ばせ」と指示した。ところが、「やむを得ない場合はどうするか」と問う井上に、直弼が「臨機之《の》権道」をもって対処せよと答えたことを奇貨とし、岩瀬と井上はなんと、その日のうちに14カ条の日米修好通商条約に調印してしまう。

直弼は失望したものの、大国との調印後では反故《ほご》にしようもなく、やむなく承認。堀田らを罷免して責任を取らせた。だが、以降、直弼は「違勅調印」の張本人と見なされ、非難を一身に受ける。

23日に落手した朝廷の返答書が将軍後継に触れていないことを

添え書き

■登城のしきたり

参勤交代で江戸にいる大名や江戸定府の水戸藩主は、病気の場合を除き、定例日に登城する義務があり、将軍の拝謁《はいえつ》を待つ伺候《しこう》席のほかにも多くのしきたりがあった。家格や季節で決まっている服装を整え、数十人から数百人の行列を仕立てて大手門に向かう。全ての藩主がそこで駕籠《かご》を降り、単身、徒歩で進み、家臣は大手門広場前で主人の帰りをじっと待つ。

城内でも細かい段取りや作法があり、茶坊主（幕府接待係の侍）に頼らざるを得ないため、指導料としてかなりの額の心付けが常態化した。

確認して、直弼は25日に諸大名と幕吏に総登城を命じ、紀州藩主徳川慶福《よしとみ》を継嗣とする決定を発表することとした。

これを阻止しようと、23日に慶福の対抗馬である一橋慶喜《よしのぶ》（斉昭の七男）が登城し、直弼に初めて面談して「違勅調印だ」と責め、24日には福井藩主松平春嶽《しゅんがく》が井伊邸に押し掛けて同様にとがめた。さらに斉昭と水戸藩主徳川慶篤《よしあつ》（斉昭の長男）が、同日に水戸藩邸を訪れた尾張藩主徳川慶勝《よしかつ》（容保の実兄）とともに登城した。直弼は5時間も待たせた揚げ句、斉昭らの激しい詰問を「違勅ではない」「慶福後継は将軍の意思である」と突っぱね、将軍への謁見《えっけん》も言下に拒否した。同日は御三家の登城日ではなく、許されざる不時登城、押掛《おしかけ》登城であることを盾にしたのである。

幕府は予定通り翌25日に慶福の後継を正式発表し、7月4日には幕議を開いて斉昭らの処罰を決定した。斉昭は水戸藩駒込屋敷で謹慎、春嶽と慶勝は隠居、慶喜は登城停止。斉昭と春嶽には、書状の往復なども禁止する厳しい措置も加わった。明けて5日朝、処分が将軍家定の名で下された。脚気で重篤だった家定は6日に死去するのであるから、無論、実際は直弼の指図である。慶篤は登城停止、謹慎に処された。

慶喜が将軍になれば、斉昭が執政に就いて「南紀派」諸大名、特に幕閣を占めてきた溜詰《たまりづめ》を遠ざけるのは必定。幕政が根底から揺らぐと危惧した直弼は、尊王攘夷派というホンネを押し殺して「一橋派」をつぶしにかかったのである。

「桜田門外」後 水戸藩救って
―容保の政治力 高まる評価―

口絵㉖参照

勅書が、水戸藩に安政5(1858)年8月8日付で、幕府には10日付で下った。日米修好通商条約に怒った孝明《こうめい》天皇が「退位する」と言い出し、慌てた左大臣近衛忠熙《ただひろ》ら廷臣が、水戸の徳川斉昭《なりあき》に朝廷が力添えをすれば幕府は改心して退位を避けられると踏んで、策を巡らしたのである。

それには、条約調印への叱責《しっせき》、不時登城による水戸・尾張両藩の処分への不満、公武合体の実を挙げ攘夷《じょうい》へ幕政改革せよ、といったことが記されていた。最初、薩摩藩の西郷吉之助(隆盛)が水戸藩重臣に受け取りを打診して断られ、同藩京留守居役を通じてひそかに東海道を運ばれ、16日深夜、小石川の水戸藩邸に届けられた。いわゆる「戊午《ぼご》の密勅《みっちょく》」である。

勅書が諸藩に直接下るなど、前例がない。幕府の権威が根こそぎにされかねない危険物であった。大老井伊直弼《なおすけ》はすぐに行動を起こした。京都の探索に当たらせた長野主膳からの報告書は多分に脚色の混じったものだったが、直弼は密勅降下を水戸藩の策謀と信じた。そして、不時登城の罪で自ら厳重謹慎に処した水戸の斉昭に放免の勅命が下ることを恐れ、京都所司代酒井忠義《ただあき》(小浜藩主)に「水戸藩の手先を一網打尽にせよ」と命じた。安政の大獄の始まりである。

最初の逮捕者は、斉昭の依頼で京に上って御三家・御三卿の処分解除を公家に働きかけていた商人・近藤茂左衛門であった。二人目は、公家に入説を繰り返していた尊王攘夷派の大物・梅田雲浜《うんぴん》(小浜藩士)。関連の家宅捜索で、志士たちと公家のつながりが明らかになり、志士や公家の家臣も芋づる式に捕縛された。

京において公家までも対象とする弾圧の陣頭指揮に当たったのが老中間部詮勝《まなべあきかつ》であり、長州の吉田松陰は間部暗殺計画を企てた。江戸でも摘発が始まり、福井藩の前藩主松平春嶽《しゅんがく》の右腕・橋本左内もお縄になった。松陰、左内は死罪。水戸藩家老の安島帯刀《あじまたてわき》は西郷から打診された密勅受け取りを断った人であり、評定で二度も「無罪」とされながら、直弼が直接、切腹を命じた。獄門、遠島や、獄死・自殺も含めると処罰者は79人。蟄居《ちっきょ》などの処分も21人に及んだ。

仕上げが水戸藩の処罰であった。翌安政6（59）年8月27日、斉昭を国元（水戸）での永蟄居《えいちっきょ》、その七男である一橋慶喜《よしのぶ》には隠居が命じられた。この間、幕府は水戸藩に密勅返納を迫り、同藩が兵を挙げないよう会津など10藩に厳戒態勢を取らせた。

水戸藩内は沸騰した。返納を容認する保守派（門閥派）と改革派（尊王攘夷派）の対立に加え、改革派内でも返納やむなしとする会沢正志斎《せいしさい》ら鎮派（諸生党）、断固拒否を主張する激派（天狗党）に分裂した。激派は、農民数百人も加えて水戸街道の長岡宿に集結し、密勅の江戸搬送を阻止しようとし、それに失敗すると一部は正志斎の送った追討軍の手を逃れて潜伏。薩摩藩の有村次左衛門《じざえもん》を加えた18人が、翌安政7（60）年3月3日、江戸城へ登城する大老の列を襲撃する。直弼を駕籠から引きずり出し、有村が首を取った。春の雪が血に染まった。幕府の権威失墜を決定的にした「桜田門外の変」である。

これが、会津藩にも思わぬ前途をもたらす。

凶行に激怒した将軍家茂《いえもち》が諸大名を招集し、善後策を協議させた。老中久世広周《ひろちか》（千葉・関宿藩主）らが水戸藩討伐を提案したとき、26歳の若き会津藩主松平容保《かたもり》が毅然《きぜん》として発言した。「水戸藩士の凶暴はたとえようもないが、水戸藩は朝廷の御信頼が厚く、何よりも御三家筆頭ではないか。今回のことは一部の過激分子が脱藩して起こした挙。藩の取り締まり緩慢の罪は免れないが、藩自らが犯した事とは事情が異なる。今後に累を残さないことが急務ではないか」

老中たちが「将軍の意思は既に決している。申し分があるなら、ご自身で将軍に言上されよ」と言って譲らないため、容保はそれ以上言わず退席した。だが、ほどなく容保を召した将軍家茂が容保の意見を容れ、水戸藩は処罰を免れた。容保が左《さ》近衛権《ごん》中将に昇進したのは同年（3月18日に万延へ改元）12月12日。徳川家連枝に対する容保の配慮に、家茂が深く感じ入ったということであろう。

翌年の文久元（61）年3月、容保は家臣の外島義直、秋月悌次郎に水戸藩の現状を探らせた。水戸で面会した武田耕雲斎《こううんさい》らは、容保の心遣いを喜び、ひたすら救解を求めた。復命を聞いた容保は直ちに幕府へ報告する一方、水戸藩重臣と書簡を往復して恭順の実を表すようにさせ、一滴の血も流させずに勅書を返上させた。

以上の詳細は、会津藩国家老、そして斗南藩権《ごん》大参事を務めた山川浩（会津藩時代は山川大蔵《おおくら》）の『京都守護職始末』に書かれている。同書にはまた、次のような記述もある。

添え書き

■月照と西郷

僧月照《げっしょう》が住職を務めた清水寺の成就院は近衛家とゆかりが深い。薩摩藩島津家は同家と姻戚にあり、西郷吉之助（隆盛）らと交際して尊王攘夷に傾倒した月照は、将軍後継問題で一橋派を後押しした。安政の大獄に追われ西郷とともに薩摩に逃れたが、藩は保護を拒否し、二人は安政5（1858）年11月16日に錦江湾（鹿児島湾）に入水。西郷だけが蘇生し、奄美大島に潜居を命じられた。

直前の7月、郷士の自分を取り立てた11代藩主島津斉彬《なりあきら》が急死して殉死しようとした西郷を、思いとどまらせたのが月照だった。

「将軍は、わが公の調停の労を嘉賞され、これよりときどき登城して遠慮なく年寄どもと相談するようにと命があった。これが、わが公が将軍家の信任をこうむり、同時に幕府の諸有司に推重される始まりであって、じつに文久二年五月三日のことであった」

その後の会津の苦難を見れば、際限のない混乱を招いた水戸藩になど構わない方が、触らぬ神に祟《たた》りなしであった。御三家で、かつ自身と血縁の深い水戸徳川家の救済に損得抜きで尽くす辺りが、いかにも律儀な会津の国柄、容保の性分を思わせるが、火中の栗《くり》を拾ったと言うほかない。容保が幕政への参与を将軍から命じられ、藩祖保科正之《ほしなまさゆき》に似た立場に置かれたことは、数カ月後に京都守護職を引き受けざるを得なくなる極めて重大な下地となった。

「京都守護職」容保に要請

―和宮降嫁も尊攘の嵐やまず―

口絵㉗参照

安政6（1859）年7月に神奈川宿でロシア水兵ら3人が、10月には横浜でフランス領事の中国人下僕が、翌安政7（60）年1月にはイギリス公使館の置かれた江戸高輪の東禅寺門前で公使オールコックの通弁・小林伝吉が殺された。さらに9月にフランス公使館下僕のイタリア人が、12月には米公使館通訳のヒュースケンが命を奪われた。

大老井伊直弼《なおすけ》が水戸と薩摩の浪士らに殺害された3月3日の「桜田門外の変」後、幕政を任された老中安藤信正（福島・磐城平《いわきたいら》藩主）は、安政の大獄で直弼に罷免された久世広周《ひろちか》（千葉・関宿藩主）を老中に復帰させ、一橋慶喜《よしのぶ》、福井藩の松平春嶽《しゅんがく》、土佐藩の山内容堂らの謹慎を解いた。テロ頻発を抑えるには尊王攘夷《じょうい》派の支持する「一橋派」を取り込むしかなかったのである。

切り札が将軍家茂《いえもち》への和宮降嫁《かずのみやこうか》であった。発案者は加納繁三郎といった。京都町奉行与力であるが、京都所司代の小浜藩主酒井忠義《ただあき》にかわいがられた。直弼の工作員説もある。『岩倉公実記』によれば、大獄による失脚から内覧（天皇補佐役）に復帰した近衛忠熙《ただひろ》に、酒井が「和宮が降嫁なされば、幕府は公武合体の実を示すことになり、通商条約破棄に向かわせることも不可能ではないと言っている」と持ち掛けた。酒井は条約勅許に理解を示していた前関白九条尚忠《ひさただ》にも打診し、万延元（60）年4月12日、幕府の命で正式に降嫁を奏請する。

孝明《こうめい》天皇は当初、妹の和宮に有栖川宮熾仁《たるひと》親王という婚約者がいることなどを理由に拒否し、和宮も関東下向をひどく嫌がった。だが、岩倉具視《ともみ》が「和宮降嫁と引き替えに、幕府に破約（＝通商条約破棄）攘夷を約束させるべきだ」と天皇を説得した。岩倉は大獄が公家にも及んだことを危惧して公武合体に尽力し、酒井と親しくなっていた。

岩倉は狡猾《こうかつ》な人であった。老中堀田正睦《まさよし》が日米修好通商条約の勅許を得ようと上洛した際は、公家の座り込み（廷臣八十八卿列参事件）を主導しており、公武合体行動の裏に、公家に不遇を強いてきた幕府憎しという底意を隠していた。のちには倒幕を先導し、明治新政府の最高幹部に収まることになる。

天皇の要求に、幕府が「10年以内に鎖国体制に戻す」と奉答し、10月18日、皇女降嫁の勅許が下された。翌年の文久元（61）年10月20日、和宮は中山道を江戸に向かう。延長50キロともいわれる大行列であった。

だが、この縁組は幕府をいっそう追い詰めることになる。公武合体が実現すれば後はどうにかなるだろうという希望的観測にすがって、攘夷実行という口先だけの約束をしてしまい、朝廷の発言力をさらに高めてしまったのである。

いわゆる尊王攘夷の志士たちは、幕府が和宮を人質に取って朝廷をないがしろにしようとしていると憤激した。文久2（62）年2月11日の家茂との婚礼を間近に控えた1月15日、登城中の老中安藤が水戸脱藩浪士など6人に襲撃され、負傷した。「坂下門外の変」である。「桜田門外の変」に次ぐこの事件によって、幕府の権威は回復不能なまでに失墜した。

事件の背後には長州藩の桂小五郎がいた。師の吉田松陰が大獄で処刑され、しかも藩が前年、長井雅楽《うた》の「航海遠略策」を容れて公武合体を藩論としたことで松陰門下の尊攘派が過激さを加え、桂は水戸浪士らと安藤暗殺計画や横浜の外国人襲撃計画を立てたのだった。

6月7日、勅使・大原重徳《しげとみ》が江戸入りする。薩摩藩の島津久光が藩兵700人余を率いて随従した。大原は（1）将軍家茂の上洛（2）沿海5大藩（薩摩・長州・土佐・仙台・加賀）による五大老の設置（3）慶喜の将軍後見職、春嶽の大老職就任―という要求「三事策」を幕府に突き付けた。

朝廷が幕府要職人事に直接介入するのは初めて。（1）は長州、（2）は岩倉具視、（3）は薩摩が孝明天皇に献策したもの。外様《とざま》の

添え書き

■お由羅騒動
10代薩摩藩主島津斉興《なりおき》は世子たる長男斉彬ではなく、江戸の町娘だった側室お由羅《ゆら》の子久光に継がせようと、嘉永2（1850）年、お由羅暗殺を企てた容疑で斉彬派重臣ら3人を切腹、約50人を遠島など厳罰に処した。「お由羅騒動」と呼ばれる。蘭癖で散財した8代重豪《しげひで》（斉興の祖父）が見込んだ斉彬を、財政再建に尽力した家老調所広郷《ずしょひろさと》らが警戒したことも原因とされる。

斉彬は、琉球密貿易を老中阿部正弘に密告するという、藩改易もあり得る非常手段に訴えて斉興を隠居に追い込み、42歳で藩主に就いた。

薩・長がついに幕政を左右し始めた。薩・長が天皇の権威を利用して国政を動かすという、明治以降の日本の政体の原型が姿をのぞかせた瞬間でもあった。

11代薩摩藩主の島津斉彬《なりあきら》は、列強の脅威に抗するには朝廷・幕府・雄藩による新体制が必要だと考えて英明の呼び声高い慶喜を次期将軍に立てようとし、養女篤姫《あつひめ》を将軍家定に嫁がせたにもかかわらず「南紀派」にそれを阻まれると、藩兵5千人を率いて上洛して朝廷に圧力を掛ける計画を立てた。しかし、斉彬は安政5(58)年7月16日、50歳にして急病死した。腹違いの弟久光一派による毒殺説もある。新藩主茂久《もちひさ》の実父として藩の実権を握った久光は、上洛に慎重だったが、和宮降嫁を好機としてようやく動いたのである。

江戸入りした久光は閣老の登・退城の沿道に帯刀した藩士を配置する威嚇行動までして、渋る慶喜に将軍後見就任、春嶽に政事総裁就任を承諾させた。政事総裁の新設は、親藩が大老に就いた前例がないためであり、幕政の譜代専政は完全に崩れ去った。

慶喜の実父・水戸藩「烈公」徳川斉昭《なりあき》は「桜田門外の変」から半年後の万延元(60)年8月15日、水戸での厳重謹慎が解けぬまま心臓発作で急逝した。享年61歳。皮肉にも慶喜は以後、斉昭が種をまいた尊攘の嵐と対峙《たいじ》せざるを得ず、結局は最後の将軍になる。

慶喜と春嶽は、強い兵力を備えた京都守護職を設けることとした。政局の焦点となった京都に不穏な空気が充満し、京都所司代では用が足りなくなっていた。目を付けたのが会津の若き藩主松平容保《かたもり》であった。

頼母制止も「守護職」受諾 ―「土津公なら…」春嶽が殺し文句―

口絵㉘参照

京都守護職新設の大きな理由は、薩摩藩島津久光の率兵上洛にあった。徳川幕府の土台は、天皇から軍事権を委任された征夷大将軍であることにあり、一藩の兵千人があたかも天皇の直轄軍になったような状況は絶対に看過できない。久光の圧力でしぶしぶ将軍後見、政事総裁に就いた一橋慶喜《よしのぶ》、松平春嶽《しゅんがく》は、かつて慶喜を将軍後継に就けようとした薩摩藩の傲慢《ごうまん》さを今や嫌悪し、薩摩藩兵の京都排除に動いた。

京都守護をお家の責務と自負する彦根藩井伊家は桜田門外の変で失墜した。福井藩も有力だったが、春嶽が既に政事総裁の任にある。あとは、井伊家と同じく将軍側近と見なされる常溜《じょうだまり》で、かつ親藩の会津藩しか任せられる藩は見当たらなかった。会津藩は蝦夷地、江戸湾警備で軍事力にも定評があった。

会津・斗南藩重臣だった山川浩の『京都守護職始末』、同じく北原雅長《まさなが》の『七年史』などに従って、以後の経緯を見てみる。

幕府は文久2（1862）年7月28日、松平容保《かたもり》に至急登城を命じた。病弱で同日も伏せっていた容保の名代として参じた家老横山主税《ちから》に、容保の京都守護職就任の内命が伝えられた。報告を受けた容保は、京都守護職とはどういう役目かと首をかしげ、迷った末、「浅学を忘れて大任に当たって過失があれば一身一家の過ちでは納まらず、累を将軍家、ひいては国家に及ぼし、万死をもっても償いがたい」という辞退の言を老中へ伝えさせた。

会津藩は窮乏していた。名家老田中玄宰《はるなか》による寛政期の改革で藩内経済の立て直しと軍備充実に成功したものの、19世紀に入ると蝦夷地と江戸湾の警備に膨大な支出を強いられたためである。藩財政悪化に伴って藩士も困窮し、寛永期には藩に対する家臣の借金1万3千両を棒引きにする棄捐《きえん》令を出したほど。ところが天保、寛永と大凶作が続き、安政大地震による経済混乱まで追い打ちを掛け、大商人からの借金でかろうじて藩財政を維持していた。安政6（59）年9月には再度の蝦夷地（道東）警備が命じられ、いっそう火の車となった。負担増大必至の京都行きに、容保が二の足を踏むのも当然であった。

春嶽は容保に「公武合体の成否はご決断にかかっている。台徳院様《たいとく》、土津公《はにつ》がご存命ならば必ず受けるはずだ」などと、説得の書状を再三送ってきた。

土津公（＝藩祖保科正之《ほしなまさゆき》）とその父台徳院（2代将軍秀忠）を持ち出したのは、会津「家訓《かきん》」に「大君の儀、一心大切に忠勤を存すべく」とあるのを知ってのことか。

当時、「大君」は、一般には徳川将軍を指した。イギリス人通訳アーネスト・サトウの記録にもあるように、幕府も外交文書に将軍を指す「大君」を用いている。一方、既に紹介した通り、会津松平家では現在に至るまで、会津家訓の「大君」は「天皇」を指すと言い伝えられている。

会津松平家は藩祖正之が秀忠の子であることが親藩大名たる根拠であったし、正之以来、神道に篤《あつ》い尊王家でもあった。つまり、「大君」が将軍でも天皇でも、「正之公なら」と言われた時点で、断ればどのみち会津松平家の名折れになる。「家」制度で成り立つ幕藩体制下、どんな家かは絶対的な重みを持っていた。春嶽のひと言は究極の殺し文句になった。仮に、春嶽が会津家訓の条文までは知らなかったとしても、容保の方はそう受け取らざるを得なかったであろう。

容保は〈行くも憂《う》し行かぬもつらし如何《いか》にせむ　君と親とをおもふこころを〉という、苦衷を詠んだ一首を実父の高須藩主松平義建《よしたつ》に送り、〈親の名はよし立てずとも君のため　いさをあらわせ九重《ここのえ》のうち〉という返歌をもらっていた。九重は皇居のこと。

春嶽はなんと駕籠《かご》で会津藩邸を訪ねてきた。幕府の最高幹部が自ら一藩邸に足を運ぶなど前代未聞。三顧の礼である。病をおして応接した容保は、断り切れなくなった。さすが四賢侯のひとり。春嶽はその老獪《ろうかい》さで容保の退路をふさいだ。彼は、会津藩を翻弄し、悲惨な道へ進ませた一人である。

受諾やむなしという思いを強めた容保が会津に使者を遣わし、田中土佐玄清《はるきよ》、西郷頼母《たのも》近悳《ちかより》の両家老を呼び寄せた。飛んできた両人は重臣を集めた席で、必死に反対した。頼母は、幕府の形勢が悪いことを述べ「この至難の局に当たるのは薪を負って火を救おうとするようなもの」と必死の形相で反対した。

だが、「藩祖以来、隆恩を荷《お》うて今日に至る。国家の為《た》めに報効を謀るべきは元より我任《わが》なり」という容保の一言で会議は決した。『七年史』は、頼母が涙して「賛した（同意した）」と書くが、涙の真意は言うまでもない。

元家臣・井関家（八戸市）に残る「井関家系譜」は、容保が「中川宮始《はじ》め予を促すこと切なり」と述べたという注目すべき証言を記す。一橋派の中川宮（のちの久邇宮《くにのみや》朝彦親王）は安政の大獄で

添え書き

■サトウとヘボン

生麦事件は『遠い崖―アーネスト・サトウ日記抄』などに詳しい。サトウはドイツ人の父、イギリス人の母の間にロンドンで生まれ、駐日英公使オールコックに付いて通訳見習いとして来日した。直後に事件が勃発。それを原因とする薩英戦争などを通じて薩長人脈ができ、通訳官として江戸城無血開城などに深く関わった。

事件の負傷者2人を治療したアメリカ人の医療伝道師ジェームス・ヘボン（ヘップバーン）は、初の和英辞典『和英語林集成』を編んだ。ヘボン式ローマ字の考案者としても知られる。

永蟄居《えいちっきょ》に処され、井伊直弼《なおすけ》暗殺によって復権してからは朝廷側の公武合体派の領袖《りょうしゅう》になった。そして、一会桑政権の強力な後ろ盾になる人である。

決定打は「生麦事件」か。8月21日、江戸を去った島津久光一行が神奈川宿手前の生麦村に差し掛かったとき、イギリス人4人が乗馬のまま久光の駕籠に近づき、一人が斬り殺された。幕府内では、久光が幕府を追い詰めようとわざと斬らせたとの見方が強く、久光がそのまま京に向かったため薩摩兵居座りへの懸念がさらに深まった。

10日とたたない閏《うるう》8月1日、家茂《いえもち》が容保を居室に呼び、京都守護職に任じ、正四位下《しょうしい》（公卿《くぎょう》以外の最高位）への昇進を告げた。直々の命ではもはや返上しようもない。会津藩は滅びの道に就いた。

長州藩　即今攘夷へ一転
—守護職の容保、混迷の京都へ—

口絵㉙参照

京都守護職には、会津藩主松平容保《かたもり》だけでなく、薩摩藩の島津久光も就任しかけた。幕府の政事総裁・松平春《しゅん》嶽《がく》が半ば泣き落として容保に就任を受諾させた後、朝廷側が久光も同職に就かせようとしたのである。

容保が就任して18日後の文久2（1862）年閏《うるう》8月19日、朝廷から幕府に「容保が従来なかった役職で上京するのはなぜか」という下問が届く。勅許のない通商条約調印で幕府に不満を募らせた朝廷は、薩・長など外様《とざま》への信用を高め、京都守護職新設を警戒した。11月12日には「京都守護職に容保が就くことには満足であるが、1藩では懸念がある。公武合体に功績のあった久光も就かせるべきだ。久光は藩主ではないから京都守護にも専念できよう」という朝廷の沙汰《さた》書が幕府に下された。

会津藩重臣たちは「無位無官の久光と同職になるぐらいなら辞職すべし」と憤激した。北原雅長《まさなが》『七年史』は「久光でも無官でも、協力して公武一和を図るのみ」と容保が論したように記すが、『原口清著作集1　幕末中央政局の動向』によれば、22日の幕議で容保は久光との並立に激しく抵抗し、会議が紛糾して結論に至らなかった。だが、もはや幕府が朝廷に逆らう状況にはなく、12月17日、久光の京都守護職就任を承認してしまう。

生麦事件を起こして9月23日に鹿児島に帰っていた久光は、関白近衛忠熙《ただひろ》を通じて天皇から再上洛を促され、容保から4カ月遅れの翌文久3（63）年3月に入京した。だが、公武合体に反対して過激さを増す尊王攘夷《じょうい》派に危険を察した久光は、翌月、京都守護職の辞退を申し出た。結局、会津藩だけが同職に就き、外様雄藩が京都を守るという事態はからくも回避された。

容保は前年の守護職受諾と同時に家老田中土佐らを京へ急派して情勢を探らせ、報告書を基に幕府に建言書を提出した。その中で容保は、長崎・箱館・横浜は開港のままとする代わりに現在の大阪湾岸開港・大坂開市、御殿山（江戸・品川）へのイギリス公使館設置、江戸市中の外国人居住・歩行は拒絶するよう主張した。3港の開港維持を是認したのは、貿易してこそ大艦、巨砲も建造でき、海軍の備え、武備充実ができる、という理由であった。なお、大阪湾という正式名称は昭和中期に定められたもので、それまでは和泉灘などと呼ばれた。そのうち、今の神戸近海は摂海と言った。

さて、それ以上に重要な点は、容保が「天皇の意思は鎖国攘夷で確定しているけれども、将軍が上洛する来春（文久3年）までに諸大名の意見を聴き取り、決定すべし」と建言したことであった。9月の幕議でも、春嶽はいったん条約を白紙に戻す破約論を主張したが、容保は強硬に反対している。

孝明《こうめい》天皇は大の異人嫌いではあったが、実は、対外戦争も辞さない狂信的な攘夷論者ではなく、高橋秀直『幕末維新の政治と天皇』などが指摘する通り、文久元年（61）年の時点では既に、開国やむなし、と判断していた。

だが、勅命は天皇一人が決めるものではなく、必ず朝議や重臣との協議を経る。しかも、一度下した勅命を覆せば混乱を来たし、天皇の権威失墜を招きかねない。まさに、綸言汗《りんげんあせ》の如《ごと》し、である。だからこそ、通商条約の無勅許調印にも、即時破棄ではなく、諸藩の意見をまとめて再奏上するよう下命した。幕府に再決定させることで「やむなく勅命を変える」という形を作ろうとしたのである。

容保の建言は、そうした孝明天皇の内心にぴったり適合するものであった。そのために容保は京都赴任後、孝明天皇の絶大な信頼を得て、公武合体に尽くすことになる。

ところが、容保が京都守護職になる前の7月、長州藩が、「航海遠略策」から「即今攘夷（奉勅攘夷、破約攘夷）」へ藩論を一転させた。

中央政局への進出を関ケ原敗戦以来の悲願とする長州藩が、も

添え書き

■照國神社

薩摩藩主の島津斉彬《なりあきら》が安政5（1858）年に急死すると、名君と慕った人々が神社設立運動を起こし、文久3（63）年5月11日、勅命によって照國大明神の神号を授けられ、鶴丸城（鹿児島城）西域に照國神社の創建が実現した。

水戸藩は徳川斉昭《なりあき》の尊王思想に基づく廃仏毀釈《きしゃく》により「水戸に寺なし」の様相を呈したが、薩摩藩も明治元（68）年の神仏分離令の際、神仏分離にとどまらず、多くの名刹《めいさつ》を含む廃仏が断行され、一つの寺院、一人の僧侶も見られなくなったという。廃仏によって没収した寺領地からの収入を軍備に充てる目的もあったようだ。

う一つの外様雄藩・薩摩に後れを取るまいと、文久元年3月に藩論としたのが長井雅楽《うた》の「航海遠略策」であった。その内容は「破約攘夷は世界の大勢に反し、無益でもある。貿易によって国力を高めたのちに世界に雄飛する。そのために公武一和を図る」というもの。長井は京都、江戸で朝廷、幕閣らを説得して回り、両者から一定の支持を得た。

長井の論は、容保の建言もそうであるように、長州の吉田松陰が唱えた開国攘夷論と根底ではそれほど違うものではない。だが、久坂玄瑞《げんずい》、桂小五郎ら松陰門下たちは、松陰の刑死まで利用して他藩の志士たちの心情を揺さぶって過激な尊王攘夷論を説く一方、長井を批判して長州藩京都藩邸内を「航海遠略策」破棄でまとめようとした。

そこへ文久2年5月に薩摩藩の久光が率兵上洛し、6月には江戸入りして幕府人事を刷新させるなど大きな政治得点を稼いだ。先に朝幕間の周旋活動を展開していた長州藩は面目を失う形となったため、藩主毛利敬親《たかちか》と世子元徳《もとのり》親子は京に上り、7月の御前会議で、敗戦覚悟で一度戦端を開く「即今攘夷」へ藩論を一転させた。攘夷実行が孝明天皇の本意であると信じたのか。あるいは、開国派の薩摩藩に対抗するためであったのか。いずれにせよ、容保は「薩・長の中央政界進出」とともに京都守護職に就いた。

その薩・長の主導権争いに、攘夷をめぐる朝幕間の亀裂、そして朝幕の力関係の逆転が絡んで、政局は複雑さを増すばかり。尊王攘夷を叫ぶ浪士たちによる血なまぐさいテロも頻発し始めていた。家老西郷頼母《たのも》が懸念したよりも数段困難な状況に陥った京都へ、容保は赴任する。

守護職に「公用方」新設 —討議で方針決定、対外交渉役も—

口絵㉚参照

よもや維新期の主役級を演じるとは、松平容保《かたもり》は思ってもみなかったであろうに、『会津藩庁記録』が記す通り、容保が京都守護職に就いて以降、会津藩はいや応なく「天下治乱の中枢」となり、「大小の政変、一も之《これ》に関せざるなく」なる。

文久2（1862）年閏《うるう》8月に守護職就任を受諾するに当たり、容保は、家老横山主税《ちから》を通じて政事総裁松平春嶽《しゅんがく》にいくつか条件を出しており、その一つが、5月の段階で幕府が決定していた将軍家茂《いえもち》上洛の実行であった。要求は通り、家茂が翌年春に入京し、家茂自らが京都の守護にも当たるという確約を得た。

これに伴って容保には、家茂上洛に備えて人心融和と治安改善に務める役目だけが命じられた。京都守護職の責務は職名そのままの警察・軍事に限られ、しかも臨時的な、あるいは長期であっても家茂の補佐的な役割になるはずであった。

しかし、容保が入京すると、朝廷は待ちかねたように、京都守護の具体策を提示するよう求めてきた。兵庫の開港、大坂の開市について朝廷と直接交渉するために列強の軍艦が大阪湾に来航するという噂が立っていたのである。

容保が、守護職就任直後から朝廷側の信頼を得ていことも大きかった。就任を受諾してから幕府へ呈した「大阪湾岸の開港拒否」などを内容とする建言を、公家たちは孝明《こうめい》天皇の意思にかなうものとして歓迎したのであるが、これには続きがある。

建言の好評を足掛かりに、容保に先立って上洛した江戸屋敷留守居役の野村左兵衛、柴太一郎らは盛んに公卿《ぎょう》《く》たちと接触した。その中で、攘夷《じょうい》派の中心人物・三条実美《さねとみ》が、勅使の待遇改善に向けた周旋を依頼してきた。報告を受けた容保は、上洛を延期し、幕閣たちに多数の書簡を送るなど熱心に動いた。老中板倉勝静《かつきよ》は、朝幕間の折衝は武家伝奏を通す決まりであり、越権行為だと容保をとがめた。これが会津藩と幕閣との間に溝が生じる最初の兆しとなるのだが、政事総裁の春嶽が「尊王に遠慮は不要である」と容保を強く支持したことで周旋は成功した。

同月末、実美、姉小路公知《あねがこうじきんとも》が同年二度目の勅使として東下したときは、将軍家茂自らが江戸城の玄関に出迎えるなど、従来にない厚遇となった。それが、容保に対する朝廷の信頼、期待をさらに大きく膨らませた。

朝廷が一時、薩摩藩の島津久光も守護職に就けようとした通り、薩・長の主導権争いも絡んで京都の政情は厳しい緊張状態にあった。公家さえ狙うテロの嵐も全て尊王攘夷をめぐる政争が背景にあり、治安回復を図るには政治と無縁ではいられない。予定よりひと月遅れの12月24日に入京した容保は、京都守護職という立場がいかに困難なものであるかを痛感したに違いない。

容保は有能ではあったが、徳富蘇峰《そほう》が『維新史に於《お》ける会津』で「余りに生真面目で政治家ではなかった」と指摘しているように、権謀術数を操るタイプでも、豪腕で家臣を指揮するタイプでもなかった。しかも病弱の身では、とても一人で重責を担えない。それを補うため、守護職就任から2週間後の文久3（63）年1月7日に新設したのが「公用方」である。「公用局」とも言った。

公用方に登用された一人、広沢安任《やすとう》の『鞅掌録《おうしょう》』によれば、公用方は容保直属の諮問機関であると同時に、容の接待、外部との交渉も役目とした。

当初は用人、奥番、刀番などとの兼務であったが、ほどなく昼夜兼行の勤めに精根尽き果てる状況になった。役目の重要性は日を追って高まるばかり。にもかかわらず、「烏合之勢《うごうのせい》」でまとまりがなかった。これを改めたのは野村左兵衛である。吉野隼平「京都守護職と会津藩（二）」（『会津史談』90号所収）によれば、野村は公用方を独立部署とし、上級武士から成る幹部「公用人」、その下の「公用方勤」「公用方御雇勤」、さらには公用方専属の「公用方（公用人）物書」以下の書記官を置くという、明確な組織化を図った。

野村はまた、他藩との交渉や浪士たちの周旋に尽力してきた「諸生」を引き続き登用するよう建言した。「諸生」は「書生」と同義であるため、若輩者と混同されるきらいがあるが、実態は大きく異なる。日新館で優秀な成績を修めて講釈所（大学に相当）に進んだ者の中から、さらに選ばれて幕府の昌平黌《しょうへいこう》に学び、諸国遊歴の経験を持つ者を「諸生」と称した。当初「公用方御雇勤」に配属された秋月悌次郎や広沢は昌平黌の舎長（学生筆頭）まで務め、諸国の人物と交流して幅広い人脈を有していた。いずれも上士格であって、軽輩ではない。

添え書き

■金戒光明寺
京都市左京区の金戒光明寺《こんかいこうみょうじ》は、比叡山を下りた法然上人が開いたとされる浄土宗大本山。会津藩が京都守護職の本陣を置いたのは、御所まで約2キロという立地条件のほか、城備えになっていることも理由だった。徳川家康が、京都で事が起きたとき兵を置けるよう小高い丘で自然の要塞《ようさい》のような地形の黒谷町にあるこの寺を、知恩院（東山区）とともにひそかに城備えにしたという。約4万坪の寺域に大小52の宿坊があり、会津藩兵1千人が駐屯できた。

境内の塔頭《たっちゅう》（小院）である西雲院《さいうん》に会津藩殉難者墓地がある。

一方、『鞅掌録』によれば、容保は懸案事項を公用方に徹底的に討論させる方針を採った。ときには一昼夜を費やしても決せず、ケンカのようになっても止められることがないほど、自由闊達《かったつ》な発言が認められていたという。また、容保が公用方の意見を覆すことはまずなく、逆に容保の意見に公用方が反ばくし、容保が受け入れることさえあった。公用方こそ、困難な京都守護職・会津藩の運営方針を決め、外部との交渉を担い、維新期の政局を動かす実質的な中枢になっていくのである。

テロ頻発の中、会津藩入京
―倒幕示唆する「足利木像事件」も―

口絵㉛参照

「文久暗殺年」。文久2（1862）年はそんな呼び方がふさわしい。同年の12月24日、会津藩主松平容保《かたもり》が京都守護職として入京すると、慌ただしい師走にもかかわらず、沿道は見物人で隙間なく埋まった。1千人の大行列は壮観な上、容保は評判通りの美形であったが、歓迎の拍手が巻き起こった一番の理由は、京の人々が、背筋も凍るほどひどい治安悪化におびえていたからである。

8年前から毎年のように起きた外国人殺傷も、「桜田門外の変」、「坂下門外の変」も都びとにはまだ、遠い関東で起きた対岸の火事であった。それを現実の恐怖へと一変させたのが、会津藩入京に先立つこと8カ月前の吉田東洋暗殺事件である。土佐藩の山内容堂は安政の大獄により藩主の座を前藩主の弟豊範《とよのり》に譲ったものの、実権を掌握し続けた。容堂の支持下、開国・富国強兵路線を推し進める参政・吉田東洋が4月8日深夜に斬殺され、「斬奸状《ざんかん》」付きの首がさらされた。武市《たけち》半平太を首領とする土佐勤王党3人の仕業であった。そして、武市ら尊攘派が藩論を握った。

この事件によって、テロが政治を動かす有効手段だと感じ取った諸藩の尊攘派が、政局の焦点となった京都に続々と集結し始めた。その中には、薩摩藩の先鋭的な勤王派「精忠組（誠忠組とも）」の藩士・脱藩浪士たちもいた。

あくまでも公武合体による幕政改革を目指す同藩の国父・島津久光に対し、前藩主斉彬《なりあきら》を慕う精忠組は不満を抱き、公武合体派の関白九条尚忠《ひさただ》、京都所司代酒井忠義《ただあき》を襲撃し、倒幕の勅命を得ようという計画を立てた。神官でもある久留米藩（福岡県）藩士の真木和泉《いずみ》らも加わっていた。

久光は同月23日、彼らの潜伏する京都・伏見の船宿・寺田屋に奈良原繁ら藩士8人を派遣し、投降を説諭させた。だが、応じる気配はみじんもなく、有馬新七ら6人が上意討ちにされ、負傷者2人も後で切腹になった。世に言う「寺田屋騒動」である。

事件後、尊攘派はかえって先鋭化した。土佐勤皇党の武市は8月、藩主豊範に従って上洛し、破約攘夷《じょうい》へ藩論を転換させた長州や、薩摩の精忠組など諸藩の尊攘派志士と交際する一方、手下の岡田以蔵《いぞう》らを使って安政の大獄に加担した幕吏や公武合体派を殺しまくった。

攘夷派の公家三条実美《さねとみ》はこれに歩調を合わせ、6月、幕府寄りと見られていた天皇側近4人（久我建通《たけみち》、岩倉具視《ともみ》、千種《ちくさ》有文、富小路敬直《とみのこうじひろなお》）、女官2人（今城《いまき》重子、堀河紀子《もとこ》）を「四奸二嬪《しかんにひん》」と呼んで糾弾した。一方、7月20日には和宮降嫁《かずのみやこうか》実現に動いた島田左近（九条家の家臣）が薩摩藩の田中新兵衛ら3人に襲撃されて鴨川の川原に首がさらされた。震え上がった岩倉、千種、富小路は辞職した。

尊攘派は暗殺を「天誅《てんちゅう》」と称した。天誅は天に代わって罰を下すことで、この場合の「天」は天皇を指した。天皇の意思に反する者は罰せられて当然だという論理は、戊辰戦争において薩長を中心とする西軍が錦の御旗《みはた》を掲げ、会津藩など幕府側を「朝敵」として「討伐」することにつながる。さらには、明治期から昭和戦前に天皇への不敬・不忠を理屈とする政治テロが横行した歴史や、「非国民」という烙印《らくいん》を振りかざして全国民に天皇の戦争への挺身《ていしん》を強要した時代の兆しも、遠くこの「文久暗殺年」に見ることができる。

さて、京の治安維持は本来、京都所司代の責務だったが、所司代の酒井忠義、京都守衛の彦根藩士らは浪士鎮圧ができず、京中では「腰抜武士《こしぬけ》」とあざ笑う者が多かったと、山川浩『京都守護職始末』は書いている。けれども、腰抜けというよりは、従来の機構では過激な政治テロには対処が困難だったのである。特に酒井は公武合体に尽くしたため、尊攘派から敵視されていた。

新設の京都守護職に就いた容保は当初、「国事について大小を問わず、遠慮なく有司に進言すべし。はばかるところがあるなら封書で呈供せよ。場合によっては守護職へ直接陳述も許す」という「言路洞開」路線を取った。尊攘激派の懐柔策である。それに沿って、公用方は「浮浪脱藩者であっても厚く交わる」よう指示された。

容保はそれを、所司代に就いた牧野忠恭《ただゆき》を通じて通達しようと

添え書き

■大庭恭平

「足利三代木像梟首事件」には会津藩士・大庭恭平（別名・大庭機）が加わっていた。

山川浩『京都守護職始末記』は、大庭が密偵だったと記す。異説もあるが、同書によると、松平容保は京都守護職就任と同時に公用方配下の大庭に、浮浪の徒（尊攘派の浪士）と交遊し、動静を探るよう命じた。下級藩士の大庭は感激し、命を懸けて任務に当たり、国学者平田篤胤《あつたね》の門人を自称する者たちと交わり、崇信されるまでになった。彼らが起こした木像梟首事件にも先頭に立って加わり、ひそかに帰って詳細を報告したとされる。

したが、牧野から「守護職から命じられる筋合いはない」と拒否された。守護職の地位、職権は明確ではなかったのである。容保は仕方なく京都町奉行永井尚志《なおゆき》（三島由紀夫の高祖父）を通じて通達した。

容保が強権的な取り締まりを行わなかったのは、翌文久3（63）年春には将軍家茂《いえもち》が上洛し、京都の守護にも当たることが決まっていたためと思われる。会津藩に課せられた責務は家茂上洛の環境整備であると心得ていた。

だが尊攘激派は、大坂で斬殺した儒者・池内大学の耳を正親町三条実愛《おおぎまちさんじょうさねなる》と中山忠能《ただやす》の邸内に投げ込んだり、千種家の小役人・賀川肇の両手を脅迫状とともに岩倉邸に持ち込んだりと、陰惨さをエスカレートさせた。

殺人以上に、容保に衝撃を与えたのは「足利三代木像梟首《きょうしゅ》事件」であった。

2月22日、等持院（京都市北区）に安置されている室町幕府3代（足利尊氏《たかうじ》、義詮《よしあきら》、義満）の木像と位牌が盗まれ、三条大橋の下にさらし首にされた。「鎌倉以来の悪弊を掃除し、朝廷を補佐し奉り、古昔にかえし、積悪を償うところなくんば、満天下の有志追々大挙して、罪科を糺《ただ》すべきものなり」という板札も掲げられた。足利3代に擬して徳川将軍を逆賊とし、倒幕運動をあおっていることは明白であった。

容保は「天朝を蔑《さげす》み、幕府に不敬」（公用方小野権之丞の日記）の暴挙であると憤激し、将軍後見・一橋慶喜《よしのぶ》の慎重論を退けて、関係した尊攘浪士全員の捕縛を町奉行に命じた。

京に取り残された会津藩

—将軍、「攘夷期限」誓わされ東帰—

口絵㉜・㉝参照

文久3（1863）年2月22日の「足利三代木像梟首《きょうしゅ》事件」に松平容保《かたもり》が激怒したのは、将軍家茂《いえもち》の入京が10

日後に迫っていたからでもあった。家茂は13日に江戸城を出立し西進していた。容保は、自らの任務を将軍上洛の環境整備と心得ており、将軍に対する尊攘激派のあからさまな威嚇は到底放置できなかったのである。

幕府は家茂上洛を渋り続けた。3代将軍家光の上洛とは違い、徳川家が朝臣にすぎないことを満天下にさらす儀式になるのは明白だったからであるが、3日4日に入京すると懸念以上に深刻な方向へ進む。7日後、孝《こう》明《めい》天皇が攘《じょう》夷《い》祈願のため賀茂神社（上賀茂・下鴨両社）へ行幸し、家茂は鳳輦《ほうれん》（天皇の輿《こし》）に馬で供奉《ぐぶ》（お供）させられ、天皇が参拝する間、雨に濡れて待たされるという屈辱を味わうのである。

天皇が公式に御所の外へ出るのは、後水尾《ごみずのお》天皇が寛永3（1626）年に二条城へ行幸して以来、実に237年ぶり。異例すぎるほど異例の行幸は、長州の画策による。2月20日に長州藩世子毛利定広が関白鷹司輔熙《たかつかさすけひろ》に建言し、実現したのである。輔熙は「長州関白」とあだ名されるほど長州べったりであった。

世子定広を動かしたのは吉田松陰の妹婿久坂玄瑞《げんずい》である。「航海遠略策」の長井雅楽《うた》を追い落とし、今度は、かつて松陰の描いた、天皇を比叡山に拉致するという案にそっくりな策を用いた。定広を通じて奏呈した建言書には、攘夷の御親征のため行幸・祈願を―とあった。「親征」は天皇が軍を統帥することを指す。徳川家から征夷大将軍の権限を奪う意図が隠されていた。

孝明天皇は4月11日、石清水八幡宮《いわしみず》（京都府八幡市）にも攘夷を祈願した。家茂もさすがに今度は風邪を理由に随行を断り、代理の一橋慶喜《よしのぶ》も腹痛のため麓の寺で待機した。容保は、前年7月に死去した実父・高須藩主松平義建《よしたつ》の喪中で、行幸供奉は2度とも辞退している。

孝明天皇は妹婿の家茂を気に入り、4月20日に「大政委任」の再確認を与えた。だが朝廷は、引き換えに攘夷実行（条約破棄、鎖港、外国人追放）期限の明示を執ように迫った。朝廷の実権は孝明天皇自身にはなく、関白鷹司、三条実美《さねとみ》ら尊攘派に握られていた。

家茂も、先行上洛した将軍後見の一橋慶喜も、一刻も早く京を去ろうとした。京に居てはますます主導権が朝廷に移るばかり。その上、2月にイギリスが生麦事件の賠償金10万ポンドを要求し、4カ国の艦隊を横浜に集めて圧力を掛けてきたため、家茂、慶喜とも不在の幕府は機能不全で混乱の極みにあった。

家茂は、確実に対外戦争になる攘夷など実行できるとは思っていなかったが、まずは京を去ろうと攘夷期限を「4月中旬」、次いで「4月23日」と返事してしまう。さらに4月20日、慶喜が緊急会議を招集し「5月10日を攘夷期限とし、列藩へも布告する」と決め、正式に朝廷へ奏上した。江戸帰還を許された慶喜は、4月22日、攘夷実行、賠償拒否の朝命を帯びて京を発った。

容保は家茂の東帰に強く反対した。家茂上洛後は将軍自ら京都の守護に当たる約束であったし、家茂が去れば尊攘派の攻勢が守護職に集中する。藩の存亡がかかっていた。会津藩士数百名が二条城に集まり、将軍の離京を阻止しようとする騒ぎまで起きる。だが家茂は6月9日、ついに京都を去った。

政事総裁の松平春嶽《しゅんがく》はとっくに京都を離れていた。

そもそも将軍上洛を強く主張したのは春嶽であった。前年6月、薩摩藩の島津久光に護衛された勅使大原重《しげ》徳《とみ》が幕府に要求した「三事策」の一つが将軍上洛だったが、実は春嶽がその前月から提案していた。将軍が天皇に和宮《かずのみや》降嫁《こうか》のお礼を申し上げ、真の公武合体を実現すれば、天皇も「誠実に感服し再び幕府の威令を仰望する」という狙いであった（『再夢紀事』）。春嶽の方に先に上洛勅命が下っていたのだが、春嶽は幕政改革が成らないうちは上京できないと拒み、将軍上洛を主張したのである。

春嶽は実際、のちに「文久の改革」と呼ばれる幕政改革に必死であった。例えば、幕府陸軍を創設し、洋式兵制の導入といった軍事改革を断行。洋学研究を推進し、榎本武揚《たけあき》、西周《あまね》をオランダに留学させてもいる。最大の変革は、挙国一致体制の構築へ、大名の参勤交代を隔年から3年に1回に緩和し、江戸在留期間を100日に短縮したこと。大名妻子の帰国も許した。老中らはことごとく抵抗し、春嶽はしばしば登城拒否、辞表提出などの非常手段に訴えてようやく主張を通した。老中らに展望があるわけではなく、大老井伊直弼《なおすけ》が凶刃に倒れて以降、人材を欠いていた。春嶽は彼らを「ふぬけ同然」と酷評している。

家茂に先駆けて2月4日に入京した後も、尊攘派と妥協しようとする老中や慶喜に失望し、3月9日に辞表を提出。「攘夷は不可能と知りつつ勅命を賜るのは天皇を欺く行為だ」と言って、慶喜と容保が引き止めるのも聞かず、承認を得ないまま福井に帰り、25日に幕府から罷免・逼塞《ひっそく》（閉門に次ぐ刑、昼間の出入り禁止）の処分を受けた。

慶喜が江戸へ帰ってみると、幕府は既にイギリスに賠償金支払いを決めていた。5月8日、老中小笠原長行《ながみち》が独断で横浜に行き、支払いを命じると、慶喜は14日、横浜鎖港、賠償拒否の朝命を実

添え書き

■賀茂神社

賀茂神社は、京都市北区の賀茂別雷《わけいかづち》神社（通称・上賀茂神社）と左京区の賀茂御祖《みおや》神社（通称・下鴨神社）の総称。有史以前から祭られていたとされる。奈良時代以前から皇室の崇敬を受け、伊勢神宮とともに斎王（皇女が務める巫女）が置かれた。平安遷都後は国と京都の守り神として皇室、幕府の一層手厚い保護を受けた。両社が催す葵《あおい》祭は、勅使が派遣される三勅祭の一つ。

明治4年の太政官布告による近代社格制度では、伊勢神宮に次ぐ、官幣大社の筆頭に位置づけられた。

現できないとして、関白鷹司宛てに将軍後見職の辞表を提出した。
幕府側のうち会津藩だけが京に取り残された。

容保「緋の御衣」賜る ―異国船砲撃、長州独断で攘夷―

口絵㉞参照

「戦袍《せんぽう》（陣羽織）か直垂《ひたたれ》に作り直すがよい」。文久3（1863）年正月2日、年賀のため、京都守護職として初めて宮中へ参内した会津藩主松平容保《かたもり》に、孝明《こうめい》天皇が緋《ひ》色の御衣を下賜した。武士が御衣を賜るのは徳川幕府になって空前絶後の事（山川浩『京都守護職始末』）。容保の感激は察するに余りある。

容保は以後も、公武合体に尽くしつつ「朝廷が主、幕府は従」の原則を貫く。外交問題に関しても容保は、叡《えい》慮《りょ》が攘夷《じょうい》である以上、従うべきだという姿勢を取った。ただし、叡慮の「攘夷」がうむを言わさぬ異人排撃を指すものではないことを、孝明天皇の真意を知りうる数少ない人間の一人であった容保は、よく承知していた。

孝明天皇は横浜・長崎・箱館の鎖港、神戸・大坂の非開放を欲してはいたが、西欧の巨砲や銃器に国内を蹂躙《じゅうりん》されては皇祖に申し訳が立たないと考え、開戦には絶対反対であった。尊攘激派の牛耳る朝廷が将軍家茂《いえもち》と将軍後見・一橋慶喜《よしのぶ》に「攘夷期限5月10日」を誓約させても、天皇自身の思いとしての「攘夷」は、「通商条約破棄・鎖港に向けた交渉開始へ努力せよ」という意味にとどまった。

幕府も叡慮に沿うよう、5月10日を期限に諸外国と交渉を開始することを決した。同時に、諸藩には海防強化を命じつつ、早まった行動に出ないよう釘《くぎ》を刺している。

だが、長州藩の久坂玄瑞《げんずい》は、攘夷を「5月10日を期限に武力排撃」という意味だと手前勝手に解釈し、自重せよという幕府の通達も、藩内慎重派の制止も無視して下関に戦闘体制を築いた。そして、対外攻撃を決行する。攘夷期限当日の10日、関門海峡を航行するアメリカ商船に警告もないまま砲撃を加えたのを皮切りに、23日にフランス軍艦、26日にはオランダ軍艦に大砲をぶっ放したのである。

玄瑞は心酔する吉田松陰の草莽崛起論《そうもうくっき》を実行に移した。草莽は〝在野の朝臣〟、崛起は〝立ち上がり行動を起こす〟といったほどの意味である。しかし、そもそも攘夷期限を誓約させる計略を立て、長州藩世子毛利定広を動かして関白鷹司輔煕《たかつかさすけひろ》に建言させたのは玄瑞であった。長州藩が鷹司、三条実美《さねとみ》らに資金援助して手なずける一方、玄瑞らは度重なる暗殺で脅して公家たちを自分たちの側に付かせた。攘夷派公卿が多数を占めるようになった朝議では、孝明天皇ですら意志を押し通すのは難しく、家茂に攘夷期限を誓約させる結果に至った。玄瑞が自ら立案し、工作し、幕府に誓約を強い、期限の日に自ら決行したのでは、在野の臣下が天皇のために立ち上がるという、草莽崛起の理屈は成り立たない。自己中心的なマッチポンプと言うほかないであろう。

米・仏・蘭3カ国にとっては条約に反する不意打ちであっただけでなく、貿易の二大拠点、長崎―横浜間の主要航路上にある関門海峡が通行不能になれば通商条約が無に帰するため、絶対に容認できない。6月1日、アメリカ軍艦が亀山砲台（下関市）を砲撃して艦船3隻を沈没・大破させ、5日にはフランス軍艦が砲撃の末に2００人以上の兵を上陸させ、前田村（同）を焼き払い、砲台を一時占拠した。第一次下関戦争である。長州藩は手痛いしっぺ返しを食らったのであるが、主戦論を後退させるどころか、砲台を修復し、関門海峡対岸の小倉藩領（北九州市）の一部を占領して砲台を築き、海峡封鎖を続行した。

京では攘夷を決行した長州藩の名望がむしろ高まった。勢いを得た実美ら朝廷内激派は、政事総裁の松平春嶽《しゅんがく》、慶喜、家茂が去って京にひとり残った容保の守護職を解こうと画策を強めた。容保を、孝明天皇の信頼の厚いが故に、天皇をたぶらかす「君側の奸《かん》」、幕府の代理機関とみなしたのである。

6月25日に突如、容保に攘夷実現の周旋工作のための江戸帰還を命じる勅書が下された。容保が「いかなる事変があるかも計りがたい」と京の情勢緊迫を述べて難色を示すと、翌日には「(容保の)下向を朕《ちん》は好まぬ」「役人、堂上が言い張った」という内勅が下され、東帰命令が天皇の意向ではなく、朝廷内の激派による偽勅と判明した。当時の勅命は、およそ同類であった。

多難を極める会津藩に、思わぬ所から光明が差した。御所の警備である。

実美と並ぶ朝廷内激派の一人で、長州藩と親密な姉小路公知《あねがこうじきんとも》が5月20日夜に暗殺され、容疑者に薩摩藩士田中新兵衛が浮上した。田中が奉行所で自刃したために真相はやぶの中となったが、薩摩藩は御所乾門《いぬい》の警備を解かれ、御所内立ち入りも禁止される。守護職の会津藩はただちに御所の警備担当を申し出て、五摂家や精華家などが内裏に出入りする唐門(宜秋門《ぎしゅう》)など重要な3門の警

添え書き

■会津天覧馬揃え

馬揃《うまぞろ》えは観閲軍事演習のこと。文久3(1863)年7月30日の会津藩天覧馬揃えは、同月19日、関白鷹司邸で攘夷親征の可否を討議した際、慎重派の鳥取藩主池田慶徳《よしのり》が「会津藩や在京諸藩の武備を見てから議するべきだ」と主張したことに発する。

当初予定の28日は雨天順延。30日も雨で順延と思っていた会津藩に決行の勅命が下った。会津藩に恥をかかせ、馬揃えの「不整頓」を理由に京都守護職から更迭しようとした攘夷派公家らの策略とされる。だが、会津藩は見事な演習を行い、孝明天皇を喜ばせた。

護を担当することが許された。

けれども、実美がすぐさま反撃に出る。7月20日、会津藩の御門警備を解き、親兵に担当させたのである。親兵は前年10月、長州藩が幕府の影響力をそぐ狙いで創設を建白した。10万石以上の大名に万石当たり一人を京都に出させるもので、文久3年3月18日に設置され、4月3日には実美がそれを統括する京都御守衛御用掛に納まっていた。

会津藩が警護を解かれる直前の7月6日、実美ら攘夷派公卿は連署して「長州が攘夷を決行したからには天下に親征を布告し、挙国一致で攘夷を断行すべし」との建白書を奏上した。18日には長州藩主毛利慶親《よしちか》・世子定広親子が「天皇が石清水《いわしみず》八幡宮に行幸して諸国から兵を招集し、攘夷の勅命を下し、従わない幕吏や諸侯には勅命で天誅《てんちゅう》を加えるべし」という親書を関白鷹司に提出した。

「親征」の詔勅が発せられれば、存立基盤たる軍事統帥権を奪われることになる幕府側も座視はしない。内乱も現実味を帯び始めた。

会・薩が提携し「文久政変」
―長州側勢力、朝廷から排除―

口絵㉟・㊱参照

老中小笠原長行《ながみち》は文久3（1863）年5月9日に生麦事件の賠償金を支払うと、イギリスから借りた2隻を含む艦船5隻に千数百人の兵を乗せ、京へ向かった。生麦事件でイギリスだけでなくフランス・オランダ・アメリカも態度を硬化させて横浜に艦船を結集し、賠償金を支払わなければ即刻開戦すると宣告してきた。そこへ、江戸に帰着した将軍後見の一橋慶喜《よしのぶ》が「攘夷《じょうい》期限5月10日」とする朝命を幕府に伝えたが、もはや条約交渉どころではない。小笠原は朝廷を翻意させるしか打開策はないと、決死の行動に出たのである。

小笠原は31日に大坂に上陸したものの、入京は会津藩の松平容保《かたもり》が小野権之丞、秋月悌次郎を派遣して説得に当たらせ、阻止できた。内戦突入はかろうじて回避された。攘夷激派の横暴が日本を植民地化の危機に直面させていたのである。開明派の幕臣・勝海舟が明治になってから言ったという「愛国を考えない勤皇など世も末さ」（井沢元彦『逆説の日本史　20』）は、的を射ている。


長州藩が5月10日から関門海峡で異国船を砲撃したことに勢いを得た尊攘激派は、さらに大胆な策謀を巡らせた。6月16日、久留米藩の真木和泉《いずみ》が、長州の久坂玄瑞《げんずい》、桂小五郎、土佐藩の武市半平太《たけち》、熊本藩の宮部鼎蔵《ていぞう》らと会合し、「大和行幸」計画を立てた。孝明《こうめい》天皇が神武《じんむ》天皇陵や春日社に参拝して攘夷を祈願した後、親征の軍議を開くという計画。親征は、幕府から軍事統帥権を奪い取ることを意味した。言葉を換えれば、王政復古の計略ということになる。

玄瑞らは三条実美《さねとみ》たちを動かした。薩摩藩が姉小路公知《あねがこうじきんとも》の暗殺に関わった疑いで京から排除され、同藩に近い中川宮や近衛忠熙《ただひろ》が参内を控えたため、実美ら長州寄りの攘夷派が朝議を掌握していた。「時期尚早」とする孝明天皇の反対は無視され、8月13日、行幸が布告されてしまう。

大和行幸の先兵となるべく、寺田屋事件で捕縛された過去を持つ土佐勤王党の脱藩浪士・吉村虎太郎らが挙兵を計画し、土佐、久留米両藩の浪士を中心とする38人で「天誅《てんちゅう》組」を結成。長州藩の攘夷決行に加担して侍従を解かれた公家・中山忠光を大将に14日、進撃を開始し、17日には天領の大和国五條代官所（奈良県五條市）を襲撃して代官の首をはね、桜井寺（同）に本陣を置き、天皇直轄領化を宣言した。しかし、尊王攘夷の熱に浮かれた無分別な暴発は、結局は幕府に追討されて失敗する。

天皇親征など毛頭望まない孝明天皇は、長州派勢力や尊攘浪士たちの動きを抑えるべく、薩摩藩の島津久光を呼び戻そうとしたが、これも実美らに阻まれた。久光自身、薩英戦争で身動きが取れなかった。イギリス艦隊が生麦事件の賠償を要求して錦江湾（鹿児島湾）に迫り、7月2日から4日にかけて激しい砲撃を加え、市街地の1割を焼失する大被害を被ったのである。

ただし、久光は長州藩封じ込め策を練っていた。意を受けた在京薩摩藩士高崎佐太郎が会津藩に初めて接触したのは大和行幸が布告された8月13日のこと。京都三本木にある会津藩士の宿舎を訪ねた高崎は、公用方の秋月、広沢安任《やすとう》、大野英馬、柴太一郎らに薩・会の提携による「奸臣《かんしん》排除」の政変計画を申し入れた。

黒谷の本陣で高崎に面会した容保は受諾を即決した。交代のため2日前に京を出発した藩兵1千人を至急呼び戻すとともに、中川宮にも協力を求めるよう指示。中川宮も即座に承諾し、近衛忠熙・忠房父子、二条斉敬《なりゆき》の賛同も得るよう求めたため、薩摩が近衛家、会津が二条家を説得し、応諾を得た。

16日、中川宮は早朝に参内し、計画を密奏した。孝明天皇は返答をためらったものの、夕刻になって中川宮に「兵をもって国家の害を除くべし」という御宸翰《しんかん》（天皇の書簡）を下した。17日夜、中川宮、近衛忠熙、二条らが参内し、天皇の同意を再確認し、綿密な計画に沿って行動が開始された。

翌18日午前1時、まず中川宮、容保、京都所司代稲葉正邦（京都・淀藩主）が、次いで二条、近衛父子、徳大寺公純《きんいと》ら穏健派堂上が参内した。同時に禁裏諸門が会津、薩摩、淀3藩の兵によって封鎖された。午前8時ごろ、招集された諸侯に中川宮が、大和行幸の中止、三条ら激派公家の禁足と他人との面会禁止、長州藩の堺町御門警備の罷免などの勅命を宣告。11時ごろ、長州びいきの関白鷹司輔熙《たかつかさすけひろ》も呼ばれ、処分内容が伝えられた。

関白鷹司は「長州藩は3万の兵力があり、刺激すると不測の事態を招く」と脅して朝議を覆そうとしたが、容保が「こちらは在京の精鋭2千人がある」と一蹴した。会津藩は家老田中玄宰《はるなか》による天明8（1788）年の軍制改革以来、若松城下の大野原で毎年、全藩挙げて実戦的な大演習「大操練（追鳥《おいとり》狩《がり》とも）」を行っていた。そんな藩はほかになく、長州兵3万という数に容保は気おされなかったのである。交代者を呼び戻し兵力を倍の2千人にしたことも奏功した。

変の報を聞いて長州の支藩・清水藩主毛利元純《もとずみ》は兵を率いて堺町御門に迫り、門を固める会津・薩摩両藩と一触即発の場面になったが、勅命で警備を解かれた長州は引き下がらざるを得なかった。午後になって長州藩兵や実美ら処分を受けた堂上、真木ら浪士たち2千人余りが、冤罪《えんざい》を訴えようと鷹司邸に集まったが、夕刻、勅使・柳原前光が退去の勅命を告げた。

妙法院に退避した実美ら公家7人は長州藩と協議の末、長州に落ち延びて再起を図るほかないと決し、翌朝、長州勢など2500人とともに西下していった。七卿落《しちきょう》ちである。「文久政変」は成り、7人はその後、禁足に反して京を出た罪で官位が剥奪された。

添え書き

■七卿落ち

文久政変で失脚し西下した公家は三条実美《さねとみ》、三条西季知《すえとも》、四条隆謌《たかうた》、東久世通禧《ひがしくぜみちとみ》、壬生基修《みぶもとおさ》、錦小路頼徳《よりのり》、沢宣嘉《のぶよし》の7人。七卿落ちと呼ばれるが、朝議に参画できる公卿の列にあるのは三条と三条西のみ。

長州到着後、沢は現在の兵庫県に向かい、天誅組残党と共に挙兵して敗れ（生野の変）、再度長州に逃れた。錦小路は翌年の元治元（1864）年、下関で病没。残る5人は、長州藩主毛利慶親・定広父子が孝明天皇から官位剥奪、謹慎の処分を受け、のちに九州の太宰府に移され、王政復古までとどまった。

孝明天皇、容保に宸翰・御製

―会津は「朝敵」にあらず　動かぬ証拠―

口絵㊲参照

文久3（1863）年8月18日の政変を「八・一八クーデター」と呼ぶ向きもあるが、体制を覆すどころか過激派勢力を排除して朝廷を正常に戻したのであるから、非合法かつ暴力的手段による国家権力奪取を意味する「クーデター」と称するのは解せない。

事実、政変の8日後、会津藩主松平容保《かたもり》をはじめ参内した諸藩主に「これまで真偽不分明の儀があったが、18日の申し出が真実の朕《ちん》の存意である」旨の御宸翰《しんかん》が示された。

10月9日には容保に御宸翰と御製《ぎょせい》（天皇の和歌）が下された。山川浩『京都守護職始末』に掲載された全文を紹介する。

まず御宸翰の読み下し。「堂上以下、暴論を疎《つら》ね不正の処置増長につき、痛心に堪え難く、内命を下せしところ、すみやかに領掌し、憂患掃攘、朕《ちん》の存念貫徹の段、まったくその方の忠誠にて、深く感悦のあまり、右一箱これを遣《つか》わすもの也《なり》」

そして御製。「たやすからざる世に武士《もののふ》の忠誠の心を喜びてよめる」との詞書《ことばがき》を添えた2首〈和《やわ》らくも武《たけ》き心も相生《あいおい》の松の落葉のあらす栄へん〉〈武士《もののふ》とこころあはしていわほをも貫きてまし世々の思ひ出〉である。

『京都守護職始末』刊行の経緯が、浩の弟健次郎の伝記『男爵山川先生伝』（花見朔巳編）に記されている。東京帝大総長に就く3年前の明治31（98）年3月、前月に死去した兄に次いで会津松平家の家政顧問に就いた山川健次郎は、同家の財政難を救おうと、まず、同じ貴族院議員として兄と親交のあった谷干城《たてき》（土佐）と三浦梧楼《ごろう》（長州）に相談した。御宸翰の存在を話すと、三浦は驚き、ぜひ拝見したいというので、松平家に招いて見せた。結果、三浦の計らいで伊藤博文が尽力し、３万円下賜の実現を見た。

この逸話は、大正14（１９２５）年刊の『観樹将軍回顧録』にも書かれている（観樹は三浦の雅号）。そちらによると、三浦は、維新期に節が一貫していたのは長州と会津だけだとして旧敵ながら会津に一目置いていたため、御宸翰の存在を山県《やまがた》有朋に話して会津救済を求めた。山県は大いに慌て、「会津の窮状は気の毒だが、順逆が乱れる」「田中に相談せんか」と言った。

田中というのは、土佐出身の宮内大臣・田中光顕《みつあき》のこと。彼も会津救済に反対したため、三浦は「御宸翰が本になっているようだ。会津が出したらどうする」と迫った。公表を止められるかと問い返す田中に、三浦は「きっとできる」「（宮中の）お手許から十万円お下げを願いたい」とたたみかけた。こうして内密の救済金が下賜された。こちらは額を５万円としている。

三浦が「本になっているようだ」と言ったのは、健次郎が明治35（02）年7月に『京都守護職始末』の原稿を学生十数人に書き写させて三浦に贈ったことによる（『男爵山川先生伝』）。だが、右のいきさつで三浦が出版見合わせを頼んだため、健次郎は時期を待った。

その間の明治37（04）年4月に刊行された北原雅長《まさなが》『七年史』に、御宸翰と御製の本文が掲載され、初めて公になった。北原は会津藩家老・神保内蔵助《くらのすけ》利孝の次男に生まれ、家老・北原采女光美《うねめてるよし》の養子となって母親の実家に入った人。維新後、秋田県権《ごん》大属、対馬島司《とうし》、初代長崎市長などを歴任する。会津側から見た初の維新史である『七年史』を世に問うたのは、還暦を過ぎ、身命をなげうつ覚悟でなした一世一代の大業であろう。驚くべきことに、同書によって北原は不敬罪に問われ、留置された。

一方、『京都守護職始末』の執筆は、明治30（1897）年、浩が健次郎の家に泊まったとき、維新から30年もたったから会津藩の事情を赤裸々な書き物にしてもいいのでは、と発意した。浩は翌年2月に病没し、弟が遺志を引き継いで成稿を見たので、実質的には健次郎の著書とみるべきだろうと、遠山茂樹氏が同書の東洋文庫版の解説で指摘している。

いずれにせよ、御宸翰と御製の本文写しに加え、御宸翰の写真も掲載したところに『京都守護職始末』の狙い、大きな意義があった。御宸翰・御製の文章を活字で転載した『七年史』は、現代風に言えば「根拠不明の、怪文書の類い」といった逃げ口上も不可能ではないが、写真は現物の存在を雄弁に物語る。長州藩が文久政変で京都を追われ、それが元で「禁門の変」を起こして「朝敵」にされたのは、同藩が三条実美《さねとみ》ら公家と結んで朝議をゆがめ、次々と偽勅を出させたためだという、歴史事実の動かぬ証拠なのである。

同書発刊直後、健次郎が松平家家令・飯沼関弥《せきや》（白虎隊の生還者・飯沼貞吉の弟）に当てた興味深い手紙が『男爵山川先生伝』に書かれている。山県などが「京都守護職始末によれば、先帝の時代には長州は全て違勅の行動をなしたことになり、後世大いに誤

添え書き

■『孝明天皇紀』

孝明《こうめい》天皇が松平容保に下した文久3（1863）年の御宸翰・御製を『京都守護職始末』より前に公表した著作物がもう一つある。『七年史』の2年後、明治39（1906）年刊行の『孝明天皇紀』。同書は宮内省が編さんした正史であり、誰も否定できない。それも山川健次郎が『京都守護職始末』の発刊に踏み切った理由か。

また、幕末史家・伊藤哲也氏によれば、会津松平家が明治20年代に編集したとみられ、現在は宮内公文書館の所蔵する『維新階梯雑誌』にも同じ御宸翰が引用されている。

解される恐れがあるから、誤解を防ぐ措置が不可欠だ（意訳）」と言ったというのである。

御宸翰の存在を知ってなお「誤解を招く」と言う山県の態度にはあきれるほかないが、会津藩が「朝敵」でないと分かれば、尊王によって成立したとする新政府の正当性までも根底から揺らぐ。その危機感から、山県らは『京都守護職始末』刊行に反対し、伊藤は交換条件として下賜金実現に尽力したのであろう。新政府が国民に信じ込ませた「順逆史観」や「輝かしい明治維新」像は、欺瞞《ぎまん》に満ちている。

新撰組・「池田屋事件」で勇名
―「中川宮邸放火」計画は事実―

今も人気絶大な新撰組《しんせんぐみ》（新選組とも表記）は会津藩配下の剣豪集団であった。基を作った清河《きよかわ》八郎は庄内藩の郷士の出。江戸三大道場の一つに数えられた千葉周作の北辰一刀流道場・玄武館で免許皆伝を証される一方、昌平黌《しょうへいこう》に学び、江戸で唯一、剣術と学問の両方を教授する清河塾を開いたが、桜田門外の変に衝撃を受けて「虎尾《こび》の会」を結成し、倒幕計画を立てた。

文久元（1861）年、水戸浪士との会合の帰りに幕府密偵を斬ってお尋ね者となった清河は翌年、奇手を打つ。門人の山岡鉄舟を通じ政事総裁松平春嶽《しゅんがく》に「幕府系浪士をもって尊攘派浪士を制する」策を建言。過激派に手を焼いていた幕府はこれを受け入れ、浪士組結成を許可した。

文久3（63）年2月23日、230人余を率い、将軍家茂《いえもち》の先兵隊として京に着いた清河は「勅命を得、横浜に戻って尊王攘夷《じょうい》の先駆けとなる」という上京の真の狙いを宣言する。幕府や自分たちを欺いたことに怒った芹《せり》沢鴨、近藤勇、山南敬助、土方歳三、永倉新八、沖田総司ら13人は京都残留を選び、3月10日、会津藩士出身の旗本佐々木只三郎の仲介で松平容保《かたもり》に嘆願書を出し、同藩預かりとなった。京都・壬生《みぶ》村の八木邸や前川邸を屯所とした彼らは「壬生浪士組」、略して「壬生浪《ろう》」と呼ばれた。

江戸に戻った清河は4月13日、容保の内命で追跡した佐々木らに斬殺された。浪士組の局長（頭取）には芹沢と近藤が就いたが、芹沢は遊廓での乱暴・乱行が度重なり、御所の守護者である会津藩の配下に不相応と判断した土方らが9月16日（18日説も）の夜、島原遊廓の角屋《すみ》で大宴会を開いて芹沢を泥酔させ、屯所で寝入ったところを土方、沖田ら4人で刺殺した。結果、近藤を局長、土方を副長とする鉄の規律を誇る軍団が出来上がり、容保から京都市中警備の大役を任された。

文久政変における御所南門警護の行賞として朝廷から賜った隊名が「新撰組」。政変当日の8月18日命名説もあったが、山村竜也氏が9月25日と突き止めた（『新選組研究最前線』）。

新撰組が一躍勇名をとどろかせたのが元治元（64）年6月5日の「池田屋事件」である。四条寺町の薪炭商・桝屋《ますや》喜右衛門の逮捕が発端となった。桝屋に長州人がしきりに出入りしていることをつかんだ新撰組が同日早朝に踏み込み、地下室から武器や、長州人との往復書類などを押収。桝屋の正体は古高俊太郎《ふるたか》であり、長州人らが中川宮邸放火などを計画しているとの自供を得た。夜になって、三条小橋の旅館・池田屋で熊本藩の宮部鼎《てい》蔵《ぞう》、長州藩の吉田稔磨《としまろ》らが古高奪還計画を密談している現場を近藤らが見つけ、会津藩の応援隊到着を待ちきれずに夜10時すぎに突入。宮部、吉田ら14人が闘死（負傷による後日死亡も含む）、20人余が捕縛された。

新撰組幹部でただ一人大正時代まで生き残った永倉新八の回顧録『新撰組顛末記』には、古高の足の裏に五寸釘《くぎ》を打ち込んでろうそくを立てるといった拷問や、池田屋での壮絶な斬り合いなどが描かれているが、同書は明治以降に永倉の口述を小樽新聞の記者が編さんしたもので、事実誤認も多いことで知られ、五寸釘の件は事実かどうかあやしい。

同書にある「6月20日に長州の志士一同が御所に火をかけて焼き打ちし、混雑に紛れて島津侯と会津侯を君側から除き、天皇を長州へ移す」という古高の供述にも、否定的な見解が圧倒的に多かった。例えば原口清の論文「禁門の変の一考察」は、一橋慶喜《よしのぶ》や容保ら事件を起こした側の誰かが、多数の浪士を弾圧したというの非難をかわすため「何人《なんぴと》にも弁護を許さない取締りの理由」として、事件の4日後ごろに創作した可能性が高いと主張した。

国会図書館所蔵の『維新前後之《の》雑記』に「新撰組より差出候《そうろう》書付書」が収められていることを菊池明氏が「池田屋事変の新事実発見―古高俊太郎の自白調書」（『歴史読本』１９９４年5月号）で明らかにしてもなお、「でっち上げ説」が優位であった。最も強く語られてきたのは、一介の商人である古高が長州人らの謀略計画を知るはずがないという論だが、それでは宮部らが古高奪還に躍起になったことの説明がつかない。

中村武生『池田屋事件の研究』が答えを出した。それによると、

添え書き

■逃げの小五郎

維新三傑の一人・桂小五郎（のちの木戸孝允《たかよし》）は池田屋事件のとき、どこに居たか。自叙伝『桂小五郎京都変動ノ際動静』は、集合時間に池田屋へ行ったが早すぎて誰もおらず一度帰って「対馬藩邸に居た」と書き、『木戸孝允言行録』は「近くの知人宅に居た」と記しており、食い違っている。長州藩士乃美織江《のみおりえ》の『乃美手記』は「池田屋に居たが屋根を伝って逃げ対馬藩邸に入った」と断定的に書いており、それが真実ではあるまいか。剣の達人とされながら実戦で一度も刀を抜かなかった桂は、藩内でも「逃げの小五郎」と非難された。

古高は長州毛利家の遠縁であり、父周蔵は有栖川宮家出身の慈性法親王が門跡を務める山科毘沙門堂の家来だった当時に三条実萬《さねつむ》（実美《さねとみ》の父）や梅田雲浜《うんぴん》らと交流があり、また妹の智恵はかつて鷹司《たかつかさ》家に仕えた。そうした古高に、京都に潜入した寺島忠三郎や久坂玄瑞《げんずい》が積極的に近づき、有栖川宮家と毛利家を結ぶエージェントの役割を依頼した。以上のことを中村氏は丁寧に立証し、そして、国会図書館所蔵の「新撰組より差出候書付書」はホンモノであって、その中にある「中川宮邸焼き討ち計画」という供述についても多数の関係資料と付き合わせることで、事実だったと結論づけた。

中川宮は公武合体に尽力し、文久政変においても会津・薩摩と孝明《こうめい》天皇をつなぐ役割を果たした人。その邸の焼き打ちが、威嚇の意味しかなさない単独の放火計画だったとは考えにくく、朝廷の実権を取り戻す謀略の一環とみるのが自然であろう。となると、御所に近接した同邸の火災に乗じた天皇拉致という話も、幕府側の創作とは言い切れない。

宮邸への放火計画が明るみに出れば、現代であっても、治安当局は断固たる態度で臨むに違いない。だが、長州藩は池田屋事件を、会津藩による不当で残虐な大弾圧だと憤激した。そして、それが「禁門の変」の導火線になる。

「禁門の変」長州が御所砲撃
―朝議参与は瓦解、「一会桑」体制へ―

口絵㊳・㊴参照

会津藩のさらなる不運は、文久３（１８６３）年8月18日の文久政変後に成立した参与会議が、一橋慶喜《よしのぶ》のごう慢な振る舞いでたちまち空中分解したことであった。

政変後、朝廷は公武合体の再構築を図った。将軍家茂《いえもち》に再上洛を下命。12月30日、慶喜、福井藩の松平春嶽《しゅんがく》、会津藩主松平容保《かたもり》、土佐藩の山内容堂、宇和島藩の伊達宗城《むねなり》を「朝議参与」に任じ、翌年1月13日には薩摩藩の国父・島津久光も加えた。

武家を恒常的に朝議に出席させる体制は初めて。この雄藩連合が機能すれば、会津藩が倒幕の標的にされる事態も避けられた可能性が高い。ところが、新体制が久光の建言によるものだったことから、慶喜は、久光が孝《こう》明《めい》天皇の信頼が厚いのをいいことに実権を掌握しようとしていると不満を抱いた。久光は幕府を否定したことはなく、明らかに邪推である。

年が明けて文久4（64）年2月15日の参与会議で慶喜は、開港是認論への転換を天皇に促すべきだという久光らに猛反発したばかりか、翌日の中川宮邸での会合で泥酔し、久光、春嶽、宗城を「三奸《かん》」だと罵倒し、中川宮の耳口をふさぐ「大狡計《こうけい》」をなしていると言い放った。3月6日（2月20日に元治へ改元）、久光は参与の辞任を表明。春嶽、容堂、宗城も相次いで帰国し、朝議参与体制は完全に瓦解《がかい》した。

慶喜は自身の主導権にこだわった。文久3（63）年8月18日の文久政変の直後から征長（長州征討）を主張し、8月24日には独断で諸藩に出兵準備を命じ、紀州藩主徳川茂承《もちつぐ》を征長軍総督に、容保を副総督に就けようとした。茂承はまだ満20歳であり、容保が実質的な征長責任者になる。容保が、副総督は譜代大名が当たるべき職であって会津松平家の家格にそぐわないとして辞退すると、今度は陸軍総裁職を新設して容保に就任を強要した。会津藩公用方らは「長州の恨みが集中している会津藩が征長の表に立てば、長州の帰順の道を閉ざす」と反対したが、「幕府に背くことになる」という広沢安任《やすとう》の意見により、4年2月11日に到って受諾した（13日に軍事総裁と改称）。

京都守護職は、容保に代わって春嶽が継いだ。しかし、孝明《こうめい》天皇は最初から容保の免職に不安を抱き、4月6日、幕府に容保復職の命を下した。容保は病状が悪化して軍事総裁職の辞任を申し出ていたが慶喜は認めず、勅命にも言を左右にした。それを朝廷にとがめられ、容保に守護職復帰を命じたのは22日になってからであった。

慶喜は容保を利用しようとし、孝明天皇は容保に頼りきっていた。

一方、京都所司代には同月11日、容保実弟の桑名藩主松平定敬《さだあき》が新任された。慶喜は一足先の3月25日、自らの希望で将軍後見職を辞し、禁裏守衛総督・摂海防御指揮に就いており、いわゆる「一会桑政権」三者が京都にそろった。

4月20日、慶喜の願い通り、朝廷が幕府に「庶政委任」（＝大政委任）の勅書を下し、長州処分の具体策を講じるよう命じた。長州藩は大きな危機感を持ち、弁明の機会を求めて根来上総《ねごろかずさ》、井原主計《いばらかずえ》の2家老を大坂、伏見に上らせたが、朝廷はいずれも入京を許可しなかった。復権への道が見えない中、長州藩とその同志の尊攘激派はテロによる打開を画策した。それが発覚したのが6月5日の「池田屋事件」であった。

一方、長州藩国元では率兵上洛して嘆願しようという「進発派」と、機が満ちるまで実力を蓄えようという「割拠派」が対立したが、参与会議の瓦解で進発派が勢いを増した。藩論が進発に決したのが6月4日。翌日の「池田屋事件」の報が長州に届くと、冤罪《えんざい》を天皇に直接訴えるべしという主張が強まった。

同月15日、ついに行動を開始。突出した進発派である来島《きじま》又兵衛が遊撃軍300人を率いて出立したのを皮切りに、総勢3千の長州兵が上京して洛外の伏見・嵯峨・山崎に陣取った。ただし、この時点でもまだ、狙いは兵威を示して嘆願の機会を与えるよう圧力をかけることにあった。特に久坂玄瑞《げんずい》は、失敗すれば取り返しのつかない御所突入には反対した。

だが、翌日、石清水八幡宮で開いた首脳20余人による軍議で、世子毛利定広の到着を待つべきだとする玄瑞を来島が「卑怯者《ひきょう》」となじり、進撃が決定してしまう。3手に分かれて進軍した長州兵は19日未明に藤森付近で大垣藩兵と交戦。玄瑞は、七卿にお供して長州藩に落ち延び長州の軍師的な立場となった久留米藩の真木和泉《いずみ》とともに、500余人を率いて堺町御門内の鷹司《たかつかさ》邸に到り、天皇への直訴の先導を要請した。これも拒否され、やむなく力ずくで禁裏を占拠しようと御所に迫り、各門を守る各藩と交戦になり、特に会津藩の守る蛤《はまぐり》御門では激闘となった。

そこへ登場したのが、久光に許されて3月に軍賦役に就いたばかりの西郷吉之助（隆盛）であった。西郷率いる薩摩軍が加勢すると、戦況は一気に傾いた。

慶喜が征長のために京都に呼び寄せた諸藩の兵は2万とも3万ともいわれ、ほかの地点での戦闘も長くは続かなかった。敗勢を悟った玄瑞は、鷹司邸内で寺島忠三郎と刺し違えて自害。真木は天王山に立てこもったが、21日に会津藩と新撰組に攻められ、小屋の中で火薬に点火して自爆した。

「禁門の変」あるいは「蛤御門の変」と呼ばれるこのクーデター

添え書き

■「どんどん焼け」

「禁門の変」で京都の3万世帯が焼失。火災がどんどん広がった「どんどん焼け」、戦闘が原因の「鉄砲焼け」とも言われた。長州兵が撤退時に藩邸に放火したのが原因との説が有力だったが、薩摩藩が長州藩に協力的だった本能寺などを先に砲撃している。鷹司邸は一橋勢が攻撃したが、永倉新八『新撰組《しんせんぐみ》顛末記』は新撰組の手柄と書いている。

京の市中では、長州兵あぶり出しに会津藩と新撰組が不要な火を放ったとの悪評が立った。大事な寺社が失われ、町民救済策が薄かったことも幕府側への反感につながった。

未遂で、長州藩は御所に向けて発砲するというタブーを犯した。だが、長州藩士たちは、薩摩・会津がいわれなき「朝敵」の汚名を着せたという思いを強め、下駄の裏に「薩賊会奸《さつぞくかいかん》」と書いて踏みつけて歩いた。

容保進言も「征長」動かず

―西郷、講和条件のませ戦闘回避―

口絵㊵・㊶参照

征長（長州征討）が速やかに実行されていれば長州藩の暴挙はそこで止まっていたはずだが、なぜか積極的なのは会津藩だけという状況がどんどん形作られていった。

長州藩が「禁門の変」で御所へ発砲するという禁忌を犯したことに対し、孝明《こうめい》天皇は6日後の元治元（1864）年7月23日、討伐と、藩主毛利慶親《よしちか》・定広父子の官位を剥奪する勅命を下した。尊攘激派鎮圧の絶好機とみた京都守護職の会津藩主松平容保《かたもり》は「将軍自らが進発して征長を」という建議書を江戸の閣老に送り、8月2日には家茂《いえもち》上洛を促すために在京の老中阿部正外《まさと》と会津藩公用方の野村左兵衛、広沢安任《やすとう》を東下させた。

幕府の腰は重かった。13日、薩摩、土佐、彦根など30余藩に命じて征長の部署を決め、征長総督に尾張藩主徳川慶勝《よしかつ》（容保の実兄）を任じ、24日には毛利父子から偏諱《へんき》（将軍が自分の名前から与えた一字）である「慶」「定」の字を召し上げた（慶親は敬親《たかちか》、定広は広封《ひろあつ》に改名）。だが、将軍進発の気配は一向に見えなかった。

9月17日に「一刻も早くご進発を」という一書を家茂へ直接送った容保を、老中たちは「京都の守護にすぎない者が、将軍の進退をかれこれ言うのは僭越《せんえつ》だ」とか「朝廷に取り入って、実行しがたいことを言い立てて幕府を困らせる」と嘲笑する始末。江戸の老中たちは、実は京の事情に暗く、朝廷内や諸藩には長州に同情的な攘夷《じょうい》派がなおも少なくないことを知らないため、危機感が乏しかった。剛腹、果敢な老中松前崇広《たかひろ》（松前藩主）でさえ会津を猜疑《さいぎ》の目で見ており、総督補佐のために上洛して初めて、容保の主張に納得したという（『京都守護職始末』）。

せめて幕府側の実質的な最高実力者であった禁裏守衛総督・摂海防御指揮の一橋慶喜《よしのぶ》が「勅命を奉じて将軍進発を」と求めれば、幕府も無視できなかったはず。前年8月18日の文久政変直後から長州追討に熱心だったのは慶喜であり、「禁門の変」のとき慶喜の命で京に参集していた諸藩の兵が2万とも3万ともいわれる。その慶喜がさっぱり動こうとしない。

『京都守護職始末』は慶喜を、明敏で学識もあり、人望もあるが、それは外観だけで、志操堅固なところがなく、しばしば思慮が変わり、前後でその所断を異にすることがあっても反省しようともしないのが特性だと酷評し、「（慶喜は禁裏守衛）総督の職にあるので、わが公（容保）はその指揮を受けないわけにはいかない。実に難儀なことで、わが君臣は切に憂慮していた」と書いている。「一会桑」といっても一枚岩ではなく、一（一橋慶喜）は、会（会津藩主・容保）、桑（京都所司代の桑名藩主・松平定敬《さだあき》）を子分程度にしか見ていなかったのである。

仮に将軍家茂の進発とまではいかなくても、「禁門の変」2週間後の第2次下関戦争（イギリス、フランス、オランダ、アメリカの4カ国連合艦隊による下関砲撃）を機に慶喜が機敏な手を打っていれば、長州の次なる暴走は抑止できた。そうしなかったために、惨敗を喫した長州が、「攘夷実行は幕府の命に従ったまで」とする高杉晋作の巧みな談判で300万ドルもの賠償金を幕府にツケ回しさせることに成功し、幕府がさらに衰退する一因が作られた。

10月22日になってようやく大坂城で征長軍の軍議が開かれ「11月18日攻撃開始」と決まった。けれども、戦闘が行われることはとうとうなかった。征長総督・慶勝に気に入られて総参謀に就いた西郷吉之助（隆盛）が、「禁門の変」とは一転、非戦の態度をとったのが原因であった。

西郷はもともと征長派であった。9月7日付の大久保一蔵（利通）への手紙には「長州は狡猾《こうかつ》だから、どんなたくらみがあるか分からない。ぜひ兵力をもって迫り、降伏を願い出たらわずかな領地を与え、東国へ転封を命じてはどうか（意訳）」と書いている。

勝海舟が一瞬にしてひっくり返した。9月15日（11日説も）に大坂で勝に会う機会を得た西郷は、その印象を「実に驚き入り候《そうろう》人物にて」「ひどく惚《ほ》れ申し候」と大久保への手紙に書いている。幕臣でありながら「幕府はすでに国内統一の力を失っている。有力諸侯による共和政治が必要だ」と説く勝に共鳴し、「薩摩藩も諸侯会議が成功しないときは、武力倒幕へと方針転換を」と大久保に促したのである。

以後の、薩摩による反幕の動きは全てこのときに始まったと言ってよい。心酔する島津斉彬《なりあきら》のお庭番として諸藩の人材と交流する中で水戸学の雄・藤田東湖《とうこ》と出会って尊王思想に目覚め、知

添え書き

■4国艦隊下関砲撃

長州藩は文久3（1863）年5月10日から翌年にかけ6度、関門海峡で攘夷戦を決行。敗北し、報復を受けてもなお海峡封鎖を続けたため、制裁、自由航行確保を目的にイギリス、フランス、オランダ、アメリカの4カ国連合艦隊が元治元（64）年8月5〜8日、下関へ激しい砲撃を加えた。第2次下関戦争とも呼ばれる。攻撃は予告されていて、英国留学中の伊藤俊輔《しゅんすけ》（博文）、井上聞多《ぶんた》（馨）が急きょ帰国して戦争回避に努めたが間に合わなかった。長州は攘夷の不可能を知り、ひそかに開国派への方向性を強めた。

友の橋本左内、梅田雲浜《うんぴん》を安政の大獄で失い、僧月照《げっしょう》と錦江《きんこう》湾（鹿児島湾）に入水して自分だけが助かるという痛烈な過去を持つ西郷が、勝との出会いによって斉彬の目指した合議制国家への意欲を再燃させた。それが実現しかけた朝議参与体制をつぶした慶喜への反感もあったであろう。

西郷は講和条件として、「禁門の変」責任者の自主的処罰、藩主父子の詫《わ》び状提出、長州に居る五卿の動座、山口城破却をのませ、長州藩は3家老を切腹、4参謀を斬首に処した。五卿の動座が難問であったが、西郷は自ら下関に乗り込み、頑強に抵抗する三条実美《さねとみ》や、警護に当たる長州諸隊幹部らを説得し、福岡への移動を承諾させた。

「禁門の変」で西郷率いる薩摩軍が長州を撃退した上、関門海峡で薩摩藩商船「長崎丸」が長州に撃沈される事件もあって、薩摩人が長州に入ることは殺されに行くに等しいほど険悪な関係にあったが、西郷らしい豪胆な行動で長州を恭順に導いたのである。

会津と薩摩の蜜月は終わった。

驕る幕府、「薩長盟約」成立 —会津主張の「再征長」失敗—

口絵㊷参照

「（長州の服罪は）全く表面的なことであって、毛利藩の過激派が一時、佐幕党に圧服されたにすぎない」「軽率」「幕府滅亡を招来した」。山川浩『京都守護職始末』がそう書く。長州藩主毛利敬親《たかちか》・広封《ひろあつ》父子が元治元（1864）年12月5日に恭順書を提出したことを受け、征長総督徳川慶勝《よしかつ》（尾張藩主。容保《かたもり》の実兄）が27日に解兵令を発したことを痛烈に批判しているのである。

長州の恭順は、まさしく表面的なものであった。

たしかに、藩の主導権を握って過激な行動を重ねてきた正義党は「文久政変」「禁門の変」の失政を問われて失脚し、幕府への純粋な恭順を唱える俗論党が台頭してはいた。御前会議で「恭順を示しつつも武備を強化し、幕府軍が攻めてきた場合には断固戦うべし」という「武備恭順」を唱えた井上聞多《ぶんた》（馨）が9月25日夜に刺客に襲われて瀕死の重傷を負い、同じ夜、正義党の首領周布政之助《すふまさのすけ》が自決。奇兵隊など諸隊は解散を命じられ、正義党幹部たちは投獄された。言うまでもなく正義党、俗論党は、正義党側が勝手に付けた呼び名である。

ところが、高杉晋作が形勢を逆転させる。高杉は五卿の潜居する下関の功山寺に行き、12月15日未明に挙兵。諸隊を率いて藩の軍艦を奪い、翌元治2（65）年1月、藩政府軍と各所で激しい戦闘を繰り広げて俗論派を駆逐し、藩論を武備恭順へ反転させた。西郷吉之助（隆盛）の示した降伏条件に沿って家老3人を切腹させたことへの怒りからであった。

この長州内戦の前後に幕府が何をしていたか。1月15日、「長州藩主父子を江戸に召して処置するから、将軍の進発はない」と布達し、25日には参勤交代の厳守（復活）を諸藩に命じた。2月上旬、老中二人が3千の兵を率いて上洛したが、それも、あろうことか一橋慶喜《よしのぶ》を江戸に引き戻し、守護職の松平容保と所司代の松平定敬《さだあき》を更迭するのが狙いであった。長州恭順で幕府の権威を取り戻したと驕《おご》ったのである。さすがに朝廷が激怒し、布達取り消し、将軍の再上洛を下命。家茂《いえもち》が閏《うるう》5月22日（4月7日に慶応へ改元）に入京して参内すると、天皇は「今後は一会桑三者に相談せよ」と命じた。

会津・桑名両藩は、長州支藩の徳山・岩国藩主および長州本藩家老が期日までに上坂しなければ将軍が進発すべきだと主張し、幕府はその通りに指令を発した。だが、長州藩は無視した。

幕府がもたつく間に、薩摩藩の援助で設立した亀山社中（のちの海援隊）を率いる土佐脱藩浪士・坂本龍馬が動きだす。同月下旬、長州藩の伊藤俊輔《しゅんすけ》（博文）らに薩摩藩の名義を借りて気船や武器を購入することを持ち掛け、6月24日には西郷の承諾を得た。長崎に居た井上が薩摩藩家老小松帯刀《たてわき》とともに鹿児島に赴き、大久保一蔵（利通）らとの談判に成功。8月、井上は長崎のイギリス人グラバーから購入したミニエー銃4300丁、ゲベール銃3千丁を薩摩藩船「胡蝶《こちょう》丸」と「開聞丸」で長州へ運んだ。

そして翌慶応2（66）年1月22日には、龍馬の仲介によって京都で西郷、小松と木戸孝允《たかよし》（前年に桂小五郎から改名）が会談し、有名な「薩長盟約」が結ばれる。長州の合言葉「薩賊会奸《さつぞくかいかん》」から「薩賊」が手品のように消え、「会奸」だけが残った。

薩長の変わり身の早さには驚きを禁じ得ない。島津斉彬《なりあきら》の治世から開国派の薩摩はともかく、長州は元治元年2月に薩摩藩御用船「長崎丸」を「綿や酒などの密貿易をし、攘夷《じょうい》の叡慮に背いている」として瀬戸内海で撃沈させているが、今度は薩摩の手を借りて武器を密輸入するのだから、「手のひらを返す」という表現でも足るまい。もっとも、長州も朝鮮と密貿易をしていたのだが。

いや、伊藤、井上ら5人（いわゆる長州ファイブ）が文久3（63）年から藩命でイギリスへ密留学した段階で、長州は一面で開国派に転じ、伊藤、井上は同国で、さらに高杉も上海で攘夷の不可能を確信していた。長州の言い方からすれば、久坂玄瑞《げんずい》らの主張した「小攘夷」（異国人の即時打ち払い）から、「大攘夷」（開国し、富国強兵ののちに外国を打倒）に少しシフトしただけであって、攘夷に変わりはないということになろう。大攘夷は松陰の「開国攘夷」と基は同じ。明治政府の欧化政策、日清・日露などの対外戦争も延長線上にある。

しかし、だからといって、「尊王攘夷」を旗印に開国派をテロで殺しまくり、公家たちを籠絡して朝議を曲げ、攘夷実行を幕府に迫る偽勅を連発させ、独断で外国船砲撃の攘夷を決行しながら、自藩のためには外国の力を利用するのではご都合主義、屁理屈と言われても仕方あるまい。長州出身の不平将軍三浦梧楼はのちに、維新期に変節しなかったのは長州と会津だけだと述べる（『観樹将軍回顧録』）が、とても肯首できそうにない。

さて、長州藩が上坂命令を無視し続けたため、慶応元（65）年9月20日の御前朝議は、翌朝6時ごろまでかかる徹夜の激論を経て「長州征討を勅許」との結論を出した。だが、幕府の動きはなお緩慢で、長州に最後通牒《つうちょう》が出されたのは実に翌年5月末になってから。大坂城にあった家茂の体調悪化も影響した。

6月7日、再征長（第二次長州征討。長州では「四境戦争」と呼ぶ）が始まった。緒戦の周防大島砲撃こそ圧倒的な海軍力を持つ幕府側の完勝であったが、戦況は瞬く間にひっくり返る。長州が入手したミニエー銃は銃身内部にらせん状のみぞを刻んだ最新式のライフル銃であり、ゲベール銃の3倍以上飛び、命中率、貫通力も比較にならないほど高かった。4千人ほどにすぎない長州兵が、その銃で数万の幕府軍兵を片っ端から狙撃したのである。幕府方はよもやの敗戦を喫した。

添え書き

■薩長盟約

かつては「薩長同盟」と呼ばれたが、倒幕への軍事同盟ではないとの説がほぼ確定的であり、現在は「薩長盟約」と表現される。薩摩・長州とも藩としては文書を交わしていない。木戸孝允が坂本龍馬に送って裏書きを求めた手紙にある6カ条も、幕府の処分を長州が受け入れる代わりに薩摩が長州を支援する内容を西郷吉之助（隆盛）が示したにすぎず、薩摩側が約束を守るのか再確認するためという見方が主流。遠山茂樹氏によれば、文中の「一戦」うんぬんも一会桑との決戦の可能性は想定していても、第二次征長はないと西郷はみており、倒幕同盟とは言いがたい。

孝明天皇「毒殺」疑い濃厚　―変心重ねた慶喜、15代将軍に―

口絵㊸・㊹参照

ときに慶応2年（1866）年7月20日。将軍家茂《いえもち》が満20歳にして大坂城で死去した。病弱の身で再征長（第二次長州討伐）の指揮を執り、心労が命を縮めたともいわれる。小倉口（北九州市）の激戦のさなかに極秘の訃報を知らされた総司令官の老中小笠原長行《ながみち》が、旗艦「富士丸」を撤退させてひそかに大坂へ向かうと、幕府軍の士気は急落した。これも再征長失敗の隠れた一大要因であった。

家茂には嗣子がなく、8月20日まで死は伏せられた。将軍後継に推された一橋慶喜《よしのぶ》は辞退し、徳川宗家だけを相続した。征長には意欲的で、大坂城で出陣準備を整えていた旗本たちを前に「自ら追討する」「自分が征長に当たれば30日までに山口を陥れ、防長（長州の周防国と長門国）をたちまち恭順させる」と豪語し、8月12日の大坂出発を布告した。

それもつかの間、同日に戻った小笠原から小倉城陥落を告げられるとあっさり講和を決心し、13日に出陣中止を表明。翌日、京都守護職松平容保《かたもり》、京都所司代松平定敬《さだあき》を呼んで「よんどころなき解兵」の事情を説明した。無論、両公や会津藩公用方から猛反発を受けたものの、16日の朝議で「征長のみならず、これまでの幕府失態の罪を奉謝し、諸伯ともども衆議を尽くし、政体を変革」すると頭を下げ、止戦を認めさせた。幕府への大政委任を自ら放棄したような演説である。しかも慶喜はしぶる勝海舟を単身、停戦交渉のため安芸の宮島（＝厳島。広島県）へ送り込んでいた。その交渉中に慶喜は右の「止戦」の勅を取り付けたのだが、長州藩「朝敵」は維持されたため、「朝敵」解除を条件に井上聞多《ぶんた》（馨）らに恭順をのませた勝の面目は丸つぶれ。長州も引き下がりようがなくなった。

慶喜は12月5日、あれほど拒んでみせた15代将軍に就く。慶喜は当時から「二心殿」と陰口をたたかれたが、本心と呼べるものがあったかどうか。

6日後の12月11日、孝明《こうめい》天皇が高熱を発した。便秘が続き、吹き出物も出て、2日後に天然痘（疱瘡《ほうそう》、痘瘡《とうそう》）と診断される。経過は順調で、水疱から膿疱を経て23日ごろには乾燥し始めたのだが、24日夜半に容体が急変。激しい嘔吐、下痢を重ね、「御九穴から御脱血」「顔面に紫の斑点、吐血、下血」（『中山忠能《ただやす》日記』）という壮絶な苦しみの中、25日午後11時15分に崩御してしまう。満35歳の若さであった。

英国外交官アーネスト・サトウが『一外交官の見た明治維新』に「数年後に、その間の消息に通じている一日本人が私に確言したところによると、毒殺されたのだという」と書いた通り、当時から毒殺説が公然の秘密として語られた。

死因論争が起きたのは、昭和20年の敗戦で不敬罪が廃されてからである。ねずまさし（禰津正志）が「孝明天皇は病死か毒殺か」などの論文で、孝明天皇の症状の経過などを分析し、岩倉具視《ともみ》を黒幕とするヒ素中毒説を唱え、学界も有力視した。それをほぼ一掃したのが原口清であった。1989年末から90年初めにかけ、医学者の専門的な意見を基にした「孝明天皇は毒殺されたのか」などの論文を発表し、致死率の極めて高い紫斑性痘瘡ないしは出血性痘瘡が原因―とする説を唱えた。今も信じる人が少なくない。

だが、いっそう詳細に法医学書と照らし合わせ、原口の病死説の矛盾を突いた人がいる。石井孝である。石井は「反維新に殉じた孝明天皇」（『幕末悲運の人びと』所収）で、全快に向かってからの吐血、下血は天然痘では起こりえず、胃腸型急性ヒ素中毒の決定的症状だと断じた。さらに「孝明天皇病死説批判」（『近代史を視る目』所収）で、孝明天皇の御典医伊良子《いらこ》光順《みつおさ》に未公開手記があって、治療に当たった伊良子自身が急性ヒ素中毒を強く疑っていたことを紹介した。

その上で、医史学者佐伯一郎が昭和15（1940）年の講演において「岩倉具視が、女官に出ている姪（?）をして、天皇に一服、毒を盛らした」と述べたことを紹介。孝明天皇ご不例の当時、中御門経之《なかのみかどつねゆき》の娘良子が「督典侍」の名で側近に仕えており、経之は岩倉の娘婿だから良子は岩倉の姪に当たるとして、良子が佐伯の指摘した「姪」であると推定した。

以上の石井説に対する筋道の通った反証は今のところ見当たらず、毒殺説を支持せざるを得ない。

動機面ではどうか。

原口は、岩倉が孝明天皇の死去時点ではまだ倒幕論者ではないと述べた（『孝明天皇と岩倉具視』）。岩倉研究者の佐々木克も、孝明天皇の急死を知った岩倉が同志に宛てた手紙に「仰天驚愕《きょうがく》」「千世万代の遺憾」「（天皇に進言してきた新国家・新政府の構想が）みな画餅」に帰したと書いたことに着目し、岩倉が殺すはずがないとの見解を示した。

しかし、慶応元（1865）年9月、天皇に直接、兵庫開港、条約勅許を求めようとイギリス、アメリカ、フランス、オランダの

添え書き

■守護職上屋敷

京都における会津藩拠点といえば左京区黒谷町の金戒光明寺《こんかいこうみょうじ》に置かれた本陣が有名だが、御所から距離があるため、幕府は現在の府庁、第二日赤病院などを含む3万坪の広大な民有地を買収し、京都守護職上屋敷を新築した。文久3（1863）年に造営開始、慶応元（65）年に完成。

大政奉還後に取り壊され、門だけが京都市武道センター（旧武徳殿）に移築された。府警察本部新庁舎建設に先立つ敷地北東部の発掘調査（平成27〜28年）で、会津藩兵が駐屯したと考えられる長屋風の建物が確認されている。

4カ国連合艦隊が大阪湾に来航し、慶喜の説得で10月5日に条約許容の勅書を下して以降、孝明天皇は朝廷内で孤立を深めていた。一方、岩倉はその年の夏、薩摩藩の小松帯刀《たてわき》、大久保一蔵（利通）に、家茂の正室和宮《かずのみや》（孝明天皇の妹）を京に呼び戻すべきだという意見書を送っている。嗅覚の鋭い岩倉は幕府の凋落《ちょうらく》を見越して、幕府の権威失墜が加速するような策を授けて薩摩にすり寄っていたのだ。孝明天皇はどこまでも幕府堅持の姿勢であり、岩倉に孝明天皇毒殺の動機がないとは言えない。

いずれにせよ会津藩は孝明天皇という至上の頼みを失った。

薩長に偽勅「討幕の密勅」

—会津排除へ西郷ら要請—

口絵㊺参照

為政者の交代を「世代わり」と言ったりする。慶応2（1867）年12月25日の孝明《こうめい》天皇の不可解きわまる急逝は、まさに、国情をガラリと変えた。

年が明けて1月9日に践祚《せんそ》（皇位継承）して明治天皇となったとき睦仁《むつひと》親王はまだ満14歳。生母は「禁門の変」で長州藩を支持した中山忠能《ただやす》の娘慶子。その弟忠光（忠能次男）は尊攘激派が大和で挙兵した「天誅《てんちゅう》組の変」に担がれ、のちに長州藩内の公武合体派によって暗殺された人である。15日には謹慎・蟄居《ちっきょ》中の公家数十人に恩赦が下る。中山や、「禁門の変」で長州側に付いた有栖川宮熾仁《たるひと》親王（和宮《かずのみや》の元婚約者）、正親町三条実愛《おおぎまちさんじょうさねなる》、中御門経之《なかのみかどつねゆき》ら反幕派が含まれる。

政情激変を察した将軍慶喜《よしのぶ》は長州再征の解兵を奏上するよう、京都守護職の会津藩主松平容保《かたもり》とその実弟で京都所司代の桑名藩主松平定敬《さだあき》に命じた。守護職に相談もなく征長取りやめを決めたことに会津藩士たちは憤激し、容保は12日に守護職の辞表を提出した。
幕府は頑として認めなかった。守護職を解かず、3月に養嗣子となった九麿（水戸徳川斉昭《なりあき》19男、慶喜の実弟。のちの喜徳《のぶのり》）を代行として京にとどめることを条件に容保の帰国が許されたのは4月初旬。それも実現することはなかった。朝廷が容保を参議に推したのである。その勅書に「（容保は）先帝の叡慮《えいりょ》を遵奉《じゅんぽう》、永々守護の職掌を相《あい》励み、その功少なからず」とある。朝・幕とも治安を会津藩に頼り切っていた。尊王家を自称する志士たちが、孝明天皇の喪に服するどころか、続々と入京して反幕行動を強めたためである。

薩摩藩の西郷吉之助（隆盛）は国父・島津久光の率兵上洛を取り付け、久光は土佐藩の山内容堂、宇和島藩の伊達宗城《むねなり》にも上洛を促した。ところが、在京の松平春嶽《しゅんがく》（福井藩）を加えた四侯会議が実現する前に、慶喜は単独で、兵庫開港の勅許を奏請してしまう。

兵庫開港問題は、長州藩が関門海峡で4カ国の船を砲撃し、報復戦「下関戦争」に大敗したことに発する。列強は300万ドルもの賠償金を要求。幕府はその代わりに兵庫開港を認めざるを得なかったが、勅許が下りないため開港は延期してもらっていた。だが、再期限が半年後に迫り、列強の圧力が日を追って強まっていた。

5月4日に始まった四侯会議は兵庫開港、長州藩赦免のどちらの議題を優先するかで紛糾した。四侯は慶喜の弁舌に手玉に取られ、結局、長州藩の寛大処分は棚上げとなり、開港の方だけが決まった。朝廷側は、孝明天皇の遺志に反するとして2度も勅許を拒否したが、慶喜が自ら参内して朝議に臨み、徹夜で説得した結果、ついに勅許が下された。

慶喜がまたも賢侯会議を空中分解させ、幕府の主導権を維持した。合議制国家への道筋を付けようとした久光は面目をつぶされた。

そこで大久保利通（一蔵）と西郷は、いわゆる「三都蜂起論」を立てた。（1）在京の薩摩兵1000人を3分し、御所に繰り込み、会津藩邸を急襲し、幕府の堀川屯所を焼き払う（2）藩兵3000人を出兵させ大坂城を占拠し、港内の幕府軍艦を破砕する（3）江戸定府の藩兵1000人などで甲府城（山梨県）に立てこもり、幕兵の京都出撃を阻む―。長州藩を京から追放した文久政変（八・一八の政変）の焼き直しである。会津藩に文久政変を持ち掛けた薩摩が、今度は在京の最大兵力である会津藩排除計画を立てた。この時点ではまだ主目的は武力倒幕ではなかった。薩長両藩の国元は何も知らされていない。西郷が長州、薩摩に行って了解を取り付ける手はずであった。

そこへ土佐藩参政の後藤象二郎が、坂本龍馬とともに上京してきた。大政奉還、将軍職廃止による公議政体論を容堂に建言するためだったが、容堂は四侯会議に失望して帰国済みだったため、後藤ら土佐藩幹部たちが龍馬、中岡慎太郎の同席の下、大久保、西郷、小松帯刀《たてわき》らと会談し、公議政体論を提示した。西郷らにとっては渡りに船。容堂の率兵上洛を含む「薩土盟約」が結ばれた。

だが、容堂はあくまで親幕派であった。後藤が土佐に帰って説明すると、容堂は「出兵無用」と厳命。8月になってその方針が大久保らに告げられた。結局、土佐藩が10月3日に慶喜へ提出した建白書には、大政奉還だけが書かれ、将軍職廃止は削除されていた。

クーデター計画頓挫の危機に直面した大久保、西郷、小松は蟄居処分の続いていた岩倉具視《ともみ》と謀り、中山、正親町三条、中御門宛てに「干戈《かんか》（＝武力）」行使の宣旨《せんじ》降下を要請し、薩摩に13日、長州に14日、文書が届いた。いわゆる「討幕の密勅《みっちょく》」である。ついに武力倒幕が現実の目標となった。

文書には、天皇に逆らって詔《みことのり》をゆがめた「賊臣《ぞくしん》」慶喜を「殄戮《てんりく》」せよ、とあった。同時に「幕賊の暴を助け」た会津、桑名の両藩主も「殄戮」すべしという沙汰書が下された。殄戮は「殺し尽くす」の意。およそ勅書らしからぬ、激烈な語である。署名は中山、正親町三条、中御門の3人だけ。朝議を経たことを示す摂政二条斉敬《なりゆき》の署名はない。天皇が承認のあかしに日付の一字と「可」の字を書き入れる定めだが、それもない。

明治20年代末と思われるが、旧館林藩（群馬県）出身の岡谷繁《しげ》実《ざね》が正親町三条に密勅の舞台裏を問うている。『京都守護職始末』にある応答を要約してみる。

「自分と中御門が取りはからい、中山は岩倉の骨折りで名義だけ加えた。玉松操《みさお》（岩倉腹心の国学者）が文章を起こし、薩摩宛ては自分が、長州宛ては中御門が清書した。摂政の二条や親王方には少しも漏らさず、自分たち3人と岩倉のほかは誰も知らない」

正親町三条は臆面もなく答えた。偽勅であることを自白したに等しい。実物は薩摩島津家、長州毛利家が秘蔵し、昭和11（1936）年に文部省の維新史料編纂《へんさん》事務局が維新70年の図録『維新史料聚芳《しゅうほう》』に写真を掲載して初めて世に出た。新政府成立の正当性を揺るがす〝維新の嘘〟は長く隠され、会津・斗南の人々は「朝

添え書き

■幻の？「船中八策」

土佐藩の後藤象二郎が山内容堂などに提示した大政奉還論は、坂本龍馬「船中八策」の第1条「政権を朝廷に返すこと」に基づくとされるが、「船中八策」は自筆原本も写本も存在しない。大政奉還後に龍馬が書いた類似の「新政府綱領八策」だけが確認されている。

松平春嶽の『逸事史補』に、幕閣大久保一翁《いちおう》が文久2（1862）年の幕議で同様の提唱をしたとあるなど先例の存在がうかがえ、龍馬の発案でもなさそう。龍馬の事績の多くは坂崎紫瀾《しらん》が土陽新聞（高知新聞の前身）に連載した『汗血千里駒』（岩波文庫版では『汗血千里の駒』）が基で、創作が多い。

敵」の汚名に泣き続けた。

岩倉ら陰謀「王政復古」

―大政奉還で「密勅」無力化され―

口絵㊻参照

「討幕の密勅《みっちょく》」の実行はしばらく見合わせよ、との沙汰書が慶応3（1867）年10月21日、中山忠能《ただやす》から薩摩藩士吉井友実《ともざね》に渡された。1週間前に将軍慶喜《よしのぶ》が朝廷へ「大政奉還」し、討幕が意味をなさなくなったためである。

土佐藩の山内容堂が政権返上の建言書を慶喜に提出したのが12日夜。慶喜は13日、在京40藩の重臣を二条城に招集して大政奉還に同意を得、14日には朝廷へ奉呈。慶喜も加わった15日の朝議で勅許と決した。慶喜はのちに、容堂の進言のはるか以前から大政奉還を考えていたと述べている（『昔夢会筆記』）。幕府が長くはもたないと踏んで、倒幕派の先手を取って事がなるべく有利に運ぶよう、タイミングを計っていたのである。

幕府を支えてきた者たちからすれば責任放棄と映る。幕臣や、紀州、桑名、会津各藩の藩士たちは、土佐・薩摩両藩の陰謀だと反発し、大政の再委任を得ようとする動きが起きた。会津藩主松平容保《かたもり》は「以後、皇室を補翼せんのみ」と重臣たちに諭し、懸命に自重を求めた（『七年史』）。

討幕中止の沙汰書は薩摩藩の島津久光・茂久父子のどちらかに伝え、長州藩には薩摩藩から伝達すべしという命であった。だが、11月20日に久茂が大坂に着いても、吉井は伝えなかった。

実は、薩・長とも藩として武力倒幕を決めたことは一度もなく、あくまでも大久保利通、西郷吉之助（隆盛）、木戸孝允《たかよし》ら急進派たちが勝手に進めたことにすぎない。薩摩藩重臣筆頭の小松帯刀《たてわき》は「討幕の密勅」の奏請書に大久保、西郷とともに署名したものの、慶喜の大政奉還を絶賛し、以後、大久保、西郷との距離が開いていく。朝廷は既に、合議制の新体制を作るべく諸侯に上洛を命じていた。10月22日の朝議では、諸侯会議開催まで幕府に諸政を委任すると決したが、その段取りを組んだのは小松である。

対して大久保、西郷は、慶喜が朝廷に政権運営の人材・能力がないと読んで新体制の主導権を握ろうとしているとみた。軍事統帥権を持つ将軍（征夷大将軍）の地位を慶喜が返上していないことにも不満であった。「討幕の密勅」を慶喜に無力化され、彼らは、慶喜、幕府寄りの摂政二条斉敬《なりゆき》、中川宮らを朝廷中枢から排除する作戦へ転換した。「王政復古」の政変計画である。

「三都蜂起論」を基にして、23日に薩摩藩主・茂久が兵3000人を率い、28日に広島藩（安芸藩、芸州藩とも）世子・浅野茂勲《もちこと》（のち長勲《ながこと》）が兵300人を率いて入京したのに続き、29日には長州藩兵1200人が兵庫に上陸した。同日、大久保が正親町三条実愛《おおぎまちさんじょうさねなる》、中山、岩倉具視《ともみ》らに計画実行の決断を迫った。

動きを察知した慶喜は翌日、将軍職も自主返納した。その気になれば会津藩も含め諸藩の兵数万を投入し、蹴散らすことも十二分に可能であったのに、慶喜はそうしなかった。会津藩士たちの中には二条城に押し掛けて慶喜に直訴しようという動きが出たが、慶喜は12月5日に容保を呼んで「暴発しないように」とくぎを刺した。その日、大久保は国元宛てに、幕府側のうち武力で対決しようとするのは「会津のみ」と書き送っている。

8日、岩倉は薩摩・土佐・広島・尾張・越前各藩の重臣を自邸に呼び、政変に協力を求めた。同日夕からの朝議で、長州藩主父子の官位復旧・入京が許可となった。蟄居《ちっきょ》処分中の岩倉たちや、「文久政変」で九州に落ち延びていた三条実美《さねとみ》ら五卿の赦免も決定した。この朝議には慶喜、京都守護職の容保、京都所司代の桑名藩主松平定敬《さだあき》（容保の実弟）も呼ばれたのだが、慶喜の判断で全員欠席したために岩倉の思惑通りに進んだ。井沢元彦『逆説の日本史21』は、慶喜の致命的ミスだと指摘する。たしかに、陰謀家・岩倉の復権こそ日本の行く末を曲げた。

9日早朝に朝議が終わって中山、正親町三条以外の公家たちが退出すると、5藩の兵が御所九門を封鎖し、岩倉が参内して中山、正親町三条とともに「王政復古」令の勅書案文を奉呈した。（1）徳川幕府の大政返上と慶喜の将軍職辞退を勅許（2）摂関幕府等の廃絶（3）武家伝奏など朝廷諸役、京都守護職、京都所司代の廃止（4）新政府組織として仮に総裁、議定《ぎじょう》、参与の三職設置―という内容である。

明治天皇の名で御所の学問所に親王や公家が召され、「王政復古」の号令が下された。

そして同日夜、三職に指名された親王、公家、政変に関わった主な藩公が小御所に招集され、新政府最初の会議が開かれた。徳川家の領地没収を阻止しようと、容堂がひとり熱弁を振るった。だが、容堂の「二、三の公卿が幼冲《ようちゅう》なる天子を擁して権柄を盗まんとする野望にあらざるか」という発言を、岩倉が耳ざとく捉え、「聖上は不世出の英主であらせられる。幼冲の天子とは何たる妄

添え書き

■三職の人事、誰が？

新政府の総裁には有栖川宮熾仁《たるひと》親王、議定には皇族の仁和寺宮《にんなじのみや》と山階宮《やましなのみや》、「討幕の密勅」を偽造した中山忠能、正親町三条実愛、中御門経之《なかのみかどつねゆき》の3公卿、薩摩藩の島津茂久、土佐藩の山内容堂、福井藩の松平春嶽《しゅんがく》。尾張藩の徳川慶勝《よしかつ》（松平容保実兄）、広島藩の浅野茂勲（のち長勲）ら、参与には岩倉具視、西郷吉之助（隆盛）、大久保利通、後藤象二郎ら「王政復古」功労者が就任した。改革派の公卿、雄藩諸侯・藩士から成る野合政権であるが、長州藩はなぜか蚊帳の外に置かれた。この人事は朝議も諸侯会議も経ていない。岩倉辺りの独断か。

言」ととがめた。

不敬を持ち出して容堂の口を封じようとしたのだが、明治天皇は満15歳になったばかりであり、誰の目にも容堂の言は正論である。容堂がなお粘り、会議は平行線をたどる。けりを付けたのは外で警戒に当たっていた西郷であった。「口舌ではらちが明かぬ。最後の手段を取って頂きたいと岩倉さんに言ってくだされ」。ドラマなどでは「短刀一丁で済む」というせりふで有名な、脅し文句である。

「王政復古」はこうして成った。武家政治約680年の歴史が幕を閉じるばかりか、摂政・関白など朝廷内の重職も廃止されるという国の根本的な体制変革を、大久保、西郷、岩倉ら一部の人間が強行し、政権を乗っ取ったのである。

西郷の術中、鳥羽・伏見開戦
—薩摩藩邸焼き打ち引き金に—

口絵㊼参照

慶応3(1868)年12月9日の「王政復古」政変後、二条城に旗本5千人、会津藩兵3千人、桑名藩兵1500人などが密集し、会津藩士の中には「朝敵となっても開戦すべし」といきり立つ者も出たが、徳川慶喜《よしのぶ》は彼らが城外に出ることを禁じ、前京都守護職の松平容保《かたもり》にも自重を命じた。そして、13日には総兵を引き連れて大坂城へ下がってしまう。

既に紹介した通り、慶喜は実父徳川斉昭《なりあき》から言われた「朝廷に弓を引くな」という水戸徳川家の家訓を墨守し、兵を動かして「朝敵」となることを徹頭徹尾避けた。それが正しかった面もないではない。薩摩藩の大久保利通と西郷吉之助(隆盛)は幕府側と交戦する口実をどうにかして作り出そうとしていた。

西郷は醜悪な策も弄《ろう》した。「討幕の密勅《みっちょく》」を得ると、京都で知り合った相楽総三《さがらそうぞう》に諸藩の尊攘派浪士を江戸・三田の薩摩藩邸に集めさせ、市中で放火、強盗などの狼藉《ろうぜき》を繰り返させ、幕府側を挑発したのである。相楽は下総・相馬（茨城県取手市）の郷士の子。尊攘運動に身を投じ、水戸藩強硬派の残党が蜂起した「天狗党の乱」にも参戦した。そうした人物を利用した挑発が実際に開戦の引き金になるのだから、西郷の計略は恐ろしい。

さて、軍事行動の自重を求めても、慶喜は政治的巻き返しを諦めたわけではなかった。王政復古令が明治天皇を利用した岩倉具視《ともみ》と大久保、西郷らの策謀であることを鋭くかぎ取り、復古令から1週間後の16日、英、仏など6カ国の公使・領事を大坂城に招いて「全国の衆論をもってわが国の政体を定めるまでは、外交の任は余が全うする」と述べ、復古令の不法を非難した。

19日には、「復古令を取り消し、列藩の衆議を尽くす」よう、総裁有栖川宮熾仁《たるひと》親王に奏上した。ただし、慶喜は後年、自分は関知していないと述べる。熾仁親王は慶喜のいとこ（慶喜の母吉子が親王の伯母）であり、親王の婚約者貞子は慶喜の妹である。

一方、朝廷内でも土佐藩の山内容堂の説く「王政復古」陰謀論への同調者が急激に増え、慶喜救済の空気が漂い始めた。28日の三職会議では、慶喜を前《さきの》内大臣と称すること、２００万石の領地返納も継続審議とすることが決し、慶喜に上洛が命じられた。

その日、上坂してきた大目付滝川具挙《ともたか》がもたらしたのが、薩摩藩邸焼き打ちの報であった。薩摩藩京屋敷で知らせを聞いた西郷は「我が事成れり」とほくそ笑んだといわれる。

慶喜の大政奉還を受けて「討幕の密勅」実行延期の命が下った時点で西郷は江戸のかく乱工作停止を命じたが、相楽らは無視して狼藉を続けた揚げ句、流山（千葉県）や相模（神奈川県）で蜂起して幕府方に敗れ、残党が薩摩藩邸に逃げ込んだ。幕府は庄内藩預かりの浪士集団「新徴《しんちょう》組《ぐみ》」に探らせ、黒幕を薩摩藩と断定。25日、庄内藩と新徴組などに江戸の薩摩藩邸、支藩佐土原《さどわら》藩邸を焼き打ちさせた。70人以上が死亡、浪士112人が捕縛された。

なお、相楽と同士たちは事件後に京へ戻り、鳥羽・伏見の戦いの直後に「赤報隊《せきほうたい》」を結成。朝廷に、新政府軍への参入と、民心掌握のための年貢半減を建白して認められ、東進を開始した。だが、年貢半減は実行されず、赤報隊は「偽《にせ》官軍」とされ、相楽は処刑される。新政府は彼らを使い捨て、始末した。

慶喜の動きに話を戻す。薩摩藩邸焼き打ち事件で旧幕府兵、会津・桑名両藩兵はさらに激高した。年明けの元日、慶喜は「討薩表」を草した。薩摩藩が幼帝を侮って摂政を廃し、御所九門の護衛と称して兵を禁裏に進め、江戸で数々の犯行に及んだことを挙げ、朝廷に「奸臣《かんしん》」薩摩の引き渡しを求める嘆願書である。おそらく将兵の怒りを抑えきれなくなって、しぶしぶ書いたのであろう。

翌2日、「討薩表」を持つ滝川を先鋒《せんぽう》とする幕府軍1万5千人が大坂城を発った。慶喜は兵8千人とともに残った。風邪をこじらせて床に伏していたというが、仮病説もある。

添え書き

■龍馬暗殺

土佐の脱藩浪士・坂本龍馬は「大政奉還」「王政復古」を見ることなく世を去った。直前の慶応3(1867)年11月15日、京都の寄宿先とした醤油《しょうゆ》商・近江屋で、会津藩配下の治安活動組織・見廻組《みまわりぐみ》によって中岡慎太郎とともに斬殺されたのだ。

襲撃者は佐々木只三郎ら7人とされるが、その多くは鳥羽・伏見の戦いで戦死し、誰が斬ったかは不明。龍馬は薩長盟約を取り持つなどで京都守護職の会津藩に目を付けられる一方、薩摩藩の島津久光などからも危険視されたため、誰が黒幕かといった謎解きが今も続く。

3日早朝、幕府軍は淀城（京都市伏見区）付近で分岐する鳥羽街道、伏見街道の二手に分かれて前進した。午後3時ごろ鴨川に架かる小枝橋のたもとに差し掛かった鳥羽方面隊は、薩摩藩兵に阻まれ、何度通行を求めても「京都の許可が下りるまで待て」と拒否された。押し問答が続くうち、午後5時ごろに日が傾きだしたため、滝川が隊列を組んで突破しようとしたその時、薩摩兵が空に向かって銃を1発撃った。それを合図に鉄砲、大砲の一斉射撃が始まった。西郷の事前の指示通りであった。

滝川はあくまでも「討薩表」奉呈のための上洛と考え、戦闘態勢を組まず、歩兵の銃に弾さえ込めさせていなかった。虎視眈々《たんたん》と開戦機をうかがう西郷や大久保の計算を、滝川はまるで読めていなかった。見方を変えれば、軍事衝突の危険を承知しながら、滝川上洛の護衛を数人にとどめなかった慶喜の失策である。いずれにせよ、幕府側はまんまと西郷らの術中にはまった。

同じころ伏見では御香宮《ごこうのみや》神社に布陣する薩摩、長州、土佐、広島藩兵と、伏見奉行所周辺に陣取った会津藩・新撰組などの幕府軍がにらみ合っていたが、鳥羽からの砲声が届くと、薩摩軍の大砲が一斉に火を噴いた。オランダ製の、火薬を詰め信管を付けた砲弾であり、その着弾で伏見は火の海となった。鳥羽・伏見の戦いは、幕府側の大苦戦で始まった。

西陣帯地で「錦の御旗」
—寝返り続々　慶喜「朝敵」に—

口絵㊽参照

慶応4（1868）年1月3日に起きた鳥羽・伏見の戦いは、あっさり勝負がついたと思われがちだが、そうではない。虚を突かれて退却を余儀なくされた幕府軍が態勢を立て直し、明けて4日に反撃を開始。安藤鏐太《りゅうた》郎《ろう》率いる砲兵隊が、鳥羽の小枝橋付近に陣取る薩摩軍にフランス製の最新式大砲を浴びせ掛け、大打撃を与えた。

まさにそのとき、薩摩藩が本陣を移していた東寺（真言宗総本山・教王護国寺）に、護衛隊に守られて2本の旗が届いた。日章・月章を刺しゅうした長さ4・2メートル、幅90センチの旗。同日、征討大将軍に任ぜられた仁和寺宮嘉彰親王《にんなじのみやよしあきら》に下賜された錦旗《きんき》、いわゆる錦の御旗《みはた》である。

前日、薩摩藩の西郷吉之助（隆盛）が大久保利通に「明日は錦旗を押し立て、東寺に本陣を御据《すえ》下され候得《そうらえ》ば、一倍官軍の勢いを増し候事に御座候間、何卒《なにとぞ》御尽力成し下されたく」と書き送っており、それが実現した。

錦旗は天皇の軍旗である。ただし、これは岩倉具視《ともみ》が作らせたもの。岩倉が前年の10月3日、京都洛北の蟄居《ちっきょ》宅を訪ねてきた大久保と長州藩の品川弥二郎に、腹心・玉松操《みさお》に描かせた図案を示した。薩長に偽勅「討幕の密《みっ》勅《ちょく》」を授ける10日前のことであった。

大久保は、4人もの子をもうける妾《めかけ》お勇《ゆう》（祇園の芸子説が有力）に西陣の帯地を買わせた。それを品川が長州の山口に持ち帰り、小さな養蚕所に岡吉春という職人を1カ月間こもらせ、正副2旗を作らせたという。早い話が偽造である。

製作過程がどうあれ、明治天皇臨席の下で新政府軍に下賜されたのだから正式な錦旗だと説く人もいる。だが実態としては、「王政復古」令と同様、15歳の天皇はせいぜい御簾《みす》の向こうで儀礼的に見ていた程度であろう。

幕府軍はひるまず、薩摩軍陣地に猛攻を仕掛けた。最も奮戦したのが会津藩と新撰組、桑名藩。特に、会津藩別撰組《べっせんぐみ》を率いた佐川官兵衛は、先頭に立って敵兵を斬りまくった。右目の上に弾丸を受けて血まみれになっても、なお暴れまくるその姿に、敵・味方とも「鬼官兵衛」と呼んで恐れおののいたという。

けれども錦旗には「官軍」と「賊軍」を明確に分ける力があった。まず、様子見だった土佐軍が、偽造錦旗とは知らず、藩命を待たずに薩長軍に加わった。そして、裏切りが起きる。5日夕、幕府軍の主力部隊が淀城に退いて態勢を立て直そうとしたところ、淀藩が門を固く閉じて入城を拒否したのである。

淀藩主・稲葉家の初代正成《まさなり》の妻は3代将軍家光の乳母春日局《かすがのつぼね》。徳川家とゆかりの深い家柄であり、洛中から大坂に至る鳥羽街道、伏見街道が一つに合流する要衝・淀を押さえる重責を幕府から任されていた。鳥羽・伏見の戦いが勃発した当時の藩主稲葉正邦は老中として江戸在勤中であり、錦旗が揚がると家老山田方谷《ほうこく》が朝敵となることを避けるために独断で閉門させた。

この寝返りが、鳥羽・伏見の戦いはもちろん、戊辰戦争全体の流れを決めたといわれる。錦旗の威力、まさに絶大であった。

日章・月章を織り込んだ錦旗は3年半前、久留米藩の尊攘激派・真木和泉《いずみ》が「禁門の変」で自害する1カ月前に著した「五事建策」で提示しており、岩倉自身の発想ではない。しかし、「討幕の密勅」偽造とほぼ同時に錦旗を用意させた辺りが岩倉ならではの鋭さである。

岩倉にしろ、「討幕の密勅」を求めた大久保や西郷にしろ、維新の功労者と呼ばれる人々には、朝廷の権威をいかに利用するか―という行動原理があった。天皇を手中の「玉《ぎょく》」とした者が官軍になるとして、計算ずくでさまざまな策謀を巡らしたのである。一方、幕府側のトップである慶喜《よしのぶ》は、繰り返し紹介してきた通り「皇室に弓を引くな」という実家・水戸徳川家の家訓にほとんど盲目的に従った。その違いこそ、幕末の勝者と敗者を分けた。

鳥羽・伏見の苦戦を聞いた慶喜は5日、大坂城に残る幕府軍8千人を前に「たとえ千騎戦没してただ一騎となるとも退くべからず。汝《なんじ》らよろしく力を尽くすべし。もしこの地敗れるとも関東あり、関東敗れるとも水戸あり」と鼓舞した。

6日には、幕府側として山崎方面を守っていた津藩が寝返り、大坂へ退却する幕府軍の側面へ砲撃してきた。同夜、諦めずに全軍2万3千を率いて出馬するよう願い出る幕府軍の将兵たちを前に、慶喜は「これよりうち立つべし、皆々用意すべし」と演説した(『昔夢会筆記』)。

しかし、それは味方を欺く芝居であった。慶喜は5日の段階で既に、江戸へ逃避することを老中板倉勝静《かつきよ》と若年寄永井尚志《なおゆき》に告げ、同意を得ていた。

慶喜が大坂城を脱走したのは6日の夜9時ごろ。随行は松平容《かた》保《もり》とその実弟松平定敬《さだあき》(桑名藩主)、板倉ら数人。慶喜に「一緒に来い」と命じられた容保は、庭でも散歩するのかと思い、ちり紙も持たずに従ったという(山内昌之・中村彰彦『黒船以降』)。

慶喜たちは大坂城隣接の八軒家浜から淀川を小舟で下り、天保山沖に行き、翌日、「開陽丸」で江戸へ向かった。

脱出の後、会津藩士・浅羽忠之助《あさばちゅうのすけ》が必死に追い掛け、「禁門の変」後に下された孝明《こうめい》天皇の御宸翰《しんかん》を容保に届けた。この機敏な行動がなければ、会津藩の無実を証明する御宸翰は永遠に失われた可

添え書き

■鳥羽・伏見の前の戦闘

慶応4(1868)年1月3日に起きた鳥羽・伏見の戦いの前日夕、神戸沖で幕府艦「蟠竜丸《ばんりゅう》」が薩摩船「平運丸」に向け砲撃した。薩摩藩の指示による江戸での狼藉《ろうぜき》に、艦隊を率いる榎本武揚《たけあき》が激怒したことによる。実質的にはこれが幕府軍と薩摩軍の最初の戦闘。

3日、薩摩側は抗議したが、榎本は「江戸薩摩藩邸焼き打ち事件から幕府と薩摩は既に交戦状態にある」と反論。4日には榎本の乗る「開陽丸」が薩摩の「春日丸」「翔鳳丸《しょうほう》」に計25発の砲弾を撃ち込み、「春日丸」も18発を反撃した。阿波沖海戦、あるいは兵庫沖海戦と呼ばれる。

能性が高い。

7日、朝廷が、というより西軍が「徳川慶喜追討令」を発し、慶喜は朝敵にされた。

慶喜、幕府軍捨て大坂逃亡
—詰め腹切らされた神保修理—

口絵㊾参照

小川渉《わたる》が『しぐれ草紙』に書いた、ある回顧を現代語に意訳して紹介する。

「前線で会ったとき、神保《じんぼ》は味方の死傷著しく敵は勝ちに乗じて攻めて来るから到底支えきれないと言った。神保が大坂城で戦況をそのように報告したから将軍は考えを急変して大坂を脱出したのだと思う。江戸に向かう道中、帰ったなら神保の首を日本橋の欄干に掲げてくれようと話し、江戸に着くと直ちに藩庁へ神保の罪を強く訴えた」

総大将の徳川慶喜《よしのぶ》が逃げ出しては戦《いくさ》にならない。会津藩兵たちもやむなく紀州路を南へ逃れ、海路と陸路に分かれて江戸に向かった。途上、慶喜に東帰を進言したのは神保修理《しゅり》だという非難が巻き起こった。

修理は会津藩家老・神保内蔵助《くらのすけ》利孝の長男。秀才の誉れ高く、藩主松平容保《かたもり》が京都守護職に就くと公用方に登用された。彼の長崎での視察を基にした軍制改革によって誕生するのが白虎隊である。

鳥羽・伏見の戦いが起きると、修理は容保の命で淀に赴き、戦況を観察し、容保や慶喜に報告した。慶喜はのちに、修理が「事ここに至りては、もはやせんかたなし。速やかに御東帰ありて、おもむろに善後の計を運《めぐ》らさるべし」と述べたと証言しており（『昔夢会筆記』）、小川の記述と通ずるものがある。

北原雅長《まさなが》『七年史』の記載は違っていて、修理が慶喜に謁《えっ》したのは鳥羽・伏見の戦い4日目の慶応4（1868）年1月6日としている。それが正しければ、前回述べた、慶喜が5日に大坂脱出を決意した後ということになる。『七年史』はまた、修理が慶喜に説いたのは、「挙兵すれば順逆に背く。政権返上を貫くべきだ」という内容だったと書いている。さらに、慶喜の脱出後、修理は大いに驚いて家老田中土佐の元に走り、「今は東帰の機ではなく、かえって後害が深い恐れがあるから諫《いさ》めて止めるべきだ」と述べ、田中が同意したので単騎兵庫へ急行したが、既に「開陽丸」は出航した後だったとも、『七年史』にはある。

雅長は母方の家老・北原家へ養子に入ったが、修理の実弟である。そのことは割り引かなければならないにせよ、『七年史』の記述は具体的で、矛盾がない。百歩譲って慶喜の回想の方が真実だとしても、修理に責任はない。彼の戦況分析は正確かつ冷静であったし、幕府側が苦杯をなめたのはむしろ、大目付滝川具挙《ともたか》が戦闘準備もせずに鳥羽街道の薩摩軍を突破しようとしたことや、岩倉具視《ともみ》、西郷吉之助（隆盛）らが偽造しておいた錦の御旗《みはた》を掲げて「官軍」を名乗ったことにあった。

何よりも、慶喜の戦意欠如が大きい。「朝廷に弓を引かない」ことを全てに優先したために、錦の御旗が登場した途端に一切の抵抗をやめてしまった。

7日朝、慶喜がいなくなったことに将兵たちが気付いた。淀城への入城を断られた兵なども次々と退却してきて、大坂城は大混乱に陥る。「開陽丸」を慶喜の東帰に使われた軍艦頭・榎本武揚《たけあき》も大坂城に来て、新撰組の近藤勇や土方歳三たちとともに「富士丸」で江戸へ向かった。一説に、幕府軍の兵器や軍資金18万両を運び去ったといわれる。

慶喜から指示されていた大目付妻木頼矩《よりのり》が9日朝、西軍と城の明け渡し交渉を始めた。その最中の午前9時ごろ、本丸御殿の台所から出火、火薬庫にも燃え移って大爆発が起きた。西軍に屈することを堪え難く、火を放って自刃した兵が何人もいたのである。冬の強風にあおられた火で城内の建造物は夜通し燃え続け、跡形もなく焼け落ちた。

慶喜が江戸の浜御殿（現在の浜離宮恩賜庭園）に着いたのは12日。容保も和田倉門内の上屋敷に帰り、ほどなく陸路を追ってきた神保修理も着き、勝海舟らと善後策を相談した。そこへ会津兵など幕府軍が戻って来て、修理の責任論が沸騰した。

海舟は修理の助命を嘆願し、慶喜も解放を求めたが、会津藩庁は受け入れなかった。修理が慶喜の東帰を止めようとほかの会津兵よりも先に大坂城を出たことがあだとなり、修理に向けられた疑念が消し難かったのである。修理は2月13日、三田の下屋敷で切腹させられた。

井沢元彦『逆襲の日本史　21』が注目すべきことを紹介している。時代小説の名手・柴田錬三郎が『生きざま』に次のように書いているというのである。

「あれだけ、多くの秀《すぐ》れた幕臣を、死に追いやり、上野山内を、彰義隊の若い血汐《ちしお》で染めさせ、会津若松では、いまだ十五六歳の

添え書き

■黒谷の墓地と会津小鉄

松平容保《かたもり》が京都守護職に就いてから京で亡くなった藩士は、本陣を置く黒谷の金戒光明寺《こんかいこうみょうじ》の塔頭《たっちゅう》（脇寺）西雲院《さいうん》にある会津藩墓地に葬られた。そこに鳥羽・伏見の戦いで戦死した藩士115人の慰霊碑を立てたのは侠客《きょうかく》の会津小鉄だった。

小鉄は本名上阪《こうさか》仙吉。表は守護職屋敷の口入れ屋、裏では新撰組密偵として活躍。西軍にとがめられる危険もいとわず、子分200人以上を動員して鳥羽・伏見に野ざらしの会津藩兵遺骨を拾い集め、会津藩墓地に埋葬して碑を建立し、清掃・整備を続けた。小鉄の墓は西雲院にある。

少年たちを切腹させておき乍《なが》ら、忠誠を誓わせた総帥たる十五代将軍職に在った者が、のうのうと生きのびたことを、私は、軽蔑する。徳川慶喜は、江戸城に於《お》いて、割腹自殺すべきだったのである」

その後の会津藩降伏までを踏まえた批判であるが、戦う気がないのであれば、慶喜は大坂城から逃亡する前に、会津藩など配下に降りかかる惨禍を最小限に食い止める手段を講じ、潔く身を処すべきであった。

その無自覚、無責任の犠牲になったのは、詰め腹を切らされた神保修理だけではない。会津藩は鳥羽・伏見の戦いで幕府軍中最多の死傷者を出し、江戸への帰途に死んだ戦傷者も多い。のこのこと三田の会津藩下屋敷へ見舞いに行った慶喜に、重傷を負った藩士高津仲三郎《ちゅうざぶろう》が「なぜ逃げたのか」と詰め寄ると、慶喜は何も言い返せなかった（山内昌之・中村彰彦『黒船以降』）。高津はのちに、新政府転覆を図った思案橋事件に加わって斬首に処されるが、このときの憤まんも事件の動機の一つだったのではないか。

慶喜謹慎　容保に帰国の命
―新撰組、彰義隊など激しく抗戦―

口絵㊿参照

慶応4（1868）年1月12日に江戸へ逃げ帰った徳川慶喜《よしのぶ》に、フランス公使ロッシュが抗戦すべきだと進言した。4年前に幕府が横須賀造船所、製鉄所の建設を依頼して以降、フランスは幕府の軍制改革などに積極的に肩入れしてきた。王政復古令の直後、慶喜が各国公使らを大坂城に招いて新政府の非正当性などを主張したのもロッシュの助言によると言われている。

フランスの援助を受け入れて戦うという姿勢を見せたのもつかの間、慶喜は2月に入ると再び恭順に傾き、10日に会津藩主松平容保《かたもり》、その実弟の桑名藩主松平定敬《さだあき》に江戸退去・謹慎を命じ、12日には幕臣大久保一翁《いちおう》と勝海舟に後を託して上野・寛永寺の塔頭《たっちゅう》（脇寺）大慈院に引っ込み、謹慎に入ってしまう。

列強の侵略を防ぐため、何としても内戦を避けたいという思いがあったとされる。恭順の道を必死に探る慶喜が、島津家出身の前々将軍正室の天璋院《てんしょういん》（篤姫）を通じ、前将軍正室の静寛院《せいかんいん》（和宮《かずのみや》）に薩摩藩と朝廷への働き掛けを懇願すると、二人が切腹を勧めたという。武士にあるまじき敵前逃亡（大坂脱出）をさげすんだのである。それでも、徳川家の命脈を保とうと、篤姫と和宮は懸命に嘆願書を書いた。おかげで、岩倉具視《ともみ》は一時、慶喜を寛大に処置する意向を福井藩の松平春嶽《しゅんがく》に示している。

だが、西郷吉之助（隆盛）や大久保利通はあくまでも武力倒幕にこだわった。王政復古が策謀であることを自覚していたからこそ、佐幕派勢力を復活させないためには実力で新政府の支配を既成事実化していくほかない。薩摩藩の国元ですら依然、武力倒幕に対する批判が強かったが、江戸市中かく乱工作の末に薩摩藩邸が焼き打ちに遭い、鳥羽・伏見の戦いで戦闘に突入してからは国父・島津久光でさえ止められなくなっていた。

朝廷も同様であった。岩倉ら倒幕派の公家に引きずられ、2月3日に明治天皇が二条城へ行幸して「諸藩は出兵準備せよ」という親征の詔《みことのり》を発し、6日には有栖川宮熾仁《たるひと》親王を大総督とする東征大総督府を設置。北陸道、東山道（中山道）、東海道の3路から江戸に攻め入ることが決定してしまう。以降、様子見だった西日本の多くの藩が討幕側に付くことを余儀なくされた。

西郷は手を緩めず、出撃令が下る前の12日、独断で先鋒《せんぽう》軍を引き連れ京を出発した。西郷が東征大総督府の下参謀（実質上の最高指揮官）に任命されるのは14日、熾仁親王が錦旗を下されて御所から出陣するのは15日である。西郷軍はその間も東海道を進み、28日には箱根を占領した。

3月5日、熾仁親王以下東征軍が駿府（戊辰戦争後に静岡に改名）に着き、翌日の軍議で「15日に江戸総攻撃」と決したが、勝海舟の申し入れで西郷が12日に江戸入りし、13、14両日の会談によって、慶喜の水戸謹慎を条件に江戸城の無血開城が決まった。かつて篤姫の将軍家輿入《こし》れのために働いた西郷が、篤姫の哀願する手紙に涙し、徳川家の存続を決意したという話はよく知られている。

慶喜の生命は助かり、徳川家存続の見込みが立った。だが、幕府がつぶれては幕臣や佐幕派諸藩の主従は明日をも知れぬ身となる。当然、慶喜が江戸に逃げ帰った直後から、陸軍奉行並の小栗忠順《ただまさ》、榎本武揚《たけあき》、大鳥圭介、水野忠徳《ただのり》らは慶喜に徹底抗戦を迫ったが、慶喜はその中心人物である小栗を罷免した。

不満は収まらず、フランスの直接指導を受けた幕府の精鋭隊「伝習隊」、歩兵隊の一部が2月5日、7日に相次いで脱走し、3月8日に梁田(栃木県)で東征軍と交戦して敗れ、近藤勇、土方歳三ら新撰組も同月6日、勝沼(山梨県)で東征軍を迎撃しようとして敗走。近藤は流山(千葉県)で東征軍に包囲され、4月25日に斬首される。

彰義隊は幕臣の本多敏三郎と伴門五郎《ばんもんごろう》が飛ばした檄文《げきぶん》によって2月23日に結成された。彼らは、慶喜救済に尽力した寛永寺貫主・門跡の輪王寺宮《りんのうじのみや》(のちの北白川宮能久《よしひさ》親王。孝明《こうめい》天皇の義弟)を擁して同寺に立てこもり、4000人ほどにも膨れあがった。

添え書き

■無血開城、真の立役者

江戸城の無血開城は、勝海舟が西郷吉之助(隆盛)と三田の薩摩藩邸で2度にわたり会談した歴史的成果とされるが、真の功労者は海舟、高橋泥舟《でいしゅう》とともに〝幕末の三舟〟と称される山岡鉄舟《てっしゅう》(鉄太郎)であった。

謹慎する慶喜から事後を託された海舟は、3月5日に駿府に着いた東征軍のもとへ鉄舟を派遣して西郷と折衝させた。徳川家存続、慶喜の死罪免除などの降伏条件を西郷に内諾させたのは鉄舟。薩摩藩邸での会談は東征軍、旧幕府軍の双方を納得させるための演出の色が濃いとされる。

東征軍は5月14日に彰義隊討伐を布告。翌日、降りしきる雨の中、大村益次郎（長州）の指揮下、激しい砲撃を浴びせ、わずか1日で壊滅させた。敗残兵は北陸や会津などへ逃れ、最後まで抵抗していく。輪王寺宮は榎本武揚率いる艦隊で羽田沖から房総へ脱出し、のちに奥羽越列藩同盟の盟主に擁立される。

会津藩はどうしたか。容保は2月4日、恭順の姿勢を示すために藩主の座を名目上、14歳の養嗣子喜徳《のぶのり》（慶喜実弟）に譲り、輪王寺宮に哀訴して恭順謹慎を誓う嘆願書を朝廷に提出していただいた。同時に田中土佐、神保内蔵助《くらのすけ》（神保修理《しゅり》と北原雅長《まさなが》の父）、梶原平馬ら家老6人連署の嘆願書に、孝明天皇の御宸翰《しんかん》の写しを添えて尾張、肥後、高松など22藩に送った。

土佐藩以外には受け取ってもらえたものの効果は何もなく、容保は10日に定敬らとともに官位を剥奪されたため、16日、嘆願書と同文の謝罪状を朝廷に奉呈するよう春嶽に託して会津へ帰国した。2、3日後、藩士とその家族も会津へ向かった。

藩内の徹底抗戦論がいかに激しかったかは、前回述べた修理の切腹が2月13日であることが物語っている。激高する家臣たちをひとまず会津へ下がらせるには、容保も泣いて馬謖《ばしょく》を斬るしかなかったのである。鶴ケ城に戻った容保は27日、藩士たちに告示した。「この上は兵備を第一と致すほかかない。一致一和し、国辱をそそぐよう頼み入る」。武備恭順─。藩の内部分裂を避ける唯一の選択肢であった。

「関宿会談」で降伏3条件
―会津救済へ仙台・米沢が尽力―

慶応4（1868）年1月7日、徳川慶喜《よしのぶ》の大坂城逃亡翌日に出された「征討令」には、慶喜を賊軍とする理由として「帰国を命じた会津、桑名などを先鋒《せんぽう》に戦端を開いた」とある。17日には仙台藩主伊達慶邦《よしくに》に「会津藩松平容保《かたもり》は徳川慶喜に与《くみ》し、錦旗《きんき》に発砲し大逆無道であるから、其《そ》の藩一手をもって会津本城を襲撃したいという出願通りに仰せつけられた」との沙汰書が届く。慶邦の継室八代《やよ》姫、会津藩松平容保の養嗣子喜徳《のぶのり》は慶喜の妹弟。親戚を討てという仕打ちに、仙台藩が「出願などしていない。事実に反する」と拒否すると、「其の藩一手をもって」という文言を削除した沙汰書を改めて下し、25日には米沢藩、盛岡藩、秋田藩に援軍を命じてきた。奥州諸藩は東北の雄・仙台藩に背けないと踏んで、自らの手は汚さずに近隣の藩に会津を袋だたきにさせようという、陰険なやり方であった。

慶邦は2月10日、「鳥羽・伏見において会津・桑名軍は薩摩軍の発砲でやむなく応戦したと言っている」「長州藩は禁門の変で朝廷に発砲して朝敵の汚名をこうむったが、一時の過誤として寛大な措置が取られた」として追討出征を「しばらく御用捨《ようしゃ》（＝容赦）」願いたいとする建白書を持たせて奉行大條《おおえだ》孫三郎を上洛させた。しかし、大條が26日に入京したとき東征軍は既に出陣した後であった。その26日、仙台藩の安田竹之助らが米沢を訪れ、家老色部《いろべ》久長らと会津藩救済に尽力することで合意した。米沢藩はすぐ、会津藩への寛典を求める建白書を朝廷へ提出しようと試みたが、これもかなわなかった。

会津藩救済に動いた理由を、米沢藩士宮島誠一郎の『戊辰日記』は「断絶回避以来両藩は親しく、若君（世子茂憲《もちのり》）の正室が容保公の妹君（幸姫）だから」と書く。断絶回避というのは、寛文4（1664）年に3代米沢藩主綱勝《つなかつ》が嫡子のないまま急病死した際、将軍補佐役だった会津藩祖保科正之《ほしなまさゆき》が、石高を15万石に半減しただけで上杉家を存続させたことを指す。200年前の恩義を米沢藩は忘れていなかったのである。

米沢上杉家の現当主（16代）上杉邦憲《くにのり》氏も「その通り」とうなずく。宇宙航空研究開発機構（JAXA）宇宙科学研究所の名誉教授という異色の旧大名家当主である。同氏によれば、正之の穏便な措置には、実は伏線があった。

綱勝急死の6年前、妹三姫（富子）が4200石の旗本吉良義央《きらよしなか》（上野介《こうずけのすけ》。のち赤穂浪士事件の当事者）に嫁いだ。本来あり得ない大名家と旗本の婚儀は、義央に一目惚《ひとめぼ》れした富子が義姉の父正之にお願いしたというから、正之の粋な計らいである。

その夏、悲劇が起きる。正之側室しほの産んだ娘須磨《すま》が将軍家綱の命で加賀前田家へ嫁ぐ前夜、上杉家に嫁した姉媛姫《はるひめ》が死んだ。上杉家は謙信《けんしん》に連なる名門とはいえ、前田家は外様ながら百万石の大藩。媛姫生母である正室於万《おまん》がねたんで須磨に毒を盛ったところ、ある老女の機転で、わが娘・媛姫に毒を飲ませる結果になったのである。会津松平家には、上杉家正室を殺すという、同家に顔向けできない義理が生じた。のちに綱勝が死去し、正之が養嗣子として認めたのは富子の長男三郎（のちの4代藩主綱憲《つなのり》）。上杉家は、いわば義理と人情によって断絶を免れたのである。

話は幕末に戻る。奥羽鎮撫《ちんぶ》総督府（以下、奥羽府と略）の総勢546人の船隊が仙台湾に着き、3月23日に本営とする仙台藩藩校・養賢堂《ようけんどう》に入った。総督九条道隆（大正天皇の義父）ら公家は名目であり、実権は下参謀の世良《せら》修蔵（長州）と大山格之助（綱良。薩摩）にあった。大山は秋田へ向かう。世良は同夜、但木《ただき》土佐ら仙台藩重臣を呼びつけ「会津出兵が手ぬるい。朝命を軽んじているのか」「米沢藩との協議など無駄だ。すぐに会津を討て」と痛罵した。ちょうど仙台にいた米沢藩の大滝新蔵らも世良を訪ねて「容保公は謹慎している」と戦争回避を打診したが、言葉も終わらないうちに世良は「異議あらば会津と同罪だ」と脅した。

慶邦は4月11日に出陣式を挙げ朝命に従う外形を作る一方、一門の伊達村福《むらやす》を駿府へ差し向けて大総督有栖川宮に会津救済の建白書を提出させたが、「奥羽府に出願を」と却下された。さらに慶邦は、若生《わこう》文十郎らを会津へ遣わして降伏謝罪を進言した。会津藩の御前会議では鬼官兵衛こと佐川官兵衛が激しく反対したものの、最後には同意し、受け入れが決まった。米沢藩が周旋の労を執り、仙台と米沢を結ぶ七ケ宿《しちがしゅく》街道の、国境《くにざかい》に近い関宿《せきじゅく》（宮城県七ケ宿町）で4月29日、仙台藩・会津藩の会談が実現した。

但木が降伏3条件を提案した。開城、容保の城外謹慎、首謀者の首級差し出し――。会津藩の首席家老梶原平馬は「慶喜公が自ら責を負い、将兵の誤りではないと申し立てて朝廷も認めている。弊藩に首謀者があろうはずもない」と難色を示し、但木が「それ

添え書き

■会津「家訓」第4条

会津藩の憲法とも言える藩祖保科正之の定めた「家訓《かきん》」15条の4番目「婦人女子の言、一切聞くべからず」は、媛姫毒殺事件の教訓ともいわれる。

女性の政治口出しが一般的にも厳禁であった当時のことだけに真偽は定かではないが、正之の怒りが尋常でなかったことは確かだ。中村彰彦『慈悲の名君 保科正之』によれば、正之は正室於万の意をくんで動いた老女三好ら18人を処刑。於万本人は四男正経の生母だから殺しはしなかったものの、以後、完全に遠ざけ、正室として扱わなかったという。

では奥羽府は受け付けない」と諭しても「では、一藩上下死を決するまで」と述べ、交渉は決裂寸前に至った。仙台藩参政の真田喜平太が激しい口調で沈黙を破った。「重臣の首と会津一国、どちらが大事か。無理なら、戦場で相まみえよう」。梶原がなおも「重臣の首を差し出しても私怨《しえん》に報いようとする薩長の参謀は拒むのではないか」と声を絞り出すと、但木が「我らが保証する」と即答した。既に、奥羽府の副総督・沢為量《ためかず》から「会津が降伏すれば武力討伐しない」という言質《げんち》を得ていたのである。

翌閏《うるう》4月1日、降伏3条件を最終確認。仙台・米沢両藩は4日付で報告書を奥羽府へ提出し、同時に、結束して会津藩救済を実現するため、白石城（宮城県白石市）への集合を要請する回状を奥羽諸藩へ発した。

傲慢な世良、仙台藩が斬殺
―31藩の「奥羽越列藩同盟」成立―

口絵51参照

奥羽府下参謀の大山格之助（綱良）は仙台湾東名《とうな》浜に上陸した慶応4（1868）年3月18日、江戸の商船を「敵船だ」として船と積み荷を強奪した。荷が何かといえば砂糖と陶器。時価3千両ともいわれる。仙台城下で売りさばいた金を大山は各藩の兵に分配し、残りを懐に入れたと悪評が立った。

西軍兵は白昼酔って戯《ざ》れ歌を高吟した。「竹に雀《すずめ》を袋に入れて後においらのものとする」。竹に雀は伊達家の家紋。かくも侮辱を受けつつ、仙台藩は西軍の軍費、兵糧はおろか兵の遊興費まで負担させられた。

関宿《せきじゅく》会談による会津藩降伏条件合意を仙台・米沢両藩が閏《うるう》4月4日に奥羽府へ報告すると、もう一人の下参謀、長州の世良《せら》修蔵は翌日すぐ、大山と連名で拒否を通知した。「もはや謝罪嘆願は成り立たない。悔悟降伏するなら周旋者はこっちに来い」とあった。世良のそうした傲慢《ごうまん》な態度に、仙台藩士たちの嫌悪が急激に膨らんでいった。

仙台でこんな歌もはやった。「九丈（九条）梯子《はしご》に半鐘掛けて火（非）のない合図（会津）が打たりょうか」。そうした、会津は朝敵ではないという認識は仙台藩に限らなかったから、会津藩降伏嘆願書の共同提出を諮るための参集呼び掛けに、13藩の重臣が11日までに白石城に集結し、10藩が追って駆け付けると返答してきた。

米沢藩主上杉斉憲《なりのり》も11日、１７００人の兵を率いて白石城に着き、仙台藩主伊達慶邦《よしくに》に面会。二人は翌日、岩沼（宮城県岩沼市）の奥羽府に出向いて九条道孝総督に謁《えつ》し、嘆願書を提出した。深夜に及ぶ慶邦と斉憲の熱心な説得を受け、九条も会津降伏受け入れに同意した。

世良は逆上し、総督の意向を無視して即座に嘆願を却下した。17日に白石城に届いた沙汰書には、会津は「朝敵」「天地に入るべからざる罪人」であるから「早々に討ち入れ」とあった。19日午後3時ごろ福島北町（福島市）の宿・金沢屋に入った世良は、急いで書状を書き、呼び出しに応じて出頭した福島藩軍事係の鈴木六太郎ら3人に、極秘裏に大山へ届けるよう命じた。怪しんだ鈴木が家老斎藤十太夫に相談し、その指示で密書を瀬上《せのうえ》主膳ら仙台藩士に見せた。密書にはこうあった。

「総督が受理した嘆願書を返すわけにもいかないから、京都へ出向いて奥羽の情実を申し入れ、奥羽皆敵と見て逆襲の大策としたい」

「奥羽皆敵」…。東北諸藩にとって看過しがたい言葉である。

20日午前2時ごろ、酔って熟睡する世良を、大槻定之進、姉歯《あねは》武之進ら仙台藩士に福島藩士も加えた20人余が襲った。不意を突かれた世良はピストルで応戦したが不発だったため、2階から飛び降り、庭石に頭を強打して激しく流血。ひん死状態で捕まったため尋問に何も返答できないまま、阿武隈川の川原で斬首された。午前6時ごろのことである。

大槻が、襲撃時に世良は遊女と同衾《どうきん》していたと記している。これに対して長州人・谷林博の著書『世良修蔵』は、金沢屋は鎮撫使《ちんぶし》の宿として福島藩が提供した立派な宿だったと反論し、世良の女性問題は「デマに過ぎない」と書いている。けれども、『板倉家御歴代略記』（福島市史資料叢書《そうしょ》・第22輯《しゅう》）など大槻証言を補強する資料もある。

また、米沢藩の使者が以前、大坂の旅館で世良に面会したとき、世良が芸者に膝枕し、公用書類を足で蹴ってよこし、思わず刀の柄に手を掛けたという話も伝わっている。

反西軍意識から世良の人間性が実際以上に悪く語られた面はあったかもしれないが、見方を変えれば、朝廷の権威をかさに着て名門仙台藩伊達家にまで命令口調で会津討伐を迫る世良の態度が西軍への反感をいっそう決定的なものにし、会津藩救済への思いを強めたということであろう。

だが、世良を殺したりすれば仙台藩が西軍の標的にされるのは子どもにも予想できることであり、決して一部の過激分子が密書の「奥羽皆敵」という4文字に前後の見境なく起こした突発事件などではない。閏4月8日、佐藤宮内と大越文五郎が世良誅殺《ちゅうさつ》を決議しており、報告を受けた家老但木《ただき》土佐は「お国のためだ」と

添え書き

■世良修蔵の墓

白石城下の月心院（宮城県白石市）に葬られた世良修蔵の首は、明治3（1870）年、新政府の命で陣場山に改葬され、5年後に墓石が建てられた。明治9（76）年の明治天皇巡幸の際に木戸孝允《たかよし》が献灯している。墓碑が「明治元戊辰年閏四月二十日於奥州信夫郡福島駅□□所殺年三十四」と2文字消えており、世良を恨む人々が「為賊」を削り取ったとされてきたが、明治22（89）年の憲法発布の大赦で東軍の賊名が除かれたとき、白石町（当時）が削ったとの説がある。

一方、福島市の稲荷神社には戊辰戦争終結後に西軍の建てた世良の慰霊碑がある。

内許を与えた。そして但木は17日、脱藩者の犯行を装うため、あらかじめ「17～18人が脱走した」と奥羽府に届け出ておいた。決行は20日の予定であった。

一方、白石城に集まった諸藩は、会津藩救済嘆願書を世良が拒否した場合の対応策も討議し、全藩とも奥羽府の命で出した兵を解いて本国へ退去すること、世良が奥羽府を奥州入り口の要衝・白河城（小峰城。福島県白河市）へ移すつもりだから、会津軍が占拠すること、などを決した。その白河城占拠の日が20日。会津兵に紛れて世良を暗殺する計画を、密書を見た姉歯らが、世良が福島にいる今こそ最後の好機とみて実行をわずかに早めたのである。

その朝、会津藩と新撰組が白河城を襲撃した。奥羽府の命で守備に就いていた奥州諸藩はほぼ無抵抗で退却した。無論、打ち合わせ通りである。世良を殺したからには奥羽諸藩に退路はない。23日、25藩が白石盟約に調印して奥羽列藩同盟が成立した。

西軍は越後（新潟県）にも迫っていた。中立の立場を取る長岡藩の家老河井継之助《つぎのすけ》は5月2日、西軍軍監の岩村精一郎（土佐）の陣取る小千谷に単身赴いた。「列強が取り囲む中、内戦をしている場合か。領民を苦しめるのは忍びない」と、昼夜を徹し戦闘回避を懇願する河井に岩村は、敵か味方か、と問うのみ。翌日帰った河井は藩主同席の場で憤然、「無辜《むこ》の民を苦しめる薩長は賊であり、王師《おうすい》にあらず」と対決を宣言。長岡藩は4日、奥羽列藩同盟に加盟した。

6日にはほかの越後5藩も加わり奥羽越列藩同盟となった。会津・庄内両藩は入っていないが、会津藩は4月10日に南摩綱紀《なんまつなのり》を庄内に派遣して会庄同盟を結んでおり、日本版〝南北戦争〟の図式が出現した。

世良の陰に木戸の私怨

―国際法を意識？　西郷、寛大派に―

口絵52参照

奥羽諸藩の会津藩救済嘆願を奥羽府下参謀の世良《せら》修蔵が頑として拒んだのは、世良の個性だけによるものではない。会津・庄内両藩が助命を求めてきた場合の対処法を問うた奥羽府に、上部機関の東征大総督府が慶応4（1868）年2月17日、会津藩松平容保《かたもり》は「死をもって謝すほかこれ無し」と回答していたのである。

大山厳の次男・大山柏《かしわ》の著した『戊辰戦役史』によれば、大総督府の下参謀・林通顕《みちあき》の独断であった。林は宇和島藩の伊達宗城《むねなり》側近として尊攘派志士たちとの交渉に当たった実績から下参謀に抜てきされたのだが、大総督・有栖川宮熾仁《たるひと》親王やもう一人の下参謀・西郷吉之助（隆盛）が江戸へ進撃すると京に一人残され、あまりの多忙にノイローゼになった。

どんな精神状態での判断であれ「容保死罪」が大総督府の命令である以上、無視できない。奥羽府には討伐方法の裁量権は与えられたものの、降伏受け入れを決める権限はなかったし、世良には指揮系統を超えて決断できるほどの度量はなかった。

少し時間がさかのぼるが、実は、奥羽府下参謀はいったん薩摩の黒田清隆、長州の品川弥二郎に決まりながら、出陣前日に大山格之助（綱良）と世良へ変更された。

木戸孝允《たかよし》は明治9（76）年の日記で、自分が奥州鎮撫《ちんぶ》の方向性を決めようと画策して京都河原町の宿で世良と談合した―と回想している。つまり主戦派の世良を下参謀にさせたのは木戸であった。彼は桂小五郎を名乗っていた時代、会津藩配下の新撰組に尊攘激派が襲撃された池田屋事件や、長州藩が会津・薩摩両藩に返り討ちにされた「禁門の変」などを生き延び、会津に対する私怨《しえん》が人一倍強い人であった。

世良は周防《すおう》大島の庄屋格の家に生まれ、養子を繰り返して士分格になった。同郷の赤禰武人《あかねたけと》に招かれて奇兵隊に加わったが、赤禰が佐幕派に内通した嫌疑を掛けられて脱走した余波で謹慎に処されたことがある。その負い目から会津討伐の実績を焦った可能性もある。

世良をはじめ長州兵は「武士の情け」を解さない農民・町民上がりが多いことも影響したともいわれる。その点、西郷は違った。9月26日、奥羽越列藩同盟の中で最後に降伏した庄内藩は、藩主酒井忠篤《ただずみ》こそ謹慎処分となったものの、弟の忠宝《ただみち》に家督を譲ることで滅藩を免れた。西郷の意向といわれる。庄内藩の申告通り既に戦死していた家老石原倉右衛門を謀反の首謀者とすることで収めるという黒田の判断にも、27日に庄内入りした西郷は全く異を唱えなかった。

西郷に詳しい明治大学の落合弘樹教授は「西郷はそもそも東北戦争に否定的だった」と指摘する。武力倒幕の急先鋒《せんぽう》は大久保利通と西郷であり、西郷は自ら江戸へ進軍したが、徳川慶喜《よしのぶ》が謹慎し江戸城の無血開城が成ると、俺の役目は済んだ、という態度を取るというのである。

彰義隊《しょうぎたい》が2月23日に結成されたとき江戸っ子たちは熱烈に支持した。徳川幕府への恩義が強い上、前年秋から薩摩藩の指図で相楽《さがら》総三らが集団強盗などを働いたために江戸の治安は荒廃し、乗り込んできた西軍兵は言い掛かりをつけては町民を斬るなど傍若無人な振る舞いが目立った。憤慨した彰義隊員が西軍兵を斬る事件も頻発したが、西郷は勝海舟や山岡鉄舟を通じて自重を求めるだけで取り締まろうともしなかった。

これを手緩いとして岩倉具視《ともみ》に鎮圧を建言したのが長州の大村益次郎であった。大村は有栖川宮大総督の補佐に任命され、4月21日に江戸入りした。彰義隊を討つ5月15日の上野戦争の総指揮は大村。西郷は手下の立場になり、薩摩兵を率いて黒門口の攻撃を担って西軍を勝利に導いたものの、開戦前、大村に「薩摩兵を皆殺しにするつもりか」と迫るほど、嫌々ながらの参戦であった。

無血開城の後、西郷は朝廷の意向確認のため京へ上り、「断固、慶喜の首を取るべし」と主張する大久保らに反対した。そのわけを、歴史研究家・作家の半藤一利氏は「西郷は『万国公法』、つまり国際法を意識せざるを得なかった」と述べる。「勝は『万国公法』を間違いなく読んでおり、勝に言われたのかもしれない」というのである。

同氏によれば、勝は3月27日に一人で横浜のイギリス公使館に行き、万一戦争になれば慶喜をロンドンに亡命させるという「密事」を話し合った。国際法に則した措置である。そのあとパークス公使は総督府のある駿府に手紙を送り、京から帰った西郷は「ぜひ会いたいから江戸へ行く途中に立ち寄ってくれ」という文面を読んで横浜へ向かった。その面会で西郷は「慶喜や容保ら恭順した君主を死罪にしたりすれば、新政府は欧州諸国の非難を買う」とパークスに念を押されたと半藤氏は推測する。

二人三脚で歩んできた大久保と西郷の間に溝が広がり始めたのは、このころであった。

添え書き

■庄内藩と西郷

朝敵とされた庄内藩が寛大に処されたのは、同藩の豪商本間家の分家出身である洋学者本間郡兵衛《ぐんべえ》（北曜《ほくよう》）が薩摩藩の近代化に貢献したことにもよる。西郷吉之助（隆盛）は黒田清隆に「酒田湊は北曜先生の故郷。勝ちに乗じて醜行を働いてはならぬ」と指示していた。

西郷の配慮を知った前藩主酒井忠篤《ただずみ》は明治3（1870）年、藩士70余人を連れ薩摩へ遊学。西郷の教えを家老菅実秀《すげさねひで》らが『南洲翁《なんしゅうおう》遺訓』にまとめ明治23（90）年に出版した。西郷が最後に住んだ鹿児島の武《たけ》屋敷跡には、これを記念した銅像がある。

幕末維新全体を俯瞰《ふかん》すれば、長州が文久の世から過激な行動を繰り返す名分とした「尊王攘夷《じょうい》」などもはや無関係になり、旧幕勢力の徹底排除が必要だと考える大久保ら薩摩の一部強硬派や「会津憎し」で凝り固まった木戸ら長州勢が戦争を押し進めていた。

ともあれ、会津救済を目的に結成が図られた奥羽越列藩同盟ではあっても、世良が殺されたからには、もはや全面対決は避けられない。閏《うるう》4月20日に会津藩が占拠した奥羽最南の要・白河城を、西軍は薩摩の伊地知《いじち》正治率いる約500人を投入して5月1日に奪取し、以後100日間にわたって激戦を繰り広げた。会津藩家老に復帰した西郷頼母《たのも》を司令官とする会津・仙台などの同盟軍は7回の攻撃を仕掛けたが奪還に失敗した。戦力に余裕がなかった西軍も、上野戦争が1日で決すると東北、北越へと進攻を開始した。

秋田藩・弘前藩抜け同盟崩壊
―幻の「東武帝王」「東北朝廷」―

奥羽府下参謀の世良《せら》修蔵が殺された翌日の慶応4（1868）年閏《うるう》4月21日、奥羽諸藩は総督九条道孝に仙台へ移っていただいた。会津藩救済に理解のある九条総督を同盟の盟主に迎えたという意識であった。だが、東征大総督府は九条総督奪還へ前山精一郎（佐賀）を送り込む。

27日に仙台湾に着いた前山の「奥羽の国情ももっともだ」という寛大なそぶりに仙台藩上層部はだまされ、九条総督との面会を許したばかりか、「秋田から乗船し帰京したい」という九条総督の願いを諸藩会議の反対を押し切って受け入れた。5月18日に仙台を発った九条総督はいったん盛岡に落ち着く。この仙台脱出が、奥羽越列藩同盟の崩壊を招くことになる。

庄内藩討伐のため下参謀大山格之助（綱良）と共に新庄藩（山形県）内にいた副総督・沢為量《ためかず》は、秋田へ向かった。奥羽諸藩が「沢副総督は薩長兵と分断した上で米沢藩の保護下に置く。薩長兵は海路帰国させるが、暴動に及べば打ち払う」と決めたことを知り、奥州が結束した今、わずか300の兵で庄内藩を討伐するのは無理だと判断したためである。

沢副総督から「秋田から弘前藩領を経て箱館へ渡る」と言われ、秋田藩は入領を受諾。5月9日に秋田入りした沢副総督に大館にご着座いただいた。領内滞在を一時的なものに収めて難を逃れようとしたのだが、弘前藩は藩境を封鎖。困った秋田藩は、船で領外に出ていただいて厄介払いしようと27日、沢副総督に能代へお移り願った。しかし、7月1日、九条総督が醍醐忠敬《ただゆき》参謀とともにやって来て、沢副総督に合流した。東征大総督府と示し合わせた行動であった。

仙台藩の使者が来て「三卿を速やかに退去させよ。さもなくば奥羽列藩の大兵が秋田藩に討ち入る」と強硬に迫った。佐幕派と勤王派が鋭く対立していた秋田藩では三卿合流によって勤王派が勢いづき、三卿はそれを利用しようと、仙台藩使者斬殺を藩主佐竹義堯《よしたか》に言上するよう勤王派をたきつけた。義堯は公家の意向に逆らえず、4日に暗殺を許可し、庄内討伐の先鋒《せんぽう》となることを願い出た。藩論は勤王に統一され、秋田藩は同盟を脱退した。

弘前藩の京都屋敷留守居役・西舘平馬（のち孤清《こせい》）が、5500両もの大枚を払って雇った船で帰藩したのは翌5日である。佐幕と勤王の間で迷走する藩を憂えた西舘が近衛家に相談し、「朝敵になるな」という近衛忠煕《ただひろ》・

忠房親子の教書と、「官軍の任に奮励せよ」という朝廷の沙汰書（実は岩倉具視《ともみ》が独断で書いたもの）を極秘裏に届けたのである。

藩祖為信《ためのぶ》の働き掛けによって津軽家が近衛家の猶子《ゆうし》（ご落胤《らくいん》の血脈）と認められて以来、津軽家は公家筆頭の近衛家を宗家（本家）と仰いできた。13日、藩論は勤王に一決し、藩主津軽承昭《つぐあきら》は庄内征討軍の出陣を命じた。秋田藩に次ぐ同盟脱退である。

奥州にも尊王を否定する藩はなく、同盟に参加したのは、仙台・米沢両藩を除き、本音としては戦争を回避したいという消極的理由であった。そのため、お飾りで就任したともいえる九条総督や沢副総督、あるいは近衛家といった公家の権威に影響されやすかったのである。

以上の、同盟崩壊の詳細な過程は青森県出身の工藤威《たけし》が『奥羽列藩同盟の基礎的研究』によって初めて明らかにした。


一方、5月15日の上野戦争で彰義隊《しょうぎたい》を壊滅させた長州の大村益次郎は、江戸城の財宝を外国商人に売り払うなどして軍資金を確保し、余力のできた兵で攻勢に出た。6月16日には軍艦3隻の兵が茨城県北東端の平潟《ひらかた》港に上陸し、福島県南東端の磐城平《いわきたいら》城に迫った。同盟軍は2度撃退したものの、弾薬が尽き、7月13日、城に火を放って退却した。

各地で抗戦して敗走した彰義隊、新撰組、佐幕派諸藩の兵などは会津へ集結した。徳川慶喜《よしのぶ》が水戸で完全謹慎に入って以降、旧幕勢力は会津藩の松平容保《かたもり》をあたかも将軍代行と頼み、会津若松を江戸の代わりに見立てたのである。

彰義隊に担がれた輪王寺宮（北白川宮能久《よしひさ》親王）は上野戦争後に寛永寺を脱出。会津、米沢、仙台を経て7月

13日に白石城（宮城県）に着座し、同盟軍の軍事総裁に就任した。会津若松に居た元幕府老中の板倉勝静《かつきよ》、小笠原長行《ながみち》も白石城に移って相談役に就いた。

工藤の前掲書によれば、諸藩を同盟陣営につなぎ止めるには輪王寺宮を推戴するしか方法がないと米沢・仙台・会津3藩が判断し、秋田藩や弘前藩が脱落する前の6月23日、重臣6人が宮に謁《えっ》して軍事総裁就任を打診・懇願した。

輪王寺宮については、「東北朝廷」構想が存在し、宮が6月15、16日ごろ即位して「東武帝王」となり、「大政元年」に改元したという説がある。しかし工藤は、当初同盟に加盟した25藩のうち8藩の代表が参加していないことなどを挙げ、東北朝廷は構想にとどまる「砂上の楼閣」であったと指摘している。

磐城平城の落城によって、三春藩（福島県）は7月24日の西軍襲来の前に降伏を決めた。29日には二本松城（同）に約7千人もの西軍兵が殺到し、わずか1日であえなく炎上、落城した。北越戦線では、5月9日に西軍の手に落ちた長岡城（新潟県）を、河井継之助《つぎのすけ》が7月24日の夜襲で奪い返したものの、29日に反抗を受けて落城した。

慶喜の大坂逃走のとき実兄の容保とともに江戸に帰った桑名藩

添え書き

■二本松少年隊の悲劇

会津白虎隊の陰に隠れているが、同じ福島県内の二本松城（霞ケ城）攻防戦でも12～17歳の少年62人が玉砕戦を戦い、14人が戦死する悲劇があった。慶応4（1868）年7月29日のことである。

正規兵は18歳以上だったが、藩兵が領境へ出陣してガラ空き同然となった城に敵の大軍が迫り、少年たちの志願をやむなく受け入れたという。急編成のため白虎隊のような正式な隊名はなく、五十回忌のとき初めて行われた法要の際、元隊員の水野進が配った小冊子の表題「二本松戊辰少年隊記」から名前がつき、顕彰活動も始まった。

主松平定敬《さだあき》は、桑名藩が藩主を無視して1月28日に無血開城してしまったために行き場を失い、4月に柏崎（同）に入り、各地を転戦してきた桑名兵400人とともに北越で奮戦を続けたが、7月末に新発田藩（同）の寝返りに遭い、やむなく会津城下へ向かった。

ありうる蝦夷地領「貸与」
――会津藩の資金難にスネル暗躍？――

口絵㊿参照

ヘンリー・スネルは、羽織・袴《はかま》を着し、松平容保《かたもり》から贈られた大小を差して鶴ケ城に登城したという。鳥羽・伏見の戦いで薩長軍との戦力差を痛感した会津藩は、軍備・軍制の立て直しへプロイセン（現ドイツ連邦）公使館の書記官兼通訳を辞したスネルを召し抱えた。容保が平松武兵衛という名を与えたことが期待の高さを示す。平松は、松平を逆さにした姓であろう。

スネルはドイツ人を父母にオランダ領東インドで生まれた。弟のエドワード・スネルとともに幕末の「死の商人」「怪商」などといった悪評がつきまとうが、兄はなぜか奥羽越列藩同盟の「将軍スネル」になる。経緯は臼井隆一郎『榎本武揚《たけあき》から世界史が見える』に詳しい。以下、同書を参考に述べる。

プロイセンが文久4（1864）年に幕府と修好通商条約の批准書を交換した際、ヘンリーが翻訳に当たって以来、プロイセンおよびスネル兄弟は幕府の軍備に深く関わった。慶応3（67）年11月24日、兵庫開港に関して朝廷と幕府が諸侯を京に招集し、幕府外国奉行の平山敬忠《よしただ》、会津藩の佐川官兵衛、米沢藩の甘粕継成《つぐなり》、長岡藩主牧野忠訓《ただくに》と家老河井継之助《つぎのすけ》らを乗せて品川を出航した「順動丸」にもヘンリーの姿があった。

列藩同盟が成って半月後の慶応4(68)年5月23日、同盟越後方面軍総督の米沢藩家老・千坂太郎左衛門高雅《たかまさ》が会津に容保父子を訪ねて軍略を論じたとき、ヘンリーは「高田を押さえて越後に向かう政府軍を背後から衝くために軍艦と武器弾薬を購入すること。その資金を調達すること」などを献策した。

同盟は6月3日の会議で諸外国へ「新潟開港」を伝え、旧幕府が前金40万ドルを払ってアメリカに発注していたストーン・ウォール艦の購入実現へ残金10万ドル(7万両)を同盟各藩が負担することを決め、アメリカとの折衝をヘンリーに委ねた。

だが、同艦が着く前に、越後の制海権は黒田清隆(薩摩)、山田顕義《あきよし》(長州)の指揮する西軍に奪われ、同盟側は補給路を断たれてしまった。幕府側が勝る唯一の海軍力である榎本艦隊が、軍艦を2隻しか新潟に送らないという痛恨の判断ミスを犯したためであった。

さて、会津藩にとって難問は資金不足であった。蝦夷地と江戸湾の警備、京都守護職の出費が膨大な額に上ったのである。山川大蔵《おおくら》(のち浩)の具申により、領内鉱山の再開発と、城内西出丸に金吹座を設けて金・銀・銅貨の鋳造を行うことが決まった。なお、藩札発行は慶応元(65)年ごろに幕府と朝廷から許可を得ていた。

箱石大《ひろし》編『戊辰戦争の史料学』に、保谷徹《ほうやとおる》「戊辰戦争期の会津藩による鉱山リース契約」が所収されている。英ケンブリッジ大学図書館で閲覧調査した2史料に関する論文で、会津藩領内の鉱山を外国資本に50万ドルでリースする契約条項と、代理人に英国商人を指名したという内容の史料だという。会津藩の重臣・梶原平馬、海老名郡治、山内大学のローマ字署名、印もある(花押ではない)。だが保谷氏は、日付が曖昧である上、日本側史料が皆無であることなどを挙げ、「何ものが、いつ、どのような目的で作成したものであるか、いまだ確証を得ない」と極めて慎重な姿勢を示している。

一方、五百旗頭《いおきべ》薫東大教授らがドイツ連邦軍事文書館でプロイセン公使ブラントの「書簡」を発見したとするニュースが近年、一部報道をにぎわした。会津・庄内両藩がプロイセンから資金を借りる担保として蝦夷地の領地「売却」を申し入れ、次いで、改めて「スネル某」の仲介により「99年間貸与」を申し出たという内容の「書簡」だという。

会津・斗南藩士の子孫である札幌市在住の歴史作家・好川之範《よしかわゆきのり》氏は「大誤報だ」と憤る。氏の論拠を提示する前に、会津・庄内両藩の蝦夷地領とは何かを述べる。

会津藩が文化5(08)年、蝦夷地警備に派兵したことは既に紹介した。幕府はさらに、安政2(55)年に弘前・盛岡・秋田・仙台4藩に幕府領を分領し、4年後の安政6(59)年には会津・庄内の2藩にも分領して警備と開拓に当たらせた。

会津藩領はオホーツク海沿岸から東岸一帯の広大な地域。藩は本陣を標津《しべつ》、紋別、斜里に置き、豊富な海産物や山林資源を生かす施策を進め、造船所も設け、材木を内外へ輸出した。海と港を初めて手にしたことは、のちの斗南藩の政策にも大きく影響したと考えられる。特筆すべきはアイヌの人々を初めて領民として

添え書き

■若松コロニー

ヘンリー・スネルは欧州で大評判の日本茶に目を付け、降伏した会津藩士たちをアメリカへ移民させる事業に乗り出した。日本初の移民団とされる会津藩士40人が明治2(1869)年3月上旬、サンフランシスコ郊外のゴールド・ヒルに到着。スネルはコロニー・ワカマツと名付けたが、茶栽培は干害で失敗し、解散した。

スネル家の子守役として入植したおけいは2年後、19歳で急病死。44年後に同地で発見された墓と同じ墓碑が昭和32(1957)年、会津若松市の背炙山《せあぶり》に建立された。

扱ったこと。第3代標津代官の南摩綱紀《なんまつなのり》はアイヌ語による教育にも尽力した。

だが、慶応4(68)年4月15日、会津・庄内両藩は蝦夷地警備から外された。戊辰戦争が始まり、両藩追討令が出されたためである。閏《うるう》4月27日には箱館奉行所で五稜郭引渡式が行われ、その時点で蝦夷地の幕藩体制は終わりを告げ、幕府領も、幕府が分与した会津・庄内などの領地も完全に消滅した。

好川氏は「所有していない領地の売却や貸与など、藩側から持ち掛けることも、相談することも不可能。しかもブラントが書簡を発した9月28日は、会津藩が22日に、庄内藩が26日に降伏した後だ」とし、「降伏後になぜ資金調達が必要なのか。両藩の君臣とも拘束・謹慎中なのに領地処分の全権委任状をどうして渡せるのか―など、疑問だらけ。日本側の補強史料も全くない」と、〝ブラント書簡〟なるものをうのみにすることを痛烈に批判する。

けれども、史料発見の報に、残念ながらネット上では「売国奴」といった中傷が渦巻いた。

白虎隊隊長〝逃亡〟は創作
―西郷頼母　戦闘・玉砕を主張―

口絵54参照

「若松城(鶴ケ城)は名城であり、今や炎は天を焦がし砲声が山岳を動かしているが、決して落城ではない」

「縄目の恥辱を受けるような事があれば君《くん》に面目なく、祖先に申し訳ない」

「武士の本分を明らかにする」

以上は飯盛山で自決した白虎隊二番隊士の中でただ一人蘇生した飯沼貞吉(のち貞雄)の孫・飯沼一浩氏が所蔵する「会津藩白虎隊顛末《てんまつ》略記」の記述(いずれも意訳)である。旧藩士・原新太郎の草稿を貞吉自身が添削した文書であって、小川渉《わたる》『しぐれ草紙』を基とする、白虎隊士たちが「城は已《すで》に落ちし」と勘違いして自刃したーという話は誤りと分かる。

白虎隊は会津藩が武備恭順を決めた直後の3月10日に断行した軍制改革、すなわち（1）軍を洋式に改める（2）農町民兵を募集する（3）年齢別の隊編成を組むーなどの柱の一つとして誕生した。白虎隊（16～17歳）、朱雀《すざく》隊（18～35歳）、青龍隊（36～49歳）、玄武隊（50歳以上）の4隊のうち最も若い少年兵の隊である。慶応4（1868）年8月20日、西軍は会津本領への進撃を開始した。22日、白虎隊二番隊42人に猪苗代方面の戸ノ口原へ出撃命令が下ったが、十六枚橋から敵兵が殺到して退却を余儀なくされ、戸ノ口堰から隧道《ずいどう》を抜けて飯盛山北麓に至った隊士たちは23日明け方、自決した。

二番隊長日向内記《ひなたないき》は、創作の誤りと言うにはあまりに大きな犠牲を強いられた。「退却中に日向が『我々には食糧の準備がないから（徴募兵の）敢死隊に相談し都合してもらってくる』と言って単身引き返した」と、陸軍歩兵少佐・平石弁蔵が『会津戊辰戦争』（大正6年刊）に書いたために敵前逃亡者の汚名を着せられてきたのである。

会津史談会副会長の井上昌威《よしたけ》氏は逃亡説を覆す証言を管井康哲さん（2012年死去）から得た。荒井村肝煎《きもいり》だった荒井家（管井家の本家）の記録・伝承では22日夜、一瀬（一ノ瀬とも表記）要《かなめ》人副総督の命で村人数人と手分けして各陣地の隊長に「荒井家に集合を」と触れ回り、遊撃隊長の小池繁次郎、幕臣の秋月登之助、新撰組の島田魁ら10人が集まってきた。その中に日向もいたというのである。

つまり、日向は作戦会議のために離隊した。冒頭に紹介した「会津藩白虎隊顛末略記」も空腹のことは書いているが、日向の「食糧調達」発言は全く書かれていない。

なお、飯盛山に墓のある白虎隊19隊士には近傍で戦死した者も含まれており、飯盛山に至ってから自刃した人数にはなお諸説ある。

さて、非難を受けてきた人といえば家老西郷頼母《たのも》である。いわく、白河城攻防戦の総督を務めながら無能なために奥羽越列藩同盟側に副総督横山主税《ちから》ら約700人もの戦死者を出した…、逃げ帰って松平容保《かたもり》に降伏開城を主張した…、籠城戦のさなかに鶴ケ城から逃亡した…等々。

福島県立博物館の阿部綾子学芸員は2018年、それらが誤解であることを示す一文を「保科《ほしな》藩老戊辰戦略談一片聞書《ききがき》」(渋谷源蔵筆『雪冤《せつえん》一弁付録』所収)という記録の中に発見し、衝撃を受けた。その記録によると、会津藩降伏後、箱館戦争を戦い、日光東照宮祢宜《ねぎ》や霊山《りょうぜん》神社(福島県伊達市)宮司などを務めた頼母が、明治32(1899)年に帰郷を果たした。元大砲隊士の渋谷が長年の疑問をぶつけたところ、70歳になった頼母がそれまで「御軍政の機密」として黙して語らなかった事を赤裸々に明かしたという。

渋谷への答えは二つある。一つ目は白河口の戦いについて。

頼母は語る。「奇正隊(郷士の精強部隊)の隊長原田対馬《つしま》に次のように進言した。芦野(栃木県)の敵の背後を襲うと同時にこちらから諸藩と大挙して進撃すれば、敵は腹背を防げず一方に血路が開くから刀根川(利根川)まで追い立てる。ただしそれは一時の勝利であり最終勝利はできないから、速やかに帰城し、戦勝を期として(容保公に)開城を勧め、各藩の同盟を解き、いつか天の時を待って冤恨《えんこん》をそそぐべきだ、と。だが、我を一《ひと》癖《くせ》の頑夫として蔑視する者が多く、臆説《おくせつ》とされた」

二つ目は籠城戦が行き詰まってからの事。

慶応4(68)年8月27日の重臣会議で「ここに至ってはむなしく滅亡を待つよりは(容保公に)夜に紛れて城

脱出を勧めるべきだ」との意見が出たとき、頼母は「城を捨て退去とは和漢古今、比類なき腰抜けと言われる」「刀槍折れ矢玉尽きれば君臣潔く城を枕として斃《たお》れるのみ」と血涙を絞り、身を震わせていさめたという。

つまり頼母は、有利な降伏条件を得るために戦おうとし、最後には玉砕を主張した。

京都守護職の就任受諾に強く反対し、「禁門の変」の後も京へ押し掛けて帰国を勧めて家老職を罷免されるなど、しばしば容保と衝突した頼母だが、それは、保科家の分家である西郷家の当主として、保科―会津松平家を守る責務を自らに課していたということであろう。ところが、結果的には現実主義的な非戦派とみられ、「義」にこだわる会津では異端とみなされてしまった。

さて、籠城戦を翌日に開始する合図の半鐘が鳴り渡った8月22日、西郷邸では頼母の母、妻、妹、娘ら21人が「足手まといにはなるまい」と入城せず、自決した。妻千恵子の辞世句がその覚悟を伝える。

〈なよ竹の風にまかする身ながらもたわまぬ節はありとこそ聞け〉

添え書き

■娘子隊

会津戦では砲術の家に生まれた山本八重（のちの新島八重）のように戦った女性たちがいる。中野竹子らは松平容保の義姉照姫を護衛するために20余人の娘子《じょうし》隊を組織した。婦女隊などとも呼ばれるが正式名はない。籠城戦に入城できなかった竹子や依田菊子らが朱雀隊隊長の町野主水《もんど》に「従軍できなければ自害する」と迫り、参戦が許された。

薙刀で奮戦した竹子は銃弾に倒れた。介錯した妹優子は斗南藩へ移住後に八戸の元新撰組隊士の会津人山浦鉄四郎に嫁ぎ、間もなく函館へ転居した。墓は八戸の館鼻公園内、神葬墓地（御前《みさき》神社管理）にある。

同日に柴太一郎一家の5人、翌日には家老内藤介右衛門《すけえもん》信節《のぶこと》の一族たち19人も命を絶った。自害者は名前が分かる者だけで233人。戦時の婦女子の犠牲の大きさもまた世の常である。

籠城実らず　会津藩が滅亡
―事実に反し、降伏状に「朝敵」―

口絵55参照

西軍が鶴ケ城下に殺到してきた。母成《ぼなり》峠が破られてわずか2日後の慶応4（1868）年8月23日である。敵を押しとどめられなかった田中土佐、神保《じんぼ》内蔵助《くらのすけ》の両家老が自刃。1カ月に及ぶ籠城戦に突入した。

奥羽越列藩同盟の各藩が次々と脱落し、援軍は望めない。頼みの米沢藩も藩主上杉茂憲《もちのり》の母の実家・土佐山内家を通じて説得され、9月4日に降伏。仙台藩と会津藩にも恭順を勧め、仙台藩は10日に降伏した（注…9月8日に元日までさかのぼって明治へ改元）。

西軍は南東1・4キロの小田山などに射程距離3キロのアームストロング砲を含む大砲50門を据え、鶴ケ城に砲弾の雨を降らせた。14日の総攻撃では2500発も着弾したという。城内5千人以上の食糧、弾薬の不足が深刻化したところに米沢藩が重ねて降伏を勧めてきた。松平容保《かたもり》は19日、北西7キロに置かれた米沢藩の本営に秋月悌次郎と手代木《てしろぎ》直右衛門《すぐえもん》を派遣し、無条件降伏の取り次ぎを依頼させた。

22日午前10時ごろ、北追手門前に「降伏」と書かれた白旗が立った。甲賀通りの路上で降伏式が行われ、容保自ら降伏状を西軍軍監中村半次郎（＝桐野利明。薩摩）に手渡した。会津藩は事実上、滅亡した。

容保と喜徳《のぶのり》（養子で最後の藩主）父子、容保の義姉照姫ら家族は謹慎所の妙国寺へ護送された。城を去るとき容保が「大空井戸《おおからいど》に詣で、香花を供して忠魂を礼拝」したと北原雅長《まさなが》『七年史』にある。城内の死者約400人は二の丸の空井戸に葬り、満杯になると二の丸梨畑付近の空き地に埋葬されてあった。

城外の遺骸はどうなったか。平成29(2017)年、新政府が埋葬を禁じた─との説を否定する2資料を会津若松市立会津図書館の元館長・野口信一氏が発見し、注目を集めた。「旧藩御扶助被下候惣人別《くだされそうろうそうにんべつ》」「戦死屍取始末《かばねとりしまつ》金銭入用帳」がそれ。降伏1週間後の10月1日に設置された民政局(占領地支配機関)が、翌2日に郭内外の戦死者を埋葬するよう通達を出し、会津藩士4人が3日から遺骸捜索と埋葬を行ったことや、経費とその明細、遺骸発見場所や服装、埋葬場所・人数などが記されていた。

実は、埋葬命令の存在を示す文書発見はこれが初めてではない。故大塚實氏(会津史学会会長)が50年も前に簗田家文書「御用留記《ごようどめ》」を引いて『会津若松市史』に発表している。また、幕末史家の伊藤哲也氏は、国立公文書館など全国に散在する資料を網羅的に分析して「戊辰戦争戦死者埋葬の真実」にまとめ、『歴史春秋』第73号(平成23年)に寄稿している。詳しくは同誌をお読みいただきたいが、埋葬命令はたしかに10月2日に出ており、身元が分かる者は菩提寺、不明の者は小田山下(青木山)と薬師堂河原が埋葬場所に定められた。

埋葬禁止の話がどこから出たのか。のちに下北半島の川内(むつ市)、三本木(十和田市)に入植する渡辺多門の「辰之日記草稿」は降伏前の9月10日の記録であるが、「(死骸が)食獣に食せられ創口《そうこう》より虫を生じ」「埋葬すべき暇だに無き」とある。そんな凄惨《せいさん》な光景を目撃した人々が「降伏後も埋葬は禁止されたのだ」と思い込み、悲憤、怨恨を抱き続け、子孫に言い伝えても不思議はない。

また、降伏直後に埋葬命令が出され、城外の遺骸は溝を掘って埋められたといっても、戦死者1160人(伊藤氏集計)全員にきちんと土をかぶせることができたわけではなかった。伊藤氏が東大史料編纂所で発見した新政府側の記録「神保八左衛門上書」にも、「戦死者が溝にあふれ、醜態見るに忍びない」とある。

飯盛山で自刃した白虎隊士を葬った肝煎《きもいり》が無断埋葬の罪で投獄されたことは事実であるが、この場合の処罰理由を、伊藤氏は「遺体を扱えるのは、本来それを仕事とする人々だけだったからだ」と解説する。肝煎に限らず、武士、町民の誰であろうと資格のない者が遺体を扱うことは厳禁であった。有資格者の人数が足りないという記録もあるという。ここでも、埋葬禁止とは違う理由で、長く放置された遺骸があったと思われる。

墓石建立は実際に禁じられた。のちに斗南藩権《ごん》大参事となる原田対馬《つしま》、町野主水《もんど》らが民政局の許可を得て、阿弥陀寺への改葬を始めるのは明治2（69）年2月24日。土に埋められても墓碑を刻むどころか墓標も建てられないのでは、遺族にとっては、実質的に「埋葬禁止」とほとんど変わりなく、無念、反感を抱いたことは想像に難くない。墓石建立が許可されたのは実に明治5（72）年になってからであった。

ただし、いずれにせよ、民政局員は福井や加賀などの藩士から選ばれており、埋葬問題に直接関与していない薩長を恨むのは筋

添え書き

■泣血氈

会津藩の降伏式は、鶴ケ城の目の前にある内藤介右衛門邸内の白露庭、西郷頼母邸との間の甲賀通の辺りに緋毛氈《ひもうせん》を敷いて執り行われた。臨席した秋月悌次郎が、屈辱を忘れないようにとその毛氈を重臣に切り分け、藩士たちの間で、血の涙を吸った「泣血氈《きゅうけつせん》」と呼ばれるようになった。

斗南藩立藩後に五戸町へ移住した内藤家では、その後も旧藩士たちに分け与えたが、現在も残っており、一部は先代の故内藤信儀氏が平成22年に会津若松市の鶴ケ城天守閣郷土博物館に寄贈した。

違いになる。未来永劫《えいごう》に記憶すべき重大事は別の次元に存在する。

会津藩が孝明《こうめい》天皇の信頼を得て朝廷に尽くしたこと、巧妙に戊辰戦争へ誘い込まれたことは紹介した。にもかかわらず、容保の差し出した降伏状には「王師《おうすい》に抗敵し奉り」「天地に容れざるの大罪」という文言がある。降伏実現のためとはいえ、かつて御所へ砲弾を撃ち込んだ長州の主導する西軍に、爪の先ほども身に覚えのない「朝敵」の罪を認めざるを得なかった容保、家臣たちの心中やいかに。断腸の思い、でも足るまい。

勝敗を分けた軍備の違い、戦術の巧拙《こうせつ》を並べ立てるよりも大事なのはむしろ、薩長や岩倉具視《ともみ》らが「官軍」を自称し、勝手にこしらえた錦旗《きんき》の権威によって奥羽越列藩同盟を崩壊させ、会津に「朝敵」と認めさせることに成功し、まんまと「新政府」に成りおおせたことであろう。その歴史事実の重みは150年後の今も減じていない。欺瞞《ぎまん》によって政権を強奪した者たちに連なる勢力が、明治以降のこの国を牛耳ってきたのである。

容大を幼君に藩再興許可
―岩倉案〝北海道送り〟中止―

口絵㊻・㊼参照

鶴ケ城下にある松平家の別荘・御薬園《おやくえん》で明治2（1869）年6月3日、容保《かたもり》の初めての実子男児が産声を上げた。幼名慶三郎。小さな手にお家再興の鍵を握って生まれてきたことに気付いた人は多くはなかった。

容保と名目上の藩主喜徳《のぶのり》（徳川慶喜《よしのぶ》の実弟）は前年10月19日に召喚状が届いて謹慎先の妙国寺から東京（江戸から改称）へ移り、容保は鳥取藩、喜徳は久留米藩の藩邸に幽閉されていた。一方、城内で奮戦した藩士3254人は猪苗代で、城外にあって死闘を繰り広げた1744人は塩川（喜多方市）での謹慎を命じられ、婦女子や高齢者は近郊の村々に仮住まいが割り当てられた。

それらは当面の措置であった。岩倉具視《ともみ》は戦争中から東北諸藩の処分を議定・参与らに諮っており、福井藩の松平春嶽《しゅんがく》は「会津・庄内・仙台・米沢4藩主に斬首を宣告した上で、天皇のおぼし召しをもって死を赦《ゆる》すべし」と主張した。会津藩降伏後の度重なる朝議でも同じ論が支配的な中、長州藩の木戸孝允《たかよし》は「（寛大な処置は）大法を矯《た》むる（＝曲げる）ものだ」と容保父子の斬首を強硬に主張した。

大法が何を指すかは判然としないが、動かしがたい不法を働いたのは「禁門の変」で御所へ発砲した長州の方であることは、当時も多くが知るところであった。結局は寛典《かんてん》（寛大な措置）論が採用されたのは、そのためであろう。12月7日、容保と喜徳父子に「死一等を減じて之《これ》を永禁錮に処し、其《そ》の風土（＝封土）を没収」という詔書が発せられた。仙台・庄内・盛岡・長岡・二本松・棚倉の6藩は藩主謹慎、領地没収の上で家名存続となった。

新政府は、容保父子の死罪免除と引き替えに責任を負うべき「首謀者」の調査・報告を、会津松平家の親戚である飯野藩（千葉県）藩主保科正益《ほしなまさあり》に命じた。保科家が名前を報告した田中土佐、神保内蔵助《じんぼくらのすけ》、萱野《かやの》権兵衛の3家老のうち田中、神保は籠城開始前日に自決している。実は、萱野が一人で罪をかぶることを自ら申し出たのである。新政府は萱野の打ち首を命じたが、保科家は武士としての体面を全うさせるべく切腹を許し、萱野は明治2年5月18日朝、保科家別邸で泰然として自刃した。

木戸らの厳刑論が退けられた理由の一つは、大量の浪人が発生して治安維持不能になる恐れがあったからでもある。事実、会津では謹慎所を脱走した旧藩士が新政府役人を殺害する事件が頻発した。手を焼いた新政府は同年1月6日、猪苗代組を東京へ、塩川組を越後・高田藩（新潟県）に預け替えさせ、治安維持要員として原田対馬《つしま》、町野主水《もんど》ら約20人に謹慎のまま民政局取締（会津取締、若松取締とも）を命じた。原田らが阿弥陀寺への遺骨改葬に尽力できたのは、彼らだけ城下に残ったからである。

さて、大庭恭平が8月21日、脱走者は斬首に処されるのを承知の上で、謹慎先の越後高田の真宗寺を抜け出し、会津へ向かう。新政府の地方監察官である岩代国巡察使ナンバー2の岡谷繁実《しげざね》に会うためであった。館林藩（群馬県）の勤王家・岡谷は、大庭が京都で「足利三代木像梟首《きょうしゅ》事件」に関わった時代からの旧友であった。

のちの岡谷の回想によれば、大庭は岡谷に「慶三郎を新領主に藩を再興すれば会津の治安は回復する」と説いた。それを聞いた巡察使四条隆平《たかとし》（七卿《しちきょう》落ちの一人・四条隆謌《たかうた》の実弟）は慶三郎を9月11日から20日間、取締人とする布告を発した。20日の間に会津藩士による重犯罪が起きなければ猪苗代を領地に藩を再興させる―というのが大庭と岡谷の約束であった。果たして城下の不穏な動きは、ぴたりと鳴りをひそめたという。四条と岡谷は京都に向かい、岩倉や広沢真臣《さねおみ》（長州）に「猪苗代5万石を領地に会津松平家の家名再興を」と提案した。

9月28日、慶喜と共に容保、喜徳の永預《えいあず》け（終身の監禁）が緩和され、翌日、叡慮《えいりょ》をもって家名が下されたから「血脈之《の》者」を選び願い出よ―との沙汰書が朝廷から保科家に届く。「血脈之者」は当初から、戊辰戦争に無関与の慶三郎が念頭に置かれており（『青森県史　資料編近世6』）、慶三郎誕生がなければ藩再興はあり得なかった。慶三郎を新藩主にする妙案を思いつき、行動を起こした大庭とそれを助けた岡谷こそ立役者であった。

慶三郎の実名が10月17日、容大《かたはる》に決まった。浅羽忠之助《あさばちゅうのすけ》の筆記した「維新雑誌」（『青森県史　資料編近世6』所収）によれば、元公用方の広沢安任《やすとう》が「書経」から撰した。新政府は11月3日、容大を華族に列し、「陸奥国3万石」を領地として家名再興を許可した。華族とは、諸藩の土地と人民を朝廷に返還する「版籍奉還」が同年

6月17日に実施されたことに伴い、公卿・諸侯（藩主）という従来の称号を廃止して新設された貴族身分である。

新領地は「陸奥国」と明記されている。敗戦後、旧会津藩領を含む一帯は陸奥国から切り離されて岩代国になっていた。新政府の示した猪苗代（旧会津藩領内）か陸奥国かの選択肢から会津側が陸奥国を選んだのだから斗南藩の苦難は自己責任だ―とも語られてきたが、新政府は最初から、旧会津藩領を除外した地しか提示していないのである。

一方、ロシアの南下に恐怖感を持つ岩倉が2月28日に奏上した「岩倉提議」には、蝦夷地開拓も含まれており、開拓従事者として奥羽の降伏諸藩その他の「終身禁錮に処すべき者、または流罪に処せられる者」などを当てる方針が示された。お家再興が許される前の9月21日から、東京謹慎組の中から選ばれた屈強の旧会津藩士約200人とその家族が開拓団として北海道（8月15日、蝦夷地から改称）へ送られたのは「岩倉提議」に即しており、彼らは曲折を経て余市《よいち》開拓に就く。だが、北海道開拓は明治3年1月上旬、薩摩が実権を握る開拓使へ移管され、その他の旧会津藩士の北海道送りは中止になる。代わりに浮上したのが陸奥国3万石であった。

添え書き

■萱野権兵衛への感謝

一人責任を引き受け、保科正益の別邸で切腹することになった萱野権兵衛に、松平容保は「我らの不行き届きにより、父子をはじめ一藩に代わってくれる段に至り、痛哭《つうこく》に堪えない。その方《ほう》の忠実は厚く心得ている」と書き送り、照姫（容保の義姉、正益の実姉）も〈夢うつつ思ひも分す惜むそよ　まことある名は世に残れとも〉という和歌を添えた手紙を届けさせた。それらは現在、福島県立博物館が保管している。

容保はまた、遺族に金五千両などを贈り、半年後、容大に家名相続が許されて桜田門前の旧狭山藩邸が与えられると、その一画に遺族を住まわせた。

新領地は当初から陸奥国 ―再興撤回回避へ受諾―

口絵58参照

明治2（1869）年11月3日に「陸奥国3万石」を新領地に再興が許されてから10日ほど後には、さらに詳しく「陸奥国三戸郡・北郡・二戸郡のうち3万石」と示され、70カ村の村名も明示された。

明けて1月14日には北海道の太櫓《ふとろ》・瀬棚《せたな》・歌棄《うたすつ》、山越《やまこし》4郡の支配も命じられた。「支配」という語を用いたのは、北海道では租税が漁業などに課す運上であるため、米収を基礎とする内地の「領地」と区別したのであろうか。「現米《げんまい》2万石、明年1万5千石、その翌年1万石」の費用支給も通達されているところをみると、開拓して自活を図りつつ統治せよという趣旨と考えられる。

陸奥国の新領地は、元は盛岡藩領であった。最後まで西軍に抵抗した盛岡藩の領地20万石を新政府は没収し、そのうちの現在の岩手県二戸郡より北を会津松平家に与えることとした。当時の北郡は今の青森県下北郡に上北郡の一部を合わせた地域である。

のちの斗南藩の領地は、以上の通り明治2年11月の時点でほぼ確定したが、その後も旧藩内で激しい論争が展開された。

陸奥国移住を強く推したのは広沢安任《やすとう》だったと、甥（戦死した兄安連《やすつら》の長男）安宅が『幕末会津志士伝』に書いている。安任は文久2（62）年、箱館奉行の糟屋《かすや》義明（幕臣）に従ってロシアとの交渉に当たった際、下北半島を通過して「地勢人情等を視察」したことがあり、それを基に「（新封地を）斗南《となみ》に求め、之《これ》を朝廷に」請うたという。ただし「斗南」は後で付けられる名称である。

広沢が発案者だという客観的な証拠はないが、山川浩（大蔵改め）や広沢ら東京謹慎組の重臣らが陸奥国への全員移住を主張したことは間違いない。一方、会津取締の原田対馬《つしま》ら若松残留組と高田謹慎組は猪苗代への部分残留を求めて陳情活動を展開した。

旧会津藩は表高（名目上の税収見込み額）だけで23万石、幕府預け領5万石を合わせると28万石、実高では40万石超、一説に67万9千石ともいわれる。そこから禄《ろく》を得ていた士族全員を、陸奥国3万石に移すこと自体が一升升《ます》に10升以上も入れるようなもの。原田らが餓死を心配するのも当然であった。

だが、山川と広沢は明治3（70）年4月に新領地を視察しており、地力の乏しい荒蕪《こうぶ》地であることを承知の上でなお、全藩士の陸奥国移住を推し進めた。

福島県立博物館の阿部綾子学芸員によると「維新雑誌」に、山川や広沢が主に（1）旧領に残っていると再起（新政府打倒）を企てていると疑われる（2）西側諸藩をはじめ戊辰戦争で優勢だった藩には海があって物と情報の窓口になったが、旧領には海がない（3）北海道を後背に持つ下北半島の方が交易の拠点を築ける—の3点を主張した、とある。「維新雑誌」の筆者・浅羽忠之助《あさばちゅうのすけ》は原田の右腕で、同書の大部分は原田の記述（原本未発見）の引用と考えられるという。

旧領残留を要求して藩再興が取り消されては元も子もないという、山川や広沢らの危惧は、単なる杞憂《きゆう》ではなかった。

明治2（69）年5月の若松県成立と同時に知事に就いた四条隆平《たかとし》は、5月26日の時点で「本県（若松県）の歳入は約10万石あり、3年間に計6万石以上の食糧を下賜すれば開墾が進む」と、旧会津藩士全員の陸奥国移住を新政府に建言した。もし旧藩士と家族1万6千人が会津に戻れば莫大な生活再建費用が必要になるほか、「県下政務百事差障《さしさわ》り」、つまり県治全般が困難になるという理由であった。四条にしてみれば、反乱の危険のある旧会津藩士は一刻も早く遠ざけたかった。だが、移住はなかなか実現せず、若松県(四条)と旧会津藩の関係が日を追って険悪さを増したという(「維新雑誌」)。

翌3年4月下旬に上京した高田謹慎組の野田進、杉浦佐伯、三澤与八が、若松残留組の原田、町野主水《もんど》らと共に猪苗代残留実現を求めて、広沢、永岡久茂《ひさしげ》、小出《こいで》鉄之助らと協議を重ねたが、進展はなかった。町野と永岡は激論の末、斬り合い寸前になった。水島純が47年後に会津会(東京)における講演で、そう証言している(野口信一『会津えりすぐりの歴史』)。

4月19日には倉沢平治右衛門の率いる東京からの先発隊約300人が八戸に上陸して三戸郡入りし、その後、続々と移住が実行に移されていた。6月には容保《かたもり》の裁定により、帰農者を除く全員の陸奥国移住が決定している。

それでも原田らは諦めなかった。阿部学芸員が「彼らは山川らとは別ルートで旧領残留を要請していて、感触は悪くなかった」と指摘する。別ルートというのは大久保利通と考えられ、大久保

添え書き

■広沢安任の生還

京都で会津藩公用方として活躍した広沢安任は、鳥羽・伏見の戦いの後に徳川慶喜《よしのぶ》が松平容保に帰藩を命じても江戸に残り、同志11人と共に容保の助命嘆願運動を展開。慶応4(1868)年閏《うるう》7月、江戸城に入ることに成功したものの、西郷吉之助(隆盛)との面会を果たす寸前に捕縛された。

英国大使館の一等書記官になっていたアーネスト・サトウは、秘書兼護衛役の野口富蔵が会津藩士である縁から広沢に会ったことがあり、木戸孝允《たかよし》に「有為の人物を殺すとは何事か」と抗議の手紙を書き送り、処刑寸前の広沢を救った。

は「帰農させるなど、士分としてでなければ残留も検討できる」との線で応じていたようなのである。7月7日、大久保に面会を求めた赤羽市之丞に「山川はなぜ旧国を望まず南部（＝旧盛岡藩領）を望むのか」と問うた。一部残留が不可能ではなかった段階で容保が陸奥国への全員移住を最終決定したことを不思議に思ったからであろう。

町野らは9月21日に会合し、「3万石の領地に移っては一統（＝全員）餓死に倒れるのは明白」として、3万石に相応の人数の移住にとどめるよう朝廷に嘆願することを決し、37人が上京した。23日、相沢平右衛門と飯《いい》河《かわ》小《こ》膳《ぜん》光義が総代として容保に拝謁を願い、趣旨を説明したが、容保に「もっともな話ではあるけれども、3万石もつぶれることになるので、まずは移住を」と諭され、旧領残留の可能性は消えた。

繰り返しになるが、藩内でもめたのは、新領地が陸奥国に決まってからのことであり、しかも一部でも旧領内に残れるか否かを巡ってであった。陸奥国か猪苗代かの二者択一ではない。猪苗代に全員を残すことなど、新政府は検討すらしなかったし、陸奥国を選択したのは自己責任だという論法は成り立たない。

28万から3万石　過酷な減封
―勝者には賞典、相次ぐ疑獄―

口絵59参照

奥羽越列藩同盟に加わって抗戦した諸藩は所領をバッサリ削られた。仙台藩が62万石から28万石に半減、盛岡藩は20万石から旧仙台藩領の白石13万石へ転封、米沢藩が18万石から14万石に、庄内藩が17万石から12万石に減封。会津藩は一時的ながら滅藩となり、28万石から陸奥国3万石に移封された。突出して過酷な処分であった。言うまでもなく、減封・移封は領地の広狭だけの問題ではない。税源が減り、藩士たちに十分な禄《ろく》を払えなくなる。生活費を賄えなくなった者は路頭に迷うか、士籍を捨てて農民・町民になるしか道はない。

対照的に、戊辰戦争の軍功者101人と1部隊に明治2（1869）年7月10日、賞典禄が与えられた。最高が薩摩藩主父子と長州藩主父子の各10万石、次いで土佐藩主父子の4万石。藩士格では西郷吉之助（隆盛）の2000石が最も多い。9月14日には箱館戦争軍功者16人にも賞典禄が贈られた。さらに、右2項に該当しない20人に同月26日、復古功臣賞典禄が下された。三条実美《さねとみ》と岩倉具視《ともみ》の各5000石、大久保利通、木戸孝允《たかよし》、広沢真臣《さねおみ》の各1800石などである。岩倉が考え出し、強硬に主張して実現させた。お手盛りである。

賞典禄のほとんどは世襲の永世禄であった。総計90万石余に及ぶ。戊辰戦争の敗者に過酷な減封が行われたのは、西軍諸藩が戊辰戦争に支出した戦費の補てんが必要だった――等々、いろいろと理由付けがなされているが、勝ちに乗じた〝分取り〟という実態は覆うべくもない。

新政府高官に就いた者には、禄とは別に俸給も与えられた。例えば150石の下級公家だった岩倉は同年、大納言職の年俸900石を得ている。ほかのポストも、薩長藩閥を中心に同じ顔ぶれの人々が取っ換え引っ換えして政府内に居座り続け、豪勢に暮らした。

『南洲翁遺訓《なんしゅうおう》』（南洲は西郷の号）第4条に、「草創の始《はじめ》に立ちながら、家屋を飾り、衣服を文《かざ》り、美妾《びしょう》を抱へ、蓄財を謀《はか》りなば、維新の功業は遂げられ間敷也《まじきなり》。今と成りては、戊辰の義戦も偏《ひとえ》へに私《わたくし》を営みたる姿に成り行き、天下に対し戦死者に対して、面目無きぞとて、（西郷が）頻りに涙を催されける」とある。

同書は明治3（70）年に庄内藩主酒井忠篤《ただずみ》が家臣を連れて鹿児島に西郷を訪ね、授かった教えをまとめて後年刊行したもの。戊辰戦争が義戦かどうかはともかく、終戦の翌年には、西郷が落涙するほど、勝者たちが私腹を肥やすことに腐心していたことをうかがわせる。

西郷の嘆きをよそに腐敗はとどまるところを知らなかった。明治4（71）年、大蔵大輔《たいふ》（次官に相当）の井上馨（聞多《ぶんた》）に疑獄が浮上する。盛岡藩の商人鍵屋・村井茂兵衛が藩に巨額の貸付をしていたが、当時の慣習で証文は逆に藩に対する鍵屋の負債のように書かれていた。井上はこれに目を付け、鍵屋が採掘権を持つ尾去沢鉱山（秋田県鹿角市）を差し押さえ、井上家出入りの政商岡田平蔵（長州人）に格安、かつ無利子15カ年賦で払い下げた。司法卿江藤新平（佐賀）の追及も実らず、井上は大蔵大輔を辞職しただけで済む。

斗南士族の餓死が相次いでいたころのことである。西郷は同年11月11日、岩倉使節団出発前夜の壮行会で井上を「三井の番頭さん」と皮肉った（佐佐木高行の日記『保古飛呂比《ほごひろい》』）。井上は気にも留めなかったのか、3年後、日本初の総合商社・三井物産の元を興し、三井財閥の最高顧問に収まる。

陸軍大輔・山県《やまがた》有朋の山城屋事件が発覚したのは明治5（72）年のこと。陸軍省が何の抵当も取らずに山城屋和助に公金を貸し付け、和助が生糸相場に失敗すると追い貸しまでした。総額約65万円（一説には80万円）に上り、当時の国家歳入の1％を超えた

添え書き

■野辺地戦争

戊辰戦争は東北各地でも戦闘が行われた。会津藩が降伏した明治元（1868）年9月22日の夜、弘前藩の軍勢180人が突如、野辺地に侵攻した野辺地戦争もその一つ。盛岡・八戸藩連合軍の銃撃に遭って、弘前藩兵は翌朝にあえなく敗走した。盛岡藩の降伏はその翌日の24日。弘前藩が弘前滞在中の総督使節に催促された上、奥羽越列藩同盟を中途脱退して佐幕派から転じた同藩が勤王の実を挙げるため不要な戦いと知りつつ仕掛けたとされる。

翌年、弘前藩が野辺地町鳥井平に同藩の戦死者27人の標石4基を建立した。

という。和助は元の名を野村三千三《みちぞう》といった。長州藩奇兵隊の元幹部で、同隊総督を務めた山県の縁故で兵部省の御用商人となり、豪商にのし上がった（毛利敏彦『明治六年政変』）。

桐野利明（元の中村半次郎）ら薩摩閥の追及を受けて和助は陸軍省内で自殺。山県は辞任したが、2カ月後に陸軍卿として復職し、明治22（89）年には第3代総理大臣となる。長州藩ではかろうじて藩士に数えられる程度の下級蔵役人の家の出であった山県が、明治17（84）年に伯爵に序され、栃木県に華族農場を開き、少なくとも7つの邸宅、3つの大庭園を持つ富豪となったことを思えば、彼らがいかに「明治維新」を偉業だと自画自賛しようとも、メッキの地金はおのずと見えてくる。

話を戻す。要すれば、新政府が賞典禄の原資を東北諸藩の減封に求め、旧会津藩は3万石に押し込められ、藩側も再興を取り消されないよう受け入れざるを得なかった。

だが、移住しようにも、経費を賄う当てがなかった。『青森県史　資料編近世6』に、移住費用を見積もった明治3年3月の記録（北大図書館所蔵）が掲載されている。移住者を2万人以上と予想し、会津若松、東京、越後高田からの旅費（1人平均12両）、1年分の食費など移住先での経費を合計すると、陸奥国での収納高（明治2年・3年分）、支配地北海道からの運上金に新政府からの賜米（明治3年から3カ年分）を加えても足りなかった。不足額は約57万7千両余。大雑把に換算すれば90万石以上にもなろうという膨大な額であった。

その計算表に、新領地・陸奥国3万石における明治2年の収納実績6700石、3年の収納見積6750石とある。名目の3万石とはほど遠い。

「斗南」は「外南部」由来　―竹村秀俊「北下日記」に明記―

再興を許された会津藩の新名称は「斗南藩《となみ》」であった。

決定の時期を『むつ市史　年表編』は明治2（1869）年11月3日とし、同書『近代編』は「会津人たちは再三協議し、藩名を『斗南』と号することに一決し、許可された」と書いている。

しかし、「維新雑誌」には、新領地として陸奥国3万石が下されたという東京からの知らせが会津に届いた同月24日の条に「ただし藩名は土地を見分した上で届け出になるはず」との記載がある。その時点では藩命は未定なのであって、11月3日決定ではつじつまが合わない。それどころか、半年も後の明治3（70）年4月29日の条に「藩名を斗南《トナミ》（原文ルビあり）と唱えると（松平家が）仰せ出た」とも書いてある。

一方、幕末史家の伊藤哲也氏は4年ほど前、国立公文書館所蔵の旧斗南藩士などの復禄《ろく》請願に関わる「青森県取調書」という史料に「3年4月24日に藩名を『斗南』とするよう願い出た」との記述を見つけた。欄外に「この伺書は内閣蔵書公文録の中にもあり確実のもの」と注記があり、正確な日付と思われる。

松平容大《かたはる》が斗南藩知事に任命されたのは、満1歳の誕生日を半月後に控えた同年5月15日。遅くとも同日までに藩名「斗南藩」と正式に認められたことになる。なお、藩知事は前年6月17日の版籍奉還に伴って府藩県三治制が敷かれたことで誕生した。新政府が没収した旧領地のうち旧幕府の京都所司代・奉行などの支配地が府、旧大名の支配地が藩、それ以外（敗者側の藩から取り上げた領地など）が県となり、それぞれ知事が置かれた。藩知事には、基本的には旧藩主が任命された。

では、「斗南」の由来は何か。

長く信じられてきたのは漢詩句「北斗以南皆帝州《ほくといなんみなていしゅう》」に基づくという説である。その当否が検討されてきた経緯を、竹浪和夫氏（むつ市在住）が「斗南藩命名の謎―『北斗以南皆帝州』の出典を探る」という分かりやすい一文にまとめ、『下北文化』第44号（平成22年11月1日）に掲載している。以下は、同書に沿った話である。

「北斗以南皆帝州」説の刊行物初出は明治39（１９０６）年初版『増補大日本地名辞書』で、〈田名部〉の項に「斗南とは『北斗以南皆帝州』の義にて、北遷の新藩に命名す」とある。故笹沢魯羊《ろよう》氏が昭和10（35）年以降に著した『田名部町誌』『川内町誌』などに、いずれも同様の記載があり、昭和28（53）年発行の『宇曽利《うそり》百話』には「北遷されても依然天子の領域たるに感泣しての名称である」との解釈も加えている。下北史研究の先駆者の著述だけに、以後、「北斗以南皆帝州」説が広く流布することとなった。

例えば、『日本国語大辞典』（昭和50年刊）の〈斗南半島〉の項には「『斗南』は『北斗以南皆帝州』の義」、〈斗南〉の項には「『斗』は北斗星。北斗星より南の意で、唐の狄仁傑《てきじんけつ》がその賢を『北斗以南一人而已矣《のみや》』と激賞されたという『唐書・狄仁傑伝』の故事から」とある。根拠は示していない。

別の出典を探す試みもなされてきた。故相田泰三氏（会津史談会）は、漢籍ではなく会津人の先輩による漢詩句が原典ではないかという視点に立ち、「北斗」「北辰」「斗南」などの語句を含む詩を探し、松本来蔵、安部井政治、永岡久茂、秋月悌次郎の4編を見つけた。特に大詩人・秋月は「唐太《からふと》以南皆帝州」と詠んでいた。だが完全に一致する句はなく相田は一転、昭和46年刊行の『斗南藩史（未定稿）』に「中国人が言った言葉で、それは左伝にあったような記憶がよみがえってきた」と書いた。

遺志を引き継ぐようにして竹浪氏が『左伝』をはじめ『十三経』『上古漢籍漢語資料』『二十五史』を検索したが、「北斗以南皆帝州」と同一句は発見できず、狄仁傑の「北斗以南一人而已矣」と「唐太以南皆帝州」を合体させたものではないか―との仮説を提示した。

以上を踏まえた上で読んでいただきたいのであるが、実は郷土史研究家の伊藤一允《かずみち》氏（十和田市）がとっくに、漢詩とは無関係の出典を発見し、『七戸町史』（昭和61年刊）と『野辺地町史』（平成9年刊）にさりげなく書いている。明治7（1874）年の竹村俊秀の「北下日記」（七戸町の個人蔵）に「斗南とは外南部《そとなんぶ》の謂《いわれ》なり」と明記されているというのである。

竹村は明治9（76）年に永岡らと思案橋事件を起こし、翌年に刑死する人。「斗南藩では大参事、少参事に次いで高位の大属《だいさかん》を務め、藩政の重要事を知りうる立場にあった。藩士の活計に活躍した―と柴五郎も日記に書くような人物であり、『外南部』説も信用できるのではないか」と伊藤氏は話す。ただし、「北斗以南皆帝州」説を否定するわけではなく、「外南部を基に『となみ』藩と命名した後に、大義名分が立つよう、いろいろな意義付けがなされたのではないか」との見解を示す。

先に触れた、伊藤哲也氏が国立公文書館で見つけた「青森県取調書」にも、「（斗南は）地名にあらず。北斗の南にあるの意。又文《また》

添え書き

■箱館戦争

明治元（1868）年9月22日に会津藩が降伏した後、榎本武揚《たけあき》の率いる旧幕府艦隊は10月18日、桑名藩主松平定敬《さだあき》（容保《かたもり》の実弟）や小笠原長行《ながみち》ら旧幕臣、彰義隊、会津藩遊撃隊、土方歳三ら新撰組隊員たちを乗せ、三陸の宮古湾（岩手県）から蝦夷地へ退却。閏《うるう》4月27日に箱館の五稜郭を接収していた新政府側と戦端を開き、五稜郭の占領に成功。12月15日に榎本を総裁とする箱館政権を樹立した。

しかし、新政府が翌年4月12日に総攻撃を開始。5月12日には五稜郭への猛烈な艦砲射撃を始め、榎本は18日に降伏。戊辰戦争が全て終結した。

字は違うことなれども彼地方《かのちほう》は外南部《ソトなんぶ》（原文ルビあり）の俗称あるにより旁《かたがた》に撰《えら》びたるなりと相聞《あいきこ》え」との記述がある。この書類は、県がいつ、誰から聴取した記録か定かではないが、多義的な名称であったと推測される。

つまりは、「となみ」と名付ける直接のヒントが「外南部」であることはほぼ決定的だけれども、どんな意図で「外南部」を「斗南」という表記にしたかは、まだ解かれるべき謎として残っている、というのが現況ではあるまいか。

「三戸県」受領「斗南藩」に
―大坂丸、ヤンシー号で移住開始―

口絵⑥参照

「斗南藩」を名乗る直前の明治3（1870）年4月18日、旧三戸代官所で黒羽藩《くろばね》（栃木県）から二戸・三戸・北（七戸藩領を除く今の上北・下北）3郡の引き渡しが行われた。移住第一陣が三戸に着くのは一両日後であり、おそらく書類手続きであろう。旧会津藩側の担当者ははっきりしない。

なぜ黒羽藩なのかは少し説明が要る。幕府側として戦った盛岡藩が白石（宮城県）へ転封され、二戸郡以北は政府直轄地となって明治元（67）年12月7日、弘前藩に管理が命じられた。だが、地元民が猛然と不服を唱え、元の盛岡藩領民か八戸藩領民を希望し「不許可とあらば、自ら陸奥三郡の郷村を焼き払って焼土と化す」との請願を政府に提出した（『岩手県史　6』）。不仲であった弘前藩が野辺地戦争を起こして南部衆の反感がさらに募り、弘前藩は管理者を派遣することもないまま2カ月で黒羽藩に交代となったのである。

その後、管轄官庁の名称は、新政府の地方行政の迷走を反映して「三戸御役所」「北奥県」「九戸県」「八戸県」、明治2（68）年9月19日には「三戸県」へと猫の目のように変わった。黒羽藩から引き継いで以降も残務処理のため暫定的に残された「元三戸県」という名の官庁と、斗南藩が、5月15日（松平容大《かたはる》の藩知事就任）まで併存する珍現象も起きた（石崎宜雄《よしお》「元三戸県について考察する」）。

先に少し触れた通り、斗南移住の第一陣は東京謹慎組であった。石井家（三戸町）の『萬《よろず》日記』（青森県立図書館所蔵）によれば、4月17日に品川を出航し、19日に八戸鮫浦に約300人が上陸し、翌20日に三戸入りした。

船はさらに北上し、上陸地は判然としないが、5月2日には藩士たちが田名部に到着し、6日、黒羽藩の田名部在勤役人から支配地引き継ぎを受けている。

『七戸町史　通史編2』からの孫引きになるが、三沢千夏良『会津史談会誌』に、船名が「大坂丸」とあるという。大坂丸は小倉藩が購入したイギリス製汽船。6月22日に新政府に献納される前なので、斗南藩が借り上げたということであろうか。

同年5月17日の記録（北大図書館所蔵「日記」）には、5、6月に計4回の斗南移住航海を行う計画が書かれている。民政局取締として会津若松に残った町野主水《もんど》らが猪苗代など旧領内残留運動を9月ごろまで続ける中、東京の藩首脳部は藩再興実現へ移住を急いだ。

だが、著しい資金不足のため各藩に援助を請わざるを得なかった。無理やり朝敵にされた旧会津藩には同情的な藩も多く、例えば岡山藩は藩費から義援金を出そうと新政府に許諾を求めた。ところが裁定は、知事の家禄《ろく》からなら構わないが藩費拠出は不可―であった。藩知事の給与からポケットマネーとして出すのは大目に見るが、純然たる公費である藩費で〝朝敵〟を助けるのはまかりならん、という論法であろう。

遅れの理由がもう一つ。９月の「公文録」（『青森県史　資料編近世６』掲載）によると、斗南藩は藩士と家族の輸送にアメリカ汽船「ヤンシー号」と「ダイミヨー号」を雇ったが、開港場（函館、新潟、横浜、神戸、長崎）以外に外国船の着船は禁じられており、陸奥湾の野辺地や安渡《あんど》（現在のむつ市大湊）に入港できなかったのである。斗南藩の願い出に、同月23日に許可を与えたのは外務省であった。

その文書は、斗南藩が船を「相雇《あいやと》」ったと明記している。ヤンシー号を新政府が借り上げてくれたように記す著書が散見されるが、前年９月の北海道移送船が新政府借り上げだったことと混同があるのではないか。

その北海道移送もアメリカ汽船「コユール丸」と「大坂丸」であって、ヤンシー号ではなかった。余市郷土研究会編『余市移住旧会津藩士の足跡』にそう書かれていると、甲羽智武氏（埼玉県在住）が『うそりの風』第２号で紹介している。

一方、新政府も、斗南藩の自立が遅くなるほど謹慎者への救助米支給など国費負担が重くなるため、一日も早く移住を完了させたかった。太政官は９月11日、「民部省から現米１２００石、金銭

添え書き

■七戸藩

斗南藩領は新政府が七戸藩を設けてわざと南北に分断したような話も聞くが、七戸藩成立は明治２（１８６９）年６月で、９月末に会津松平家再興が内示される前のこと。

盛岡南部家の分家・七戸南部家は、元は幕府に仕える江戸定住の旗本。文政２（19）年の６千石加増で１万１千石の大名（１万石以上）になっても領地は持たず、七戸と縁はなかった。幕末の参勤交代緩和で大名が国元に帰ることになったとき立藩の動きが出たが、戊辰戦争の混乱で遅れ、戦後、１千石を減じられて七戸藩１万石が誕生した。

17万両を下げ渡す。受け取って速やかに斗南へ引き移り、生産に就くべし」と通達し、同時に、救助米を同日から「10歳以上は4合、8～9歳は3合、3～7歳は2合5勺《しゃく》、1～2歳は2合に減らす」と通告した。厄介払いのアメとムチである。

阿達義雄氏は『新潟港開港百年史』と同書の原史料である「付録第六」に、新潟港の明治2、3年の外国船出入り記録を発見した。それにより、新潟と斗南を往復した外国汽船はヤンシー号だけであったことや、各便の乗員数や積み荷まで判明した（同氏著『会津斗南往来』）。

新潟港発の移住船は夏季3便、秋季2便の計5便、移住総数は7571人。以下に、出港日、人員、積み荷を列挙する。

▼夏季（1）5月29日＝718人、荷物129個・コメ2585俵（2）6月9日＝625人、荷物1648個・コメ1964俵（3）6月19日＝1692人、荷物2000個・コメ2002俵

▼秋季（4）10月18日＝2280人、荷物2469個（5）閏《うるう》10月1日＝2256人、荷物2757個

（2）の乗員が少ないのは、前日8日に高田藩今町港で282人を乗せたためと思われる。同船で移住した大間町の故木村重孝（木村重忠・斗南会津会前会長の曽祖父）の手記にある。ただし、手記は新潟での乗り組みを1300人としており、『百年史』とは数字が大きく違っている。

ほかに、既述の通り東京からの海路移住や、10月2日（11日説もあり）に会津若松を出発した陸路移住組もいた。

老女が落馬、ボロ家で死亡

―移住の悲劇、野辺地の厚遇つかの間―

口絵㉑参照

東京からの移住航海は複数回あったことが、『ある明治人の記録―会津人柴五郎の遺書』によって分かる。五郎と兄・太一郎の乗った汽船が下北半島を回って陸奥湾に入り、明治3（1870）年6月半ばに湾の奥に位置する要港・野辺地に着いたとあり、品川沖を出発して5月2日に田名部（むつ市）入りした第一陣の人々とは明らかに異なるのである。

同書の筆者は熊本人の石光真人《まひと》。大おじ野田豁通《ひろみち》は弘前県大参事、青森県権《ごん》参事を務め、五郎を県庁給仕に雇うなど旧斗南士族の救済に尽くした。のちに希代の大陸浪人となる甥の石光真清《まきよ》が、東京に出て陸軍少尉になった五郎宅に一時期預けられた縁で、その長男真人が同書を書いた。同書は脚色も多いとされるが、斗南移住に関しては「先着の者たちが既に田名部や野辺地に分宿していた」とも記していて、矛盾はない。

ただ、移住の詳細はなお不明部分が多く、移住者の総数すら判然としない。明治4（71）年、野田大参事が大蔵省へ提出した伺書に斗南人1万7327人と書いているが、飯沼貞吉（飯盛山で自刃した白虎隊士唯一の生き残り）のように籍だけ斗南藩領内に置いた人物もいる。

一方、明治3年に若松県が民部・大蔵両省へ提出した上申書では（1）若松で帰農＝約2千人（2）東京で職を得て残留＝約1200人（3）曖昧＝約2千人（4）斗南藩へ移住＝約1万4千800人―となっている。

帰農者が多数に上ったことは『元会津藩士　佐野藤太郎藤原義路一代記』（白虎隊記念館所蔵）にもある。斗南藩の困窮が目に見えているため500戸を募り、士籍を返上して会津で帰農し、さらに200戸が続いたという。

東京謹慎組の藩士約200人とその家族が藩再興の前に北海道へ移され、のちに余市開拓に従事したことは既に紹介した。また、斗南移住の段になっても柴五郎の兄四朗（のちに東海散士《とうかいさんし》と号す）のように勉学のために東京に残った者もいる。右の若松県の上申書も明治3年5月29日付であり、新潟からの海路移住が始まる前の数字にすぎない。

一方で、会津戦争に農民兵として加わった者、畳職や塗師などの平民も藩士に仕立てて斗南へ移住したため（葛西富夫『新訂会津・斗南藩史』）、実数の把握はいっそう困難になった。ここでは一応の目安として1万7千余人という数字を採っておく。

さて、柴五郎は移住時、太平洋の荒波で船酔いに苦しんだ。新潟港経由の移住はどうであったか。回想記『光子』を例に見てみる。

会津藩降伏のとき光子は数え8歳。父・鈴木丹下重光が城内で戦死し、分家などを頼ってあちこち放浪した一家は明治3年8月末（5月末の誤記）になって斗南に行くことになった。藩士の家族は越後街道（会津街道）を津川（新潟県阿賀町）まで陸路を行き、川舟で阿賀野川を下り、新潟港で艀《はしけ》に乗って沖合8キロに停泊する「ヤンシー号」に乗船するコースが一般的であったが、光子の一家は新潟まで山道を行った。

老人・子ども連れに藩がかごを用意したおかげで歩行には困らなかったものの、前年3月に生まれたばかりの妹に与える乳がなく、かゆを食べさせながら三日三晩を費やして新潟に着いた。ところが、船の都合で出航が延び、ひもじさに耐えかねて付近の畑の芋を掘って焼いて食べたりしてしのぎ、6月9日にようやく乗船となった。船の都合とは、前回述べた高田藩今町港への回航のことか。

ヤンシー号は1187トンという当時最大の蒸気船であるが、光子は「船室も甲板も足の踏み場もなく一杯《いっぱい》でございます」と書いている。それでも、この便の乗員は今町港での乗船者282人を足しても1千人弱。次の便は1692人、10月以降の2便は2250人以上も乗せ、とんでもないすし詰めであった。

新潟からの最初の移住船が安渡《あんど》（むつ市大湊）沖に着いたのが6月10日、上陸が翌日であるから、まさに光子一家の乗ったヤンシー号がその船であった。

光子の家族5人はそこでは降りず、（11日？）夕暮れ近くに野辺地に上陸し、「三ツ星《みつぼし》」という豪商宅に宿舎が割り当てられた。同家に50〜60人も泊まった中で、光子は特にかわいがられた。三ツ星は海運業で財を築いた西村家のこと。子どもを亡くした同家が光子を養子に熱望したことが後日判明するが、それを別にしても、富家の多い野辺地では一般に斗南士族を手厚く遇した。

柴一家も呉服商の島谷清五郎家に止宿し「日々の食膳は山海のものを配慮して料理し、会津以来初めての馳走《ちそう》なり」という五郎の感激が『ある明治人の記録―』にある。そんな厚遇もすぐ幻のように消え去り、飢餓地獄の日々が来ようとは…。

添え書き

■野辺地の豪商

青森県の野辺地は江戸時代初期から、盛岡藩が二戸郡以北で買い集めさせた大豆、魚粕《さかなかす》（肥料）、輸出向けの俵物《たわらもの》（干しアワビ、干しナマコ、フカヒレ）、さらに尾去沢銅山（秋田県鹿角市）の御用銅などの積み出し港として栄え、集出荷問屋、西回り航路（北前船）を中心とする海運業者が軒を並べ、野村治三郎家、野坂勘左衛門家といった藩内屈指の豪商も多かった。

豪商各家は独特の「家印」を持ち、御用金上納者名などの公文書にも用いられた。西村金之丞家の∴（みつぼし）、野坂与治兵衛家の◬（うろこまる）などで、読み方も決まっていた。

光子の一家も初冬になって田名部へ移動を指示され、50キロ余の海沿いの道を凍えながら2日がかりで北上。田名部に着くとさらに遠くの、津軽海峡に面した烏沢《からすざわ》（むつ市関根）行きを命じられ、2キロ余り進んだ所で、老齢のため馬に乗っていた祖母が地面に落ちて腰をしたたかに打った。

同情した地元の人が1カ月2朱で空き家を貸してくれたので烏沢に行くのをやめ、当分その家で暮らすことにした。とはいえ、家とは名ばかり。8畳ほどの一間に畳はなく、障子も襖《ふすま》もなし。壁が落ち、屋根もボロボロ。畳3枚を借りてどうにか寝起きしたが、落馬した祖母は日に日に衰え、9日目に死んだ。

ときに11月17日。朝敵の汚名を着せられて故郷を追われ、遠く離れた地であまりにも哀れな最期であった。享年70余歳。

北上中に息絶えた傷病者も

―会津払い最後の一陣　過酷な陸路―

口絵62・63参照

子女や高齢者、あるいは傷病者が会津から3週間もかけて移住した陸路組の困難は、船内のすし詰めと船酔いに一両日耐えれば斗南に着いた海路組の比ではなかった。宮崎十三八《とみはち》編『会津戊辰戦争史料集』に収められている間瀬みつの手記「戊辰後雑記」が、実情の一端を伝えている。

明治元（1868）年当時、みつは39歳。間瀬家当主たる弟の岩五郎が朱雀《すざく》隊士として長命寺の戦いで戦死、白虎隊士の末弟源七郎は飯盛山で自刃、隠居の身であった父新兵衛も籠城戦に加わって被弾し戦死。母、3人の妹、岩五郎の妻ゆき（籠城中に被弾し負傷）、4月に生まれたその長男政吉の7人が残され、さらに隣家の赤羽家に嫁いだ妹きよが里帰りし、戦火の下で、8月27日に女児を出産した。

降伏後、南御山村元（会津若松市）の肝煎《きもいり》・小林藤吾宅が宿舎に割り当てられたが、末妹ゆふ19歳が重病に陥り、医者どころか薬の一つも与えられないまま10月に死んだ。

その肝煎の家も新政府に接収され、井手村（同）の借家に移った。兄嫁ゆきのけがに加え、きよが病気になり、幼子2人の乳も不足したが、そうした苦難はもとより、多くの肉親の死にすら、みつが少ししか言及していないのは、あまりにつらい体験であったせいか。

斗南移住を命じられて一家が若松をたつのは2年後の明治3（70）年10月12日。出発時、一家に人夫1人を付け、老人にはかごも与えると説明されたが、猪苗代に着いてみると、藩費欠乏のためか両方取り消された。かといって足腰の弱った58歳の母親を歩かせるわけにもいかず、毎日のかご代と人夫賃で所持金はどんどん消えていった。

北上川を過ぎると人里も少なく、風雨にたいまつもないまま進んでいき、2、3軒の家を見つけて一泊を請うたところ、起きもしないで「夜なべをしまったばかりだ」とすげなく断られたりした。移住者には、藩が後日一括して払う約束で1枚12銭5厘の宿札が渡された。だが、前年の大凶作で米価が高騰の一途にあった上、確実に払ってくれる保証のない敗残の会津人を泊めることに二の足を踏む宿が多く、盛岡では、かゆをすることを条件にようやく泊めてもらった一団もあったという（葛西富夫『新訂・会津・斗南藩史』）。

10月12日は新暦の11月5日に相当する。はや初冬。しかも、前年に続いて寒い年であったため、間瀬一家も道中、いっそうの困難を強いられた。岩手県北部の沼宮内《ぬまくない》（岩手町）を発つ朝にも雪となり、急に険しくなったぬかるみの山道を必死に歩かなければならなかった。

青森県立図書館の所蔵する石井家『萬日記《よろず》』の同年11月8日の条に次のような記述がある。「会津藩、先月25～26日ごろから日々250人ぐらい陸路を下向し、5千人ほど越してきた。老若男女いずれも歩行にて日数18～19日のつもりで来たそうで、衣服は薄く、荷物は5貫目に限られ、実にかわいそうなことである（意訳）」。5貫目は18・75キロに当たる。武士の魂、刀は5貫目には含まないであろうが、煮炊き用の釜や家系図・位牌を持参できた者はいい方だった（『新訂・会津・斗南藩史』）。

間瀬家も金田一村（岩手県二戸市）での短い下宿暮らしの間はまだしも、三戸に着いて寄宿先が割り当てられてからは布団もない寒い夜を堪え忍ばなければならなかった。

それでも20日ほどで会津から荷物3箱が届いた間瀬家は、かなり恵まれた方であった。みつの父は側用人から奉行に進み、会津藩では高禄《ろく》と言っていい350石であったから、陸行も人夫やかごを雇って無事に陸路移住を遂げることができ、さらに荷物も送らせるだけの蓄えがあった。それは例外的なことであって、着の身着のまま、何の展望もなく不安だけを抱えて斗南に来た家の方がむしろ圧倒的に多かったのである。

『会津若松史』第5巻によると、会津に残っていた傷病者や家

添え書き

■萬日記

『萬日記《よろず》』は、青森県三戸町の石井久左衛門、八郎父子2代が天保14（1843）年から大正8（1919）年まで76年間にわたって書き継いだ家記。代官所役人兼農家であり、気象や作況、市況など農事関係が主であるが、盛岡藩の布達、一揆などの事件、民俗等、あらゆる事柄が記され、秋田戦争や斗南藩の人々の厳しい境遇など戊辰戦争・維新期の貴重な記録ともなっている。

原本76冊を所蔵する青森県立図書館が、重要な記述を活字に起こし、概説を付した『解題書目・萬日記抄』を計6巻発行している。

族に斗南移住の指示があったのは10月に入ってから。いわゆる〝会津払い〟の最後の人々であった。それがほぼ終了した同年閏《うるう》10月8日付で若松県が弁官（太政官の事務局）に提出した届《とどけ》（『太政類典』第1編93巻）には、病院から直接斗南へ出発した傷病者が119人含まれていた、と書かれている。戊辰戦争では、判明しているだけで女性194人を含む2557人もの会津藩士が戦死したが、戦死こそ免れても、深手を負い、2年を経てなお病床にあった藩士が多数いたのである。

のちに斗南藩の幼君松平容大《かたはる》の生活の場ともなった徳玄寺（むつ市）の過去帳に、次のような明治4（71）年の記載がある。「三月朔日《ついたち》　斗南藩森源次郎三十歳　右者《は》会津ヨリ病気ニテ来《きた》リ、仙台領七北田ニテ死。同処《どうしょ》浄満寺ニ葬リ、髪切《きり》来リ。三月二十日、拙寺ニ埋ム」

傷病者119人のうち何人が斗南に着いたか記録が未発見のため、確定的なことは言えないが、森だけが特異な例ではなかろう。傷病者でなくても、大間町の松原忠夫氏の曽祖父・孫左衛門矩重が三本木（十和田市）で妻を亡くしたように、北上中に肉親を病気や事故で失ったと伝わる家が複数ある。

さて、海路にしろ、陸路にしろ、斗南到着が苦難の終わりではなかった。衣・食・住の全てが足りない。言語を絶する窮乏生活の始まりである。

飢え、寒さ、寄生虫　死者多数
—1日3合　粗悪な古米も節約—

口絵64参照

「南部の殿様、粟《あわ》飯稗《ひえ》飯、喉さひっかかる干菜《ほしな》汁」という民謡があるという。この場合の「南部」は青森県の県南地方（盛岡南部家と八戸南部家の旧領地）、つまり同県の東半分を指す。そこは火山灰土壌で稲作に向かない上、ヤマセ（冷たい北東風）による冷害の常襲地帯。斗南藩3万石の実高は7000石ほどにすぎなかった。間の悪いことに明治2（1869）年は大凶作に襲われた。卜蔵建治《ぼくらたけはる》『ヤマセと冷害』によれば、野辺地町の豪商浜中家の「年々予手控え」に、「明治二年九月一日（二百十日）に田圃《たんぼ》を見回ってみましたが穂の出ているものは一本もなく、横葉をかき分けてもみつけられませんでした」とある。同年の東北地方の作況指数は33（近藤純正の論文「最近300年間の火山爆発と異常気象・大凶作」）。県南地方はほぼ皆無作とみられる。

会津人の寄宿を割り当てられた斗南藩領内の地元民も生活に苦しみ、着の身着のままで突然やってきた会津人たちに温情を注ぐ余裕はあまりなかった。明治3（70）年11月8日の条に「かわいそうだ」と書いている三戸の石井家『萬日記《よろず》』にさえ、「迷惑」という文言が何度も登場する。

泣きっ面に蜂。そのころ、大人1人に1日4合だった救助米が3合に減った。しかも大凶作のために新政府が緊急輸入した粗悪な古米。それさえ全部は口にできない。日用品などの代金に充てるため、節約してお金に換えるのである。

下北半島の田名部（むつ市）に移住した鈴木光子の回想記『光子』に、「半分の米へ昆布を切って混ぜ、粥《かゆ》にして食べるのですから、お腹が餓《ひも》じくてたまりません」とある。昆布は人の起きる前に海岸で拾った。

一般には、切った昆布ではなく、押布《おしめ》であった。押布は、乾燥させた昆布やワカメをたたいて粉にし、粥状に炊いたもの。普段は大豆、ジャガ芋などを混ぜた薄いコメ粥だが、ジャガ芋などがなくなれば押布になる。石光真人《まひと》『ある明治人の記録―会津人柴五郎の遺書』に、「茶褐色にして臭気あり、はなはだ不味なり。菜は山野の雑草を用ひたるも、冬期は塩豆」とある。

三戸に入植した間瀬みつの手記「戊辰後雑記」には、「子供けんかにも会津のまめくい（豆食い）などと悪口申《もう》おり《し》」とある。「会津のハドざむらい（鳩侍）」とも呼ばれた。安価な豆ばかり食べていたからである。

『ある明治人の記録―』に、田名部の円通寺裏の川氷に犬の死骸を見つけ、約20日間食べ続けた話が出てくるが、吐き気を催した五郎を父の佐多蔵が「会津の武士ども餓死して果てたるよと、薩長の下郎どもに笑わるるは、のちの世までの恥辱なり。ここは戦場なるぞ、会津の国辱雪《そそ》ぐまでは戦場なるぞ」と叱ったくだりは石光の筆が走りすぎた。五郎は、昭和4（1929）年に日本工業倶楽部で行った講話で「最初の間は犬の肉が大いに甘くて、喜んで食べた。中々食い尽くせないで、棄《す》てるのが惜しかった。とうとう飽きてしまい、無理に食って閉口した」と語っている（三浦順一郎『続下北地域史話』による）。

犬の死肉が貴重なごちそうだからこそ、閉口するまで食べた。そこまでしても「この冬、餓死、凍死を免るるが精一杯なり。栄養不足のため痩せ衰え、脚気の傾向あり」と、『ある明治人の記録―』は書く。生死ギリギリの、壮絶な闘いである。

思わぬ敵は寄生虫であった。旧編『青森県史　6』に所収されている、斗南藩が明治4（71）年5月10日付で大蔵省へ出した埋葬料下付の要請書に「男女胃中虫を生じ、日増しに死者多数」とある。会津時代からなじんだ山菜を、先を争うようにして食べたのはもちろん、地元民が手を出さない野草までむさぼって「会津のゲダガ（毛虫を指す方言）」と揶揄《やゆ》されたが、あるいはそれが、斗南士族だけに寄生虫がまん延したことと何か関係があるのか。

青森県になった後の同年9月時点での県庁の記録によれば、総移住者1万7327人のうち約3300人が出稼ぎまたは離散し、当時の在籍者約1万4千人余のうち老齢・廃疾者が6027人にも上る。廃疾は重い障害者を指した、当時の法律用語。会津の病院から出発した傷病者が119人に上ったことは既に触れたが、退院はしても後遺症を抱えた者はもっと多かったはず。あばら屋で栄養失調に耐えて厳冬を越すのは五郎のような壮健者でも大変であったのに、体の弱った人にはどれだけ過酷だったことか。

実際、斗南藩領だった地域の寺に残る過去帳を見ると、最初の冬からバタバタと死んでいる。三戸町の浄土真宗・玉岑寺《ぎょくしん》では同年の埋葬者12人のうち7人が斗南藩臣下だという。会津人には比較的信徒の少ない浄土宗の常念寺（むつ市）でも同年に葬った42人の約3分の1、13人が斗南藩臣下であった。

三戸大神宮（三戸町）の境内に「会津藩殉難者無縁塔」がある。旧藩士らが明治19（86）年に建立した会津藩儒学者・杉原凱《がい》（外之助）の墓の手入れに当たっていた三戸三碑修理顕彰会の人々が昭和51（1976）年、周囲の土中におびただしい人骨を発見し、一つ一つ清めて合葬し、塔を建てたのである。『萬日記』明治4年12月30日の「安藤久米之進という藩士が、祖母が死んだが埋葬場所がないと、石井家に相談に訪れた」という記載と符合する。過去帳に記された人は形ばかりであっても葬儀が行われたであろうから救いがないでもないが、無理やり朝敵にさせられた揚げ句、墓

添え書き

■杉原凱と門人

杉原凱《がい》は明治3（1870）年に三戸町に移住し、翌年に病没。青森県師範学校長などを務め同県の近代教育の基礎を築いた沖津醇《じゅん》、三戸郡の文武の教育に尽くした渡部虎次郎ら会津藩時代の門人10余人が16年後、三戸大神宮境内の埋葬地に墓碑を建てた。

渡部は三戸小に明治6（73）年の開校から25年間にわたって奉職し、第3代校長も務めた。帍、道雲など多数の号を持つ高名な書家でもあるが、酒を持っていけば報酬なしですぐに書くほどの左党だったという。杉原の墓碑銘を揮毫《きごう》したほか、「三戸大神宮」の奉納額など多くの墨跡を残した。

にすら入れなかった人々の無念やいかに。

なお、青森県の提出した埋葬料下付の要請を大蔵省はにべもなく却下している。

藩の責任かぶった川崎尚之助
―八重の夫、函館で外米取引―

出身こそ西国だが、会津・斗南人が深くこうべを垂れるべき藩士がいる。川崎尚之助《しょうのすけ》。山本八重の最初の夫である。

女の身で会津戦争を勇猛に戦い、のちに同志社を創立する新島襄《じょう》と再婚した八重。彼女を主人公とするNHK大河ドラマ「八重の桜」が平成25（２０１３）年に放送されるまで、尚之助を知る人は極めてまれであった。

歴史研究家あさくらゆう氏の『川崎尚之助と八重―一途に生きた男の生涯』によると、氏が番組の関連で調べ始め、北海道立文書館（札幌市）に大量の関係史料を発見して、過去に断片的に描かれた尚之助像は完全に覆った。会津藩降伏直前に城外へ逃げ、八重を捨てたかのような薄情者どころか、斗南士族の飢餓を救おうと外米購入に尽力し、藩の責任を一身にかぶり、貧苦に耐えて沈黙を貫いたまま病没した、会津人以上に会津人らしい人だったのである。

尚之助は但州出石《いずし》の人だと、広沢安任《やすとう》が『近世盲者鑑《もうじゃかがみ》』に書いている。あさくら氏は現在の兵庫県豊岡市出石町で調査を行い、同地の、川崎才兵衛恭助という軽輩ながら優秀で異例の重責を任された人の末弟であると断定した。

尚之助の運命の分かれ目は、江戸で米沢藩（山形県）のお抱え蘭方医大木忠益に就き洋学を学んだこと。南摩《なんま》綱紀《つなのり》、八重の兄山本覚馬という会津藩の英才二人が大木塾に入門してきたのである。帰藩して日新館教授を務めた綱紀と覚馬が、安政6（1859）年、新設の蘭学所の教授に任ぜられた。覚馬は砲術と化学に優れた尚之助を招き、自宅に住まわせた。5年後、30歳の尚之助が八重20歳と結婚する。

会津若松市立会津図書館の元館長・野口信一氏は、同館所蔵の『御近習《きんじゅう》人別帳』に尚之助が「十三人扶持」と記載されていることを発見した。『分限帳』には日新館諸師範方とあった。れっきとした会津藩士扱いである。

籠城戦中、尚之助は大砲の専門家として見事な腕を発揮した。だが、会津藩は明治元（68）年9月22日に降伏。翌日、猪苗代へ連行される1720人の中に男装の八重が紛れ込み、つまみ出される場面が「八重の桜」にあったが、そのときが尚之助と八重の永遠の別れであったか。

斗南藩として再興後の明治3（70）年10月初旬、尚之助は海路を陸奥湾の野辺地港に着き、田名部に居住。開産掛を命じられた。上司の柴太一郎（柴五郎の長兄）と共に函館（箱館）に姿を現すのは同月27日。糧米調達が任務であった。

二人は斗南藩御用商人米座《よねくら》省三の案内でデンマーク名誉領事兼務の商人デュースと接触し、翌閏《うるう》10月、広東米15万斤《きん》（1500俵）と翌春収納予定の斗南産大豆2550石を交換する契約を結んだ。名義は、斗南藩商法懸米座省三、斗南藩開発頭取川崎尚之助、デュース他2人（2人は名目）で、保証人として「斗南藩・柴太一郎」の奥印付きであった。

先物取引に手を染めたのは、藩には政府からの救助米3カ年分・4万5千石のほかには何の元手もなかったからである。この取引が実現していれば、どれだけの斗南士族が餓死せずに済んだか。だが、コメの蔵出しがかなったのは1年後。高く売りつけられた外米がその間に劣化し、二束三文になった。

『ある明治人の記録—会津人柴五郎の遺書』は「米倉某《ママ》」が「藩より支払金を横領し逃亡」と記す。尚之助が米座にだまされたという意だが、新島襄研究者の竹内力雄《りきお》氏（京都市）は開拓使史料を精査し、その事実がないことを突き止めた（「八重の夫・川崎尚之助の真実」＝『会津人群像』22号掲載）。

米座は尚之助名義で英国人商人ブラキストンの使用人・富太郎から当座資金として250両を借金（12月18日付）したものの、それは斗南藩が支配を命じられた道南・歌棄《うたすつ》の開墾者を助ける金だったと竹内氏は指摘する。米座が2日後に金を返しに行ったところ、形式的に担保に入れておいた米手形をブラキストンが「理不尽にも」（竹内氏）差し押さえた。尚之助は仕方なく、手形返却を求め、開拓使に提訴した。

一方、やはり損害を被ったデュースもブラキストンに冷たくあしらわれ、翌明治4（71）年4月11日、賠償責任は斗南藩にあるとして開拓使に提訴した。

対して、藩会計掛の辰野宗城は「藩は無関係」と開拓使に上申し、呼応するように尚之助と太一郎が9月5日、函館行きの目的

添え書き

■函館の外国人事件

開港した箱館（函館）は外国人の事件が少なくない。英国人商人ブラキストンは津軽海峡で生物分布が分かれるとするブラキストン線で有名だが、激情家で、盗みの疑いを掛けてむち打った16歳の使用人喜六が死亡し、殺人容疑で告訴された。

プロイセンの貿易商ガルトネルは箱館戦争の混乱に乗じ七重村（現七飯町）一帯の約300万坪を99年間借り開墾する契約を取り付けた。新政府は植民地化を危惧し、明治3（1870）年11月に62万5千両もの賠償金を払って取り戻した。跡地が国の農業試験場「七重官園」になった。

を鉄鉱業創出だと供述し、藩大参事の山川浩も二人の出張が溶鉱炉建設計画を立てるための「機械取り調べ」であってデュースとの契約は藩命ではないと司法裁判所に陳述した。

開拓使外務掛の松平正親《まさちか》（元・榎本軍副総裁）の判断は当初（明治5年4月21日）から、契約は藩命ではなく尚之助が「身代限り」賠償すべし（個人に対する賠償命令）―であった。デュースは外務卿副島種臣《そえじまたねおみ》に上訴したが、尚之助は「（斗南人の）飢餓、傍観・黙止し難く」という動機を記した上申書を開拓使に再提出し、契約は「全く自己の存意」だと陳述。1万両以上に及ぶデュースの請求に対する支払い能力のない旧藩や元重臣たちを救うため、自らを犠牲にしたのである。

会津の山本家に寄宿して尚之助に砲術を学んだ元米沢藩士・小森沢長政からのわずかな援助もあり、尚之助は東京・浅草の下宿で極貧生活に耐えた。しかし、裁判のため函館へ向かう途中の明治7（74）年夏、岩手県二戸郡（旧斗南藩領）で大病を発し、7月7日、東京医学校病院（東大病院の前身）に入院。翌年3月20日、慢性肺炎のため永眠する。享年39歳。なお、会津藩降伏後、八重や山本家が身を寄せた米沢藩の内藤新一郎も、会津で尚之助に砲術奥義を伝授された人である。

斗南ケ丘　早々と110棟
―田名部、野辺地、五戸、三戸に救貧所―

口絵(65)参照

鶴ケ城北東の松平家別邸・御薬園《おやくえん》で養育されていた満1歳5カ月の幼君容大《かたはる》が、元江戸詰小姓の富田権造《ごんぞう》重光に抱かれ、かごで会津若松を出発したのは明治3（1870）年9月2日。元家老の内藤介右衛門信節《のぶこと》、鬼官兵衛こと佐川官兵衛、白虎士中二番隊長だった日向内記《ひなたないき》、元新撰組の斎藤一（藤田五郎）らに道中を守られ、11

月3日に五戸（青森県三戸郡五戸町）に着いた。

五戸では旧盛岡藩士三浦伝七方を仮住まいとした。猪苗代の土津《はにつ》神社から社司桜井豊記らによって運ばれた保科正之《ほしなまさゆき》以来の歴代藩主ご神像も12月27日に着き、三浦家の蔵に安置された（塩谷七重郎《しちじゅうろう》編『土津神社と斗南』）。

藩庁は4月から五戸代官所に置かれていた。五戸が選ばれたのは盛岡藩公用人から「水利がよく、コメが多く出来、特に馬産で（経済を）持続してきた」との情報を得ていたからだという（『青森県史　資料編近世6』）。ところが、「役銭（雑税）はコメで納入を」と通達した途端に「役銭は700年来、金銭払いだ」という反発が湧き起こり、七戸や田子、鹿角（現秋田県。元は盛岡藩領で、斗南藩領となった）方面の農民数百人が肝煎《きもいり》方に押し寄せる騒動にまで至った（石井家『萬日記《よろず》』）。凶作続きで米価が高騰していたためか。藩財政の目算はいきなり外れた。

容大は土津神社ご神体と共に明治4（71）年2月15日に五戸を離れ、18日に下北半島の田名部（むつ市）に到着。円通寺に藩庁が置かれた。容大の住まいも同寺となったが、肉食禁止などの戒律がある曹洞宗のため、日中は主に隣の浄土真宗・徳玄寺で過ごした。

明治3年7月の「斗南藩改革調」（旧編『青森県史　第6巻』所収）にこう書かれている。「田名部から4キロ余の所に広野があり乾燥する高台、湿気の多い低地、谷間は手つかずなので区割りを設置する（意訳）」。斗南ケ丘の開発計画はその時点で既にあったのである。

藩庁の下北移転も既定路線であろうか。実現はしなかったが、藩学事掛・橋爪寅之助は徳玄寺の本堂で藩庁の設計図を書いている（同寺の石澤史《ふみと》・責任役員談）。

斗南ケ丘は田名部川東側の丘陵・妙見平に築かれた。笹沢魯羊《ろよう》『下北半島史』などによれば、市街は6本の通りで街割りし、100坪単位の各屋敷に土塀をめぐらし、堀井戸を18カ所に設けた。10月までに一戸建て約30棟、二軒続き約80棟が早くも完成し、約200戸が入居。藩士たちは「新館《しんだて》」と呼んだ。荒川勝茂の『明治日記』は、斗南ケ丘という名称になったのは11月だと記している。

西方の大平にも約30棟が新築され、松ケ丘（第二新館）と呼ばれたが、正確な場所も、集合住宅式か戸別に点々と建てられたのかもはっきりしない。

開墾開始は雪解けまで待たざるを得なかったのは仕方ないとして、待ったなしの問題があった。農具がないのである。

坂本寿夫編『弘前藩記事5　弘前藩記録拾遺』に、斗南藩が諸藩に援助を求め、弘前藩が応じた記録が掲載されている。斗南藩が明治4年2月29日付で「ご列藩の士族卒族の貴志をもって鋤《すき》・鍬《くわ》の費用を拝借したい」という権《ごん》大参事山川浩の公式要請文と、「斗南藩士族卒」名でしたためた哀願書を送り、弘前藩は藩主津軽承昭《つぐあきら》が500両、有職藩士が500両、そして何と無職藩士たちも500両を拠出し、3月9日、1000両を現金で、残る500両で鋤・鍬を用意して斗南藩へ贈ったというのである。最終的には奥羽越列藩同盟を脱退した弘前藩ではあるが、宗家・近衛家の説諭に従ったまでのことであり、会津藩など同盟側への敵意はなかった。そのため斗南藩の苦境に同情を抱く藩士が多く、瞬く間に浄財が集まったとされている。

早稲田大学図書館大隈文書の「斗南事情」によると、同年初夏、大半の家に鍬1丁が配られた。親切に畑・種・農具を貸して作業を手取り足取り指導してくれた地元民もいたが、「割り当てられた寄宿先によって、幸不幸が生じているのは仕方ない（意訳）」と同書は書いている。

領内にはもともと農民がいたのであり、わずかな水田向きの土地はもちろん、畑地もかなりの山奥にまで及んでいた。突然入植した斗南士族の多くは、耕作困難な所を必死に開墾するしかなかった。現在の下北郡東通村田屋に入植した荒川勝茂の場合、ジャガイモは4斗7升、大根は160本と多少の初収穫を得たものの、アワは種2合をまいて収穫1升、ソバは種7升をまいて収穫1斗、ほかは収穫「なし」であった。

藩はアワ、大豆、イモなどの種や蚕種（カイコの卵）を貸し付け、養蜂も奨励した。また、葛西富夫『新訂・会津・斗南藩史』によれば、斗南ケ丘ではほかに陸稲《おかぼ》、ヒエ、ソバ、小麦、エゴマ、藍、タバコ、麻を植え、桑、杉などの苗を育て、茶やミカンの栽培まで試みた。

一方、戦争で男手を失い、子どもを抱えた女性など、最も自活の難しい人々のため、藩は「救貧所」を設けた。衣食住を提供しつつ授産を行う保護施設・兼・職業訓練所である。

「救貧所規則」制定は明治4年4月。荒川の『明治日記』によれば田名部では同月に建設を開始し、作業に出た藩士には1日白米1升、銭200文を支給した。それも一種の救貧事業か。開設後、漆工・製紙・機織り・陶芸・下駄の鼻緒づくり・畳づくりを教えたほか、平貝の缶詰製造まで試みたという(『新訂・会津・斗南藩史』)。

添え書き

■斗南藩職制

斗南藩の職制は明治3（1870）年7月に決まり、9月15日の一部改訂で大参事・権《ごん》大参事、少参事、大属・権大属、少属・権少属に確定した。藩独自の制度ではなく、新政府が旧藩重臣の世襲を否定し、公選による新職制の採用を命じたことによる。

権は副という意味に近い。山川浩は権大参事で、大参事は空席。少参事に広沢安任《やすとう》と永岡久茂が就いた。実際の任命には前後があり、山川と原田対馬は4月に権大参事となり、斗南移住に反対した原田は8月に罷免。広沢は権大属から翌年3月に少参事へ昇進した。

野辺地、五戸の中ノ沢、三戸の熊ノ沢の3カ所にも救貧所は建てられた。三戸では凶作にもかかわらず数十人の住民が建設資金として計400両を寄付しており、その額は今の3千万円前後にも相当すると大庭紀元氏（三戸町）が冊子「三戸　斗南残照」で紹介している。

帆船2隻購入、操船訓練
―海運立藩　具体策に着手―

口絵66参照

「本日、斗南藩権《ごん》大参事山川亮（＝浩）・大属小出光照が来庁し『進上　桧《ひのき》材千石目』との目録を差し出した」弘前藩の明治4（1871）年3月12日の記録である。金1000両と鋤《すき》・鍬《くわ》1000丁を贈ってわずか3日後、斗南藩がお礼に、前月27日の青森大火の見舞いとしてヒバ1000石を贈呈したのである。

一つの疑問が浮かぶ。斗南藩はなぜヒバを救貧や藩財政に役立てなかったのか―。

八戸藩はというと、大参事太田広城《ひろき》が国有林化を予測してあらかじめ藩有林を家臣に分与したおかげで、廃藩置県後に全国の士族が困窮する中、八戸士族だけ「農貴族」のようであった（福地重孝『士族と士族意識』）。太田と友人の斗南藩少参事広沢安任《やすとう》がその一件を知らなかったはずがない。

盛岡藩が、日本三大美林の一つであるヒバ山の大部分を藩有の御留山《おとめやま》に定めたことが、のちに下北半島の国有林比率を突出して高くする。だが、所有権と地上権が別であるのも同藩の藩有林の特徴で、分収林や入会地なども含め権利関係が複雑なため、明治2（69）年の版籍奉還により藩有林が政府所有になっても、下北の山が実際に次々と官林に編入されるのは明治6（73）年の「山林原野等官民区分処分法」以降のことである。

仮に政府に無断で山の分与はできなくなっていたとしても、ヒバ材を藩が処分できたことは冒頭の例でも明白。では、なぜ有効活用しなかったのか。最もあり得るのは港湾建設などの財源、交易品として大事に取っていた―ということではないか。

会津藩は、10余年前の文化年間に、蝦夷地領の標津《しべつ》に港を築き、造船所を設け、海産物や材木を輸出した。また、山川は慶応2（66）年に欧州諸国を見聞し、港湾貿易の有用性を実感したといわれる。そうした経験を基にした海運立藩こそ、藩庁を田名部に置いた第一の狙いと考えられる。

その証拠に、少参事永岡久茂は詩に〈斗南港上十年後　欲繋五州々外船〉と詠んでいる（相田泰三『維新前後の会津の人々』）。10年後には大湊港に世界中の船を繋《つな》ぐであろう（または、繋ぎたい）という意か。藩は明治4年2月、安渡《あんど》・大平両村を合併し、大湊と改称した。

ヒバは防虫・防菌・防腐性に優れ、全国の歴史的建造物にも使われている。盛岡藩は御山奉行を置いて植林から伐採までを統制し、田名部七湊《しちそう》を定めて移出も厳重に管理した。戦国以前からの中国向け海産物（俵物《たわらもの》）と合わせ、ヒバは同藩のドル箱であった。斗南藩の苦難を語るとき例外なく「不毛の地」という表現が用いられるが、下北半島は農業にこそ不向きではあっても、豊かな林業と漁業、その産品を内外へ運ぶ海運業で栄えてきた歴史を持つ。若き斗南藩首脳たちが山と海に藩の命運を懸けたとすれば、慧眼《けいがん》であろう。

中井けやき『明治の兄弟―柴太一郎、東海散士柴四朗、柴五郎』に、明治4年晩春に突然、柴家三男の五三郎が東京からやって来た話がある。藩が田名部などの回船問屋から資金を集めて帆船「安渡丸」を購入し、東京周辺に基地を置いて操船訓練をしており、五三郎も乗り組んでいた、やがて陸奥湾に藩船を浮かべ世界へ出ていく夢があったが安渡丸が房総沖で難破してしまった、と書かれている。

東京商船大学（現東京海洋大学）の『九十年史』に、前身の三菱商船学校第1期卒業生（明治11年）9人のうち旧斗南藩士2人だけが特筆されている。会津藩降伏時に全責任を負って切腹した萱野権兵衛の三男・郡《こおり》寛四郎と浅岡俊吾である。最短卒業記録を持つ浅岡の航海履歴には、（年月はだいぶ怪しいが）明治2（69）年5月に斗南藩帆船「栄丸」、明治3年2月から「安渡丸」に乗り組んで「稽古人《けいこ》」になったと記されている。

元藩士の同校卒業生には日本郵船船長・河原勝治もいる。彼の覚書に基づく永岡慶之助の小説『斗南藩子弟記』は、藩が尾張藩から融資を受けて帆船2隻を購入し「斗南」「翔鶴《しょうかく》」と命名し、士官に旧幕府海軍経験者を雇い入れ、練習生として藩子弟を乗船させたとある。遭難したのは斗南丸になっている。

外務省史料（国立公文書館所蔵）には、斗南藩が明治4年6月24日、「管下豪商の者出金」により洋銀5500で帆船を購入、安渡丸と命名したとある。となると、沈没したのは斗南丸で、安渡丸は買い直した船なのか。情報、記録の混乱はあるが、いずれにせよ、斗南藩が相当早くから、海運立藩へ行動を起こしたことは

添え書き

■安渡丸

外務省史料によると「安渡丸《あんど》」は110トン、長さ105尺、幅21尺、マスト2本の帆船で元の船名を「インデペンデンス」といい、斗南藩は横浜の「米国ライス兄弟」から買った。

札幌歴史懇話会・事務局の森勇二氏の教示によれば、『開拓使事業報告第4編』（大蔵省編、明治18年）に安渡丸の仕様が全く同じに記され、開拓使が明治5（1872）年2月に旧斗南藩から購入して石狩川運送に供し、9月に室蘭―森―函館―川内の航路に就いたことも書いてある。房総沖で難破したのは安渡丸ではない可能性が高いことになる。

疑いない。

一方、広沢は明治16（83）年、下北郡六ケ所村の鷹架沼《たかほこ》を経由し陸奥湾と太平洋を結ぶ運河建設のために海軍技官2人と測量図を作成し、明治22（89）年に鍋島幹《みき》知事と連署で内務大臣に進言している。広沢が運河の着想を得たのは斗南藩少参事時代だと、葛西富夫『斗南藩史』は指摘している。

藩が下北半島北東端・尻屋崎の灯台建設を工部省へ請願したのは明治4年6月5日のこと（「建言書」が『青森県史　資料編近世6』所収）。洋式灯台は幕府と諸外国の条約に従ってまず関東以南13カ所に建てられ、その有用性を知った新政府が増設を決め各藩に必要箇所を報告させたのであり、斗南藩独自の施策とまでは言えない。だが、工部省と太政官が即座に「尻屋の実地検査を行い、灯台を建設すべし」と決したことは、藩の「建言書」の説得力が極めて高かったからにほかならない。海運立藩への意気込みのたまものであろう。お雇い外国人第1号の英国人技師ブラントンが設計し、旧藩士たちも建設に従事して尻屋崎に東北初の灯台の灯がともったのは明治9（76）年10月20日であった。

初の民間洋式牧場、三沢に

―広沢安任、青森県畜産に貢献―

口絵㊼参照

「斗南藩の木村理左衛門が昨年から牛馬飼育修業に出て、牛乳製造に至るまで伝習が済んだ」「西洋規則に従い牧牛馬の法を敷けば、奥羽の古い風習も一洗して牛馬が盛大に繁殖すると思われ、同藩と盛岡県へ管内牧牛馬の一手管理を委任すべきだ」

明治4（1871）年2月9日付で提出された斗南藩の願書に対し、民部省が賛成したことを記す22日付の書類（『青森県史　資料編近世6』所収）を意訳して紹介した。斗南藩は明治3（70）年のうちから藩士を修業に出し、酪農を含めた洋式畜産による立藩へ行動を起こしていたのである。

広沢安任《やすとう》の『奥隅馬誌』に一つの背景が書かれている。「維新後に初めて当地に洋馬の種馬貸し下げがあったのは、明治3年に勧農寮に命じられて林某が2頭を引いてきたときだが、地元民が喜ばなかった」。全国一の馬産地を自負する南部地方の人々は、伝統的な畜産にこだわりが強かったのである。一方で、斗南藩が旧盛岡藩から引き継いだ大間（大間町）、奥戸《おこっぺ》（佐井村）の下北2牧場は採算すれすれであった。

以上の話は広沢がいつ牧場開設を思い立ったか、という問いにも一石を投じる。先祖が今の青森県三戸郡階《はし》上《かみ》町角柄折《つのがらおり》で百年余も牛飼いをしたという八戸藩大参事太田広城《ひろき》が、明治4年に斗南藩が消滅する頃、広沢に畜牛の有用性を説き、広沢の気持ちも傾いた―と太田の手記にある。一方、広沢が斗南移住前に「開墾より牧畜と樹芸の方が、見込みがある」と主張したとも記されている。

広沢は文久2（62）年2月、ロシアとの交渉に当たる箱館奉行糟屋《かすや》義明に随行して下北半島北西端の大間から蝦夷地へ渡った際、半島内をつぶさに観察した。そこに農耕を拒む荒野が広がっていることを承知しつつ、牧畜なら十分に可能だと判断して斗南への全員移住を主張したのなら、太田の進言は、広沢の背中に最後の一押しを与えたということか。とすると、冒頭で触れた斗南藩の畜産政策も広沢の主導であろうし、太田の協力を得て半島の付け根付近に当たる現在の三沢市谷地頭《やちがしら》一帯に本邦初の民間洋式牧場「開牧社」を開くのは、個人の生業が目的ではなく、斗南移住を主張した藩重臣として藩士たちへの授産の責務を果たすためだったに違いない。

洋式の畜産に関心を持ち始めたのはいつか。『奥隅馬誌』に、水戸藩の徳川光圀《みつくに》の開いた牧場とアラビア馬の関連も書かれている。広沢は安政5（58）年に昌平黌《しょうへいこう》に学ぶ3年前、水戸に遊学して会沢正志斎《せいしさい》や藤田東湖《とうこ》ら気鋭の水戸学者たちから多くの新知識を得たが、それには洋馬の知識も含まれていたのか。

広沢の開明性を英国公使館書記アーネスト・サトウが高く評価し、会津藩主松平容保《かたもり》の助命嘆願に行った江戸城で捕まった広沢の処刑を阻止したことは既に紹介したが、広沢が明治4年に上京して洋式牧場の件をサトウに相談すると、同席の英国人たちも賛同し、彼らの紹介でルセー、マキノンという英国人2人と雇用契約を結ぶことができた。

青森県になってからの同年10月23日、県庁を通して政府の勧農局に太田、ルセー、マキノンと4人連名の開業申請書を提出すると、わずか1週間後、大蔵卿大久保利通、大蔵大輔《たいふ》井上馨の名で許可が下りた。英国人スミスの出資が取りやめになったこともあり開牧社は当初こそ経営に苦しんだが、明治6（73）年7月、大蔵省に5千円の融資を申し込むと、広沢と旧知の大蔵卿松方正義（薩摩）が希望より2千円も多い7千円を貸し付けた。翌年には2390町歩の用地をわずか119円50銭で払い下げてもらうこともできた。広沢が会津藩公用方を務めた当時から、諸藩の人物たちの尊敬を集めていたおかげである。

明治9（76）年7月11日、内務卿となって政府の全権を掌握した大久保がわざわざ開牧社を訪ねてきた。翌日、三本木（十和田市）において同社の牛180頭、馬19頭が東北巡幸中の明治天皇の天覧に供され、広沢は拝《はい》謁《えつ》を許されて褒賞金50円を賜った。

急速な肉食の普及や、富国強兵に向けた洋種軍馬の需要拡大もあり、青森県内ではその後、牧場開設ラッシュとなる。少なくとも12カ所。田子《たっこ》（三戸郡田子町）有志が始めた小国牧場洵牧社を除き、多くが国や県から資金を借りての士族授産事業だった。開牧社を視察した大久保が牧場開設の奨励策を打ち出したことによる。言い換えれば、広沢が青森県に近代畜産業の誕生を促した。

初代上北郡長に就いていた旧藩士・藤田重明は広沢の天覧に感銘を受け、政府へ開牧資金貸し付けを申請し、明治17（84）年に郡長を辞して共立開墾会社を設立（のち三本木開墾会社に改称）。広沢の洋式牧場にも積極的に協力した。

戊辰戦争で戦死した広沢の兄安連《やすつら》の長男安宅は、同社や後継の渋沢農場で幹部を務め、のちに八戸に広沢牧場を開いて成功を収める。

ほかにも多くの旧藩士が開牧社で牧畜の技術を身に付けた。北村豊三は明治10（77）年に上北郡東北町の姉沼付近に、その長男要は27年後、三沢市の岡三沢に北村牧場を開いた。故北村正哉知事の曽祖父、祖父である。

田名部（むつ市）では渡部某が県内初の肉鍋屋を開いて人気を博し、渡部に肉処理を習った武田寅之助、鯨岡庫次郎らが精肉店を開いた。小池漸《すすむ》は武田らと明治11（78）年、大室牧場を開設し、

添え書き

■開牧社その後

広沢安任は大久保利通らの再三にわたる高官就任の誘いを全て断り、牧老人と称して牧畜に専心した。養子弁二が駒場農学校獣医科を終えると谷地頭の牧場を任せ、自身は現在の西新宿高層ビル群辺りに東京出張所を開いた。

谷地頭の方の牧場は、開設当時にあった家が15戸だったのが、昭和22年の農地解放のときは480戸に達し、水田220町歩、畑400町歩、山林2千町歩が解放された。広沢の住居・六十九種草堂付近を含む200町歩が残され、今は三沢市先人記念館などを擁する斗南藩記念観光村になっている。

下北一円の放牧管理も担った。

広沢は明治20（87）年、三本木に入植した深瀬透らと共同産馬改新社も開設。翌年、小池、同じく広沢の弟子小林寿郎《としお》、広沢の養子弁二（安連次男）の3人が米国へ派遣され、種雌馬15頭、種雄馬17頭、種牛9頭、種豚4頭、種鶏60羽を輸入した。牛は日本短角種の原種ショートホーン種で、青森県内の短角牛の品種改良に大きく貢献した。

新渡戸伝が100戸受け入れ
―明治6年、三本木や三沢に374戸―

口絵㊿参照

明治3（1870）年中に110棟が完成して約200戸が入居した斗南ケ丘、その後に建造したといわれる松ケ丘の約30棟を合わせ、大ざっぱに見積もっても移住者約1万7千人の1割にも満たない。残りの人々の多くは家がなく、地元民の世話になる生活が続いた。三戸郡内にも藩が住居を建てたと伝わるが、実態はよく分かっていない。

斗南ケ丘以外で具体的に分かる例が一つある。昭和後期に十和田会津会の副会長を務めた原田栄氏が「御渡しの家として100戸が建設された。間口5間、奥行き2間半、12坪の間取りで家の柱はカンナを用いず斧で削った極めて粗末な造りだった」と証言しており、それに合致する、明治5（72）年に建てられたという家も昭和42（1967）年当時、十和田市三本木字並木に現存した（『会津残影―十和田会津会写真百年史』）。

三本木一帯は七戸藩領だから斗南藩の領外では？と首をひねる向きもあろう。その通りであって、にもかかわらず斗南藩士たちが入植できたのには経緯があった。

移住第一陣を率いて五戸（三戸郡五戸町）入りし、期間は短いが少参事の任にあった倉沢平治右衛門が、明治3年の8月25日以降、七戸藩大参事・新渡戸伝に使者や書状を送り、「七戸藩領内に300戸ほど住まわせてほしい」と懸命に頼んだ。新渡戸は盛岡藩重臣だった15年前から次男十次郎と共に三本木台地の開拓に心血を注いでおり、倉沢の懇願に「政府が許せば100戸ぐらいは世話する」と応じた。腫れ物に悩まされていた新渡戸が、名医の呼び声高い斗南藩の伊東元岱《げんたい》の治療を受け「存外によくなった」という逸話がある。それもプラスに作用したのか。

新渡戸は三本木の稲生町に10軒、七戸20軒、周辺の村々（三本木郊外、天間館、百石《ももいし》、下田など）に1～6軒ずつ割り当て、稲生町にはのちに50軒追加した。三本木原開拓というと十和田市だけを想像しがちだが、実は東西40キロ・南北32キロに及び、今の2市2町にまたがる。

12月15日にまず入居したのは稲生町の10軒であった。「明春には二間半に四間の長屋相《あい》違し」と新渡戸の記録にあるので、ほかの家は明治4（1871）年になってから建設が開始されている。3月には入植も始まった。

その年の7月14日に斗南藩は斗南県となり、9月4日に弘前県に合併され、23日には青森県となった。その頃、県が「開墾が軌道に乗った斗南士族は4分の1だけで残りは家がなく、寄留先の地元民も困窮している」から「膝を入れるだけの（狭い）居宅を建て、下げ渡してほしい」という要望書を大蔵省へ提出している。

斗南藩政を引き継いだ青森県にとっても、遅々として進まない旧藩士たちの自活は重大な懸案であった。そこで斗南士族の開墾を三本木原に絞ることを決定。翌明治5（72）年5月22日、岐阜・大垣出身の権令《ごんれい》（事実上の県政トップ）菱田重禧《しげよし》、熊本出身の権《ごん》参事野田豁通《ひろみち》、元八戸藩大参事の九等出仕・太田広城《ひろき》の連名で、開拓を推進する奥羽農会社の設立、資本としての斗南士族扶持米《ふちまい》5年分・約9万7千石の支給を政府に請願した。

大蔵大輔《たいふ》井上馨は「ほかの県の士族の扱いに響く」という理由で一度却下したが、斗南士族だけでなく他の人民も雇用して同額の賃金を支払うという条件で、1年ごとに1万8千石支給することを認め、「5年目までに必ず成功せよ」と命じた。

かくて旧斗南藩領内からの再入植が実現。明治6(73)年4月までの第1次が小稲51戸、並木42戸、金崎47戸、六日町52戸、八戸道30戸(以上十和田市)、百石村三沢106戸(三沢市)、7月の第2次が稲生町36戸、百石村二川目10戸(おいらせ町)である。それら計374戸には、農会社から家屋、農地、農具が貸与された。

三沢では南山50戸、北山50戸の開墾場が設けられ、三沢市長を務めた故鈴木重令《しげよし》氏の先祖も南山に入植した。南山、北山以外の三沢6戸の入植先はよく分からない。前年に開業した広沢安任《やすとう》の開牧社は数に含まれていないようだ。

農会社の設立許可を請願する書類に、県は「就産のおぼつかない病弱者や老幼婦女が7、8割もいて、永住の意思はない。県内や若松県など各府県に移住を望む者には旅費、手当てなどを支給して『以後、官給を仰がない』という証書を取って送籍を取りは

添え書き

■富岡製糸場と斗南

粗製乱造の横行がたたって最大の輸出品であった生糸の輸出が振るわなくなったため、政府は最新の機械製糸を行う富岡製糸場(群馬県)の建設を開始。明治5(1872)年2月12日に工女の募集を布達した。青森県庁は斗南士族授産の好機と捉え、4月27日、婦女14~15人を伝習生として受け入れるよう願書を出し、政府の許可を得た。

実際に県から旅費を支給されて派遣されたのは9人らしい。元会津藩進撃隊士で県開拓督業方に就いていた三澤毅《つよし》(与八、尚志)が引率し、翌年6月6日に富岡へ赴いた。

からう。それで県の厄介払いをしたい」と書いた。

県は意欲・能力を有する者しか開墾はさせない、面倒も見ないという冷淡な姿勢に転じた。温情厚く、斗南士族の救済に熱心な野田が、明治4年11月に格上の権令に就いた菱田と意見が合わず、農会社設立を申請した5年5月のうちに辞任したことが影響したのか。

入植者は「辛苦をいとわず、農業に勉励し、必ず成功を遂げる」という誓文を提出した。だが、士族ならずとも荒れ地の開墾は容易ではない。6年8月20日に菱田も辞任し、替わって権令に着任した土佐出身の北代正臣《きただいまさおみ》は、県幹部と評議の上、「確たる見込みがない」として12月1日、開墾事業の休止を決定。入植した斗南士族に家や農地を下げ渡し、自主的開墾とした。農会社も明治8（75）年1月にあえなく解散となった。

無論、彼らの貧苦が解消されたわけではない。政府はその年、困窮者に限って遊休地を半額、立木を相当額で払い下げることを決め、翌年、三本木や下北在住者を中心とする104人が受領した。多くは明治4年の廃仏毀釈《きしゃく》で政府が接収した寺社の領地であったという。

広沢ら主導「青森県」誕生
―日新館、教育に多大な恩恵―

口絵㊾参照

会津藩降伏後の明治元（1868）年10月上旬、秋月悌次郎は猪苗代の謹慎所を抜け出し、北越水原《すいばら》（新潟県阿賀野市）で民政を執る長州藩の奥平謙輔《おくだいらけんすけ》を訪ね、会津藩への寛大な措置が実現するよう協力を求めるとともに、有為の会津少年の遊学を頼んだ。のちに東大・京大・九大の総長となる山川健次郎（浩の弟）、陸軍大佐に就く小川亮である（もう一人は異郷での勉学成らず、名が伏せられている）。

昌平黌《しょうへいこう》で抜群の成績を収めた秋月は藩命により諸国を歴遊した。長州を訪れた彼の学識と精神に奥平がほれ込み、結んだ友情は敵味方に分かれても不変であった。斗南藩として再興後、郡長正《こおり》（萱野権兵衛の次男）ら子弟7人が現北九州市の豊津藩（元小倉藩）藩校育徳館へ遊学に派遣されたのも、奥平の骨折りとされる。

無論、学問なくして立身なし―は、会津藩の藩是であり、秋月に限らず多くの藩士が縁故をたどって子弟を彦根、高須、尾張、駿府などへ遊学させた。


斗南藩権《ごん》大参事に就いた山川浩は、移住に際して会津の日新館から和書・漢籍を斗南へ運び、新たに洋書も買い入れた。

『青森県教育史　1』によれば、斗南の日新館が開校したのは、まだ移住進行中の明治3（70）年8月ごろ。田名部横迎町の商人・大黒屋立花文左衛門の倉庫を借りて講堂とし、翌明治4（71）年2月に円通寺へ移した。藩学事掛の橋爪寅之助によって会津日新館から運ばれた孔子像が、講堂正面に安置された。

寄宿舎も設けたが資金不足のため定員60人にすぎなかった。そこで、五戸、三戸に支館を設け、分局も置いた。▽田名部支館（4分局＝野辺地、大畑、川内、斗南ケ丘）▽五戸支館（5分局＝市川、中市、三本木、七崎、八幡）▽三戸支館（1分局＝二戸）―の10分局である。三戸支館の学塾長は、会津日新館教授だった大学者・杉原凱《がい》であったが、残念ながら同年のうちに病没した。

さて、斗南藩は同年7月14日の廃藩置県によって斗南県へ、さらに9月4日に弘前、黒石、八戸、七戸、館《たて》（北海道の旧松前藩）の5県と合併し、弘前県となる。合県は山川、広沢、八戸藩大参事の太田広城《ひろき》の懇談から浮上した。津軽と南部の仲は野辺地戦争によって一層険悪になっていたが、弘前藩は前年、斗南藩に巨額の義援金などを贈ってくれた。斗南士族の餓死を食い止めるには、斗南藩に同情的で財政力豊かな弘前藩に頼るしかないと腹をくくったのである。

広沢が藩会計掛の野口九郎大夫、太田と共に上京し、旧知の大蔵卿大久保利通らに働き掛けた。大久保も、中央集権体制の強化、地方行政の経費削減の妙案として積極的に賛成した。こうして全国の他県より2カ月以上早く、弘前県への合県が実現。同月23日には県庁を青森に移し、青森県と改称された。つまり斗南がつなぎ役にならなければ、今の青森県は誕生し得なかった。青森県そのものが斗南藩の遺産と言っていい。

斗南藩・斗南県はわずか1年10カ月で消滅した。だが、斗南士族の学識は無駄にはならなかった。明治5（72）年8月、全国に小・中・大学を置く「学制」が頒布され、青森県でも小学校設立に乗り出したものの、その計画は遅々として進まず、県内各地で自主的な小学校開設の動きが起きた。誰を教師に、どんな学校を開くべきか―。頼りにされたのが斗南士族であった。

例えば、五戸に入植した丸山主水《もんど》は、百石村で酒造業などを営む元盛岡藩士・三浦義良《よしなが》の要請で同村に寺子屋を開き、百石小を創設。三本木開拓に加わった飯河小膳《いいかわこぜん》光義は松尾某の塾を受け継ぎ、三本木小を開校。井関恬斉《てんさい》は新郷村西越《さいごし》の富家田島甚七の依頼で寺子屋を開き、次男鎮衛《もりえい》がそれを継承した西越小を開校し、県内のへき地教育に多大な影響を与えた。斗南日新館の斗南ケ丘分局で教えた星野平三郎義信は一度函館に渡ってから小泊村に招かれ、小泊小を開いている。

田名部小の初代首座教員（校長）となったのは、杉原の会津時代の弟子、沖津醇《じゅん》であった。沖津は明治9（76）年7月、生徒5人を青森小学へ引率し、明治天皇の天覧授業に臨んだ。中田操、木村重功、小池尚、山田茂の4人は斗南士族である。ほかに東奥義塾生10人も授業を行った。

見事な授業によって名声が高まった沖津は11月、県師範学校の初代校長に就任した。学制頒布によって著しい教員不足が生じたため、各府県に師範学校が置かれることとなり、青森県では青森に本校、弘前に分校が開設された。沖津は同校運営にとどまらず、県内各地に足を運んで学校開設を説得して回った。「青森県教育の父」と称されるゆえんである。

師範学校は予科こそ私費だが本科は私費と公費があって優秀者は無料で就学できたこともあり、貧しい斗南士族の子弟がこぞって門をたたいた。さらに明治19（86）年の師範学校令で県尋常師範学校に改称され、4年間の学費一切が支給されることになると、子、孫世代の斗南士族も続々と入学した。

卒業後、優れた教員となった人を挙げればきりがない。国語教授法の井口信雄、健康教育の大庭茂ら、全国的に知られた人も多い。どれだけの数の子どもが彼らの薫陶を受けたことか。教育ほど人生を、社会を変えるものはないことは論を待たず、斗南藩が教育を通じて青森県に与えた恩恵はすこぶる大きい。

なお、少参事を務めた倉沢平治右衛門は五戸に漢学の中ノ沢塾を開き、思想家江渡狄嶺《えとてきれい》、教育家鳥谷部悦人をはじめ、弁護士、医師、軍人、町村長、実業家、多くの教員などを輩出し、今も深い尊

添え書き

■秋月と小泉八雲

重い戦争責任を問われた秋月悌次郎が明治4（1871）年の末から最後に幽閉されたのが姉の嫁ぎ先、青森県野辺地町の長崎尚志宅。翌月に恩赦を受け、政府の立法諮問機関に任用された後、東大・一高教諭を経て、67歳の明治23（90）年から5年間、熊本の五高（現熊本大学）教授を務めた。

校長は柔道家の嘉納治五郎。同僚のラフカディオ・ハーン（小泉八雲）は老いて温和になった秋月を「神様のよう」と慕った。夏目漱石は入れ替わりで赴任したが、小説『坊ちゃん』の〝会津っぽ山嵐〟は秋月がモデルともいわれる。

敬を集めている。

西南戦争へ志願者殺到
―秩父宮妃ご成婚に感涙―

口絵⑳参照

東京の旧狭山藩邸での謹慎を解かれて斗南藩に預かりとなった松平容保《かたもり》と養子喜徳《のぶのり》が函館（箱館）、佐井を経由し、田名部の円通寺に着いたのは明治4（1871）年7月20日。容保は満2歳になった実子容大《かたはる》を初めて腕に抱いたが、穏やかな日々はつかの間であった。6日前の廃藩置県によって容大は藩知事職を解かれ、東京移住が命じられていたのである。

8月25日に田名部を去るに当たり、容保は容大名で「汝《なんじ》らと艱苦《かんく》を共にするを得ざるは堪え難いが、公儀のおぼし召しでやむを得ない」という別離の布告書を下した（大間町の木村重忠・斗南会津会前会長所蔵）。野辺地、七戸、三本木、五戸で旧臣たちを慰撫《いぶ》しながら領内を南下した父子は山川浩、広沢安任《やすとう》、永岡久茂に見送られて八戸港を出航。斗南士族は武士の心の支えたる主家を失った。

さらに9月4日には弘前県に合併して斗南県も消滅した。県大参事野田豁通《ひろみち》は23日、県庁を青森に移して青森県と改称し、県権《ごん》参事に就いた。熊本出身の野田は斗南士族にすこぶる同情的で、山川（田名部支庁長）、永岡（同支庁大属）ら約20人を県庁に採用した。

斗南士族は高い学識を有していたため戸長（現在の町村長に近い立場）など吏員になった者も多く、のちには町村議会議員や県会議員などの政治家も多数輩出する。

山川が上京し、後継の支庁長に小川渉《わたる》が採用されたが、小川は程なく辞し、明治10（77）年3月に青森で「北斗新聞」を創刊した。編集長の肩書で創刊に加わった加賀利堯《りきょう》は五戸に入植した元斗南藩会計掛。全国的にも当時の新聞の多くは反政府活動を目的に創刊されており、のちの「東奥《とうおう》日報」につながる青森県初の言論機関「北斗新聞」が斗南士族の手で始まったことも偶然ではない。原紙が未発見のため詳細は不明ながら、小川は筆禍で投獄された同県記者第1号でもある。

さて、明治6（73）年3月、他県送籍を希望する者に一人当たりコメ2俵と2円、一家に資本金10円を支給するという「元斗南県貫属士族卒処分方」が布達されると、多くの人々が生活の道を求めて会津など県外へ移った。県内残留者は明治14（81）年の県庁調べで659世帯である。

翌明治7（74）年1月に東京警視庁が創設される。フランスで警察制度を学び、大警視に就任した川路利良《としよし》（薩摩）は、会津の鬼官兵衛こと佐川官兵衛に奉職を求めてきた。佐川は断り続けたが、食いぶちのない会津・斗南士族たちに懇願され、300人を連れて一等大警部（一介の署長級）に就く。元新撰組で五戸に入植した斉藤一（藤田五郎）も入庁した。

川路は中原尚雄《なおお》ら24人を、帰郷を名目に鹿児島へ送り込んで西郷隆盛の暗殺を図り、それが明治10（77）年の西南戦争の直接の引き金となる。この戦争には軍隊に加え、巡査隊も投入された。巡査の追加募集に斗南士族がわれ先に応募。戊辰戦争の恨みを晴らそうと最前線で奮戦した者も多く、両軍合わせて1万3千人余が死んだこの最後の内戦で会津人も多数戦死した。佐川も熊本・阿蘇で被弾し壮絶な最期を遂げた。

その年の1月12日、永岡が東京・鍛冶橋監獄で獄死しており、2月7日には竹村俊秀、高津仲三郎、井口慎次郎の斗南士族3人が市ケ谷監獄で処刑された。政府転覆計画を立て、前年10月29日、千葉県庁を襲って挙兵しようと東京の思案橋に集まったところを逮捕、勾留されていた。「思案橋事件」である。

永岡は明治5年に上京し、西郷の開いた私学校派の薩摩士族・海老原穆《あつし》らの「評論新聞」に参加し、激しい政府批判を展開した。井上馨（長州）の尾去沢鉱山略奪を暴露する記事を書いたのも永岡とされる。

翌年の徴兵令、明治9（76）年の廃刀令と秩禄《ちつろく》処分によって士族の身分的・経済的優位が剥奪されると、全国の士族たちが怒りを爆発させた。長州の奥平謙輔《おくだいらけんすけ》、前原一誠《まえばらいっせい》が挙兵計画（萩の乱）を立てたことに、幕末期からの友人である永岡も呼応し、政府転覆行動を決行する。それが思案橋事件であったのだが、川路の画策により、二人の会津人が情報を漏らし、失敗した。

そうした武力による藩閥政府打倒の試みは、西南戦争を最後に抑え込まれ、以後、山川浩、健次郎兄弟、北原雅長《まさなが》らが、史書刊行など非暴力による会津・斗南の雪冤《せつえん》運動を展開していった。

東京帝大総長を辞し、枢密院顧問官に任ぜられた山川健次郎は大正14（１９２５）年1月23日、宮内大臣牧野伸顕《のぶあき》（大久保利通次男）に呼び出され、容保六男・松平恆雄《つねお》の長女節子姫を秩父宮雍《やす》

添え書き

■復禄運動

士族の禄制《ろくせい》見直しは明治９（１８７６）年８月の金禄公債証書発行条例で完成。家禄10年分、利子７％付きの証書を支給し、家禄を打ち切るというものだが、斗南士族は一人も支給されなかった。武士の誇りにも関わるため、明治15（82）年から広沢安任らが陳情、請願を重ねたものの実らず、明治42（１９０９）年、青森県２５４０人、福島県２１９人が集団訴訟を起こした。

政府側は、斗南藩の実高７千石余では家禄支給は不可能だったなどと主張したが、大正９（20）年までに禄高の存在が認定され、証書支給が認められた。

仁《ひと》親王（大正天皇第二皇子、昭和天皇の弟）に嫁がせたいと相談を受けた。
樺山愛輔伯爵（薩摩）の次女正子（のち白洲次郎の妻）が女子学習院初等科以来の節子姫の親友であることから出た縁談という。親王の母・貞明《ていめい》皇后が非常に乗り気であったものの、朝敵とされた容保の孫であるがゆえに厳しい反対の声も予想され、山川は極秘のうちに調整を進めた。

当時の皇室典範では華族でないと皇室に嫁げないため、節子《せつこ》姫は叔父で本家当主の松平保男《もりお》子爵の養女になることで、昭和3（28）年9月28日の婚礼にこぎ着けた。その際、貞明皇后の名・節子《さだこ》の同字を避けて勢津子と改名した。会津・斗南出身者は、朝敵の冤罪《えんざい》が晴れたと感涙にむせび、全国の会津団体が奉祝事業を繰り広げた。

翻って現代。秋篠宮紀子妃は八幡村（八戸市）に入植し、大阪市長などを務めた池上四郎の曽孫に当たる。そのご長男で、未来の天皇たる悠仁《ひさひと》さまも会津・斗南の子孫ということになる。

本書は青森県の新聞「東奥日報」土曜日付朝刊に２０１７年7月8日から19年4月13日まで掲載された連載企画『斗南藩～苦難を越えて』のうち、会津・斗南士族子孫へのインタビュー「わが一族」欄を除き、1冊にまとめたものである。単行本化に当たって若干の筆を加え、『斗南藩～泣血《きゅうけつ》の記』に改題した。会津藩が戊辰戦争に敗れ、明治元年（１８６８）年9月22日に降伏式が執り行われた際、鶴ケ城（若松城）前の甲賀通の辺りに敷いた緋毛氈《ひもうせん》を、無念を長く記憶するよう藩士たちが「泣血氈《きゅうけつせん》」と呼んだことに由来する。本書もまた、会津藩が滅亡させられ、青森県下北半島を中心とする斗南の地で流人のごとき苦しみを強いられるべき落ち度はなかったのだということに多くの紙幅をさいている。なお、文中の肩書、年齢等は基本的に「東奥日報」掲載時のままとし、引用文などには読みやすいようルビを多用した。

著者略歴

元東奥日報社特別論説編集委員。1955年生まれ。司法や三内丸山遺跡報道のほか、連載「不死鳥になった『はやぶさ』」、「新聞今昔」などを担当。著書に『我、遠遊の志あり―笹森儀助風霜録』(ゆまに書房)、『道理と真情の新聞人　陸羯南』(東奥日報社)、『新聞今昔』(同) ほか。

斗 南 藩

―泣血の記―

2020(令和2)年3月20日発行　初版
2024(令和6)年7月15日発行　4刷

著者	松田修一
発行者	塩越隆雄
編集・発行所	東奥日報社
	〒030-0180 青森市第二問屋町3丁目1番89号
	電話　017-718-1145　企画出版部
印刷所	東奥印刷株式会社

ISBN-978-4-88561-259-6